JN032758

メンタルヘルス・マネジメント®

検定試験

公式テキスト

Ⅱ種 ラインケアコース

第5版

大阪商工会議所 編

Certification Test for Mental Health Management
Ⅱ [Managers' Course]

中央経済社

メンタルヘルス・マネジメント®検定試験公式テキスト〔第5版〕
【Ⅱ種　ラインケアコース】

監修者・執筆者一覧

（所属，役職名などは〔第5版〕発行時点）

総監修

川上　憲人　東京大学大学院　医学系研究科　精神保健学分野　教授

監　修

田中　克俊　北里大学大学院　医療系研究科　産業精神保健学　教授

執筆者

氏名	所属	担当
廣　尚典	産業医科大学　名誉教授 産業精神保健実践研究所　代表	第1章1節
山田　長伸	山田総合法律事務所 弁護士	第1章2節❶～❸
石井　義脩	石井労働衛生コンサルタント事務所 所長	第1章2節❹～❼，第7章5節
髙橋　修	宮城大学 事業構想学群　教授	第1章3節❶～❸
島津　明人	慶應義塾大学 総合政策学部　教授	第1章3節❹
森　晃爾	産業医科大学 産業生態科学研究所・産業保健経営学　教授	第1章4節
安福　愼一	元 日本製鉄株式会社 人事労政部／安全推進部　上席主幹	第1章5節
永田　頌史	産業医科大学 名誉教授	第2章1節
津久井　要	港北もえぎ心療内科 院長	第2章2,3節
栗岡　住子	桃山学院教育大学 人間教育学部　教授	第3章1節
小田切優子	東京医科大学 医学部　公衆衛生学分野　講師	第3章1節
吉川　徹	独立行政法人労働者健康安全機構 労働安全衛生総合研究所　統括研究員	第3章2,3節

北村　尚人	元 帝京平成大学大学院 臨床心理学研究科　教授	第４章１節，第５章３，４節
島津美由紀	ソニーピープルソリューションズ株式会社 産業保健部	第４章１節，第５章３，４節
長見まき子	関西福祉科学大学 健康福祉学部　教授	第４章２節❶
浜口　伝博	産業医科大学 作業関連疾患予防学　産業衛生　教授	第４章２節❷
大野　太郎	大阪人間科学大学 心理学部　心理学科　教授	第４章２節❸❹
加藤　憲忠	富士電機株式会社 大崎地区健康管理センター　所長	第４章３節
荒武　　優	あらたけ労働衛生コンサルタント事務所 所長	第４章４節
松本　桂樹	株式会社ジャパンＥＡＰシステムズ 代表取締役　臨床心理士	第５章１，２節
渡部　真弓	株式会社オー・エイチ・ラボ 代表取締役・医師	第６章１節
森田　哲也	株式会社リコー リコーグループ総括産業医	第６章２～４節
田中　克俊	北里大学大学院 医療系研究科　産業精神保健学　教授	第７章

編集協力

高橋　　修　宮城大学　事業構想学群　教授

松本　桂樹　株式会社ジャパンＥＡＰシステムズ　代表取締役　臨床心理士

はじめに

『メンタルヘルス・マネジメント検定試験　公式テキスト〔第５版〕』は，新型コロナウイルス感染症の流行（コロナ禍）の中での発刊となりました。コロナ禍は人々の働き方を大きく変化させ，結果としてコロナ禍以前に進んでいた働き方の多様化をさらに推し進めることになりました。これから企業のあり方，従業員の働き方はさらに大きく変化していくことでしょう。その中で職場のメンタルヘルス対策（メンタルヘルスケア）はますます重要になっていくと考えられます。

今日，職場のメンタルヘルス対策は２つの意味で企業にとって重要になっています。１つは，以前からその重要性が認識されているように，企業の社会的責任，過重労働による健康障害の防止のための安全配慮義務の履行といったメンタルヘルスの法令遵守とリスクマネジメントを着実に履行するためです。もう１つは，メンタルヘルス対策の推進により，生産的で活気ある職場を形成し，従業員の健康とエンゲイジメントを高めることで経営にも役立てようという視点です。この２つの重要性を理解した上で，職場のメンタルヘルス対策が進められる必要があります。

職場のメンタルヘルス対策は，専門家だけの手によって行われるものではありません。厚生労働省の「労働者の心の健康の保持増進のための指針」(2015年改訂）では，事業場が計画的にメンタルヘルスケアに取り組むことが重要であるとしています。この中で，産業保健スタッフや心のケアの専門家と連携して，事業者，人事労務管理スタッフ，管理監督者，従業員がそれぞれの役割を果たすことが重要であるとしています。このことは企業・組織にとっては自らの職場でメンタルヘルス対策を推進する基礎であるといえます。つまり，専門家も，専門家でない者も，それぞれの立場でメンタルヘルスについて学び，自らの役割を実践し，他の関係者と連携・協力することが大事なのです。こうした考え方を背景とし，大阪商工会議所では「メンタルヘルス・マネジメント検定試験」を開発しました。これは，人事労務管理スタッフおよび管理監督者，一般従業員を対象として，職場で必要なメンタルヘルスに関する知識と技術を学んでいただき，その理解度を問う検定です。これまでにのべ約24万人が合格し，習得された知識を実際の現場で活かしています。

本テキストは，この検定試験の到達目標に対応し関連する知識や技術について解説したものです。本テキストには，Ⅰ種（マスターコース），Ⅱ種（ラインケアコース），Ⅲ種（セルフケアコース）の３種類があり，それぞれが対応する検定試験の出題範囲と到達目標に準拠しています。Ⅰ種は，社内のメンタルヘルス対策の推進を担当する人事労務管理スタッフあるいは経営幹部向けの内容であり，自社の人事戦略・方針を踏まえた上で，メンタルヘルスの計画立案，産業保健スタッフや他の専門機関との連携，社員への教育・研修等を企画・立案し実施できることを目標としています。Ⅱ種は，部下のメンタルヘルス対策の推進を担当する管理監督者向けの内容であり，部下のメンタルヘルス不調に対し安全配慮義務に則って対応できるとともに，部下のメンタルヘルスを予防し，生き生きとした活気ある職場をつくるためのマネジメントについて学ぶことを目標としています。Ⅲ種は，従業員向けの内容であり，自らのストレスの状況・状態を把握することにより，不調に早期に気づき，自らケアを行い，必要であれば助けを求めることができることを目標としています。

本テキストでは，心の健康問題の未然防止（一次予防）に重点を置きつつ，メンタルヘルス不調への早期の相談（二次予防），心の健康を損なってからの事後対策（三次予防）までを解説するとともに，企業における組織的なケアを促進するために，産業保健のみならず人事労務管理や経営の視点を重視している点が特徴です。この第５版では第４版発行以降の職場のメンタルヘルス対策の動向を盛り込むとともに，法制度や統計調査の結果を更新しています。また，ワーク・エンゲイジメントや，新型コロナウイルス感染症流行下での在宅勤務など最新の情報についても追加しています。

本テキストが，従業員，管理監督者，人事労務管理スタッフ，経営者一人ひとりが自らの役割を理解し，ストレスやその原因となる問題に的確に対処されるとともに，生き生きとした活気ある職場づくりに向けて活動されるための助けとなることを願っています。

2021年６月

総監修
川上憲人

はじめに

第1章 メンタルヘルスケアの意義と管理監督者の役割

第3章　職場環境等の評価および改善の方法

第4章　個々の労働者への配慮

目次

ご 案 内

メンタルヘルス・マネジメント検定試験は，本テキストの内容とそれを理解したうえでの応用力を問います。

なお，本テキストに記載されている統計調査の最新の結果（公表済みのもの）などについて出題することがあります。

また，各年度の検定試験は，その年の４月１日時点で成立している法令に準拠して出題します。

大阪商工会議所

第1章 メンタルヘルスケアの意義と管理監督者の役割

第１章では，企業組織でメンタルヘルスケアに取り組むことの意義や重要性について確認をした上で，メンタルヘルスケアにおける管理監督者の役割について考えます。

１節では，各種の統計資料や調査結果を読み解きながら，近年，労働者のメンタルヘルスがどのようになっているのか現況を把握してください。

２節では，法令遵守の視点からメンタルヘルスケアの重要性を考えます。労働安全衛生法や安全配慮義務，メンタルヘルス指針，ストレスチェック制度などの理解を深めてください。

３節では，リスクマネジメント，仕事と生活の調和，生産性の向上といった視点から，メンタルヘルスケアの意義を考えます。

４節では，メンタルヘルスケアに関する経営者（事業者）の方針の重要性を確認し，心の健康づくり計画とは何かを学習します。

５節では，メンタルヘルスケア推進に必要なマネジメントとは何か，管理監督者としてどこに注目してそのスキルを発揮すべきかを学習します。

1 労働者のストレスの現状

労働者のストレス，心の健康問題が深刻化しているという指摘や報告が多方面から寄せられています。

経営層や管理監督者には，職場のメンタルヘルスに関して，現状を踏まえた改善に向けての取り組みが求められています。

❶ 労働者のストレスの現状

① 労働者とストレス

いくつかの大規模調査の結果が，労働者のストレスの現況を知る手がかりとなります。

厚生労働省による「労働安全衛生調査」(2018年）の結果報告（労働者調査：対象数17,930，有効回答率50.4％)[1)]によると，「仕事や職業生活に関することで，強いストレスとなっていると感じる事柄がある」労働者の割合は，58.0％となっています。男性で59.9％，女性では55.4％でした（**図表1**）。就業形態別にみると，正社員61.3％，契約社員55.8％，パートタイム労働者39.0％，派遣労働者59.4％でした。原因としては，男女とも「仕事の質・量」,「仕事の失敗，責任の発生等」,「対人関係（セクハラ・パワハラを含む)」が高率となっており，他に男性では「役割・地位の変化等」,「会社の将来性」が，女性では「雇用の安定性」も多く回答されています（**図表2**）。また，それについて相談できる相手がいるのは92.8％（男性91.2％，女性94.9％）で，相手は家族・友人79.6％（男性77.8％，女性81.9％)，上司・同僚77.5％（男性80.4％，女性73.8％）が多くなっていました。年代別では，20歳未満89.2％，20歳代95.9％，30歳代94.9％，40歳代91.9％，50歳代91.8％，60歳以上86.7％と，高年齢層ほど相談できる人がいる割合が徐々に低くなる傾向がみられました。実際に相談したことがあるのは80.4％（男性76.5％，女性85.2％）でした。

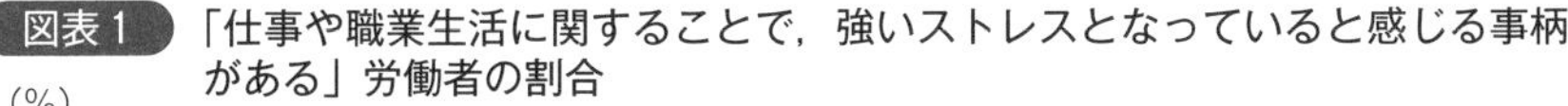

図表1 「仕事や職業生活に関することで，強いストレスとなっていると感じる事柄がある」労働者の割合

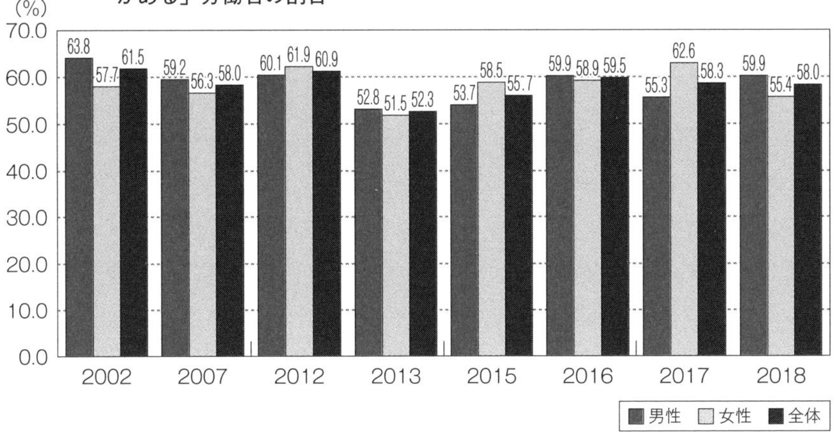

出所：厚生労働省「平成30年度労働安全衛生調査」2019年，他

図表2 仕事や職業生活に関する強いストレスの原因

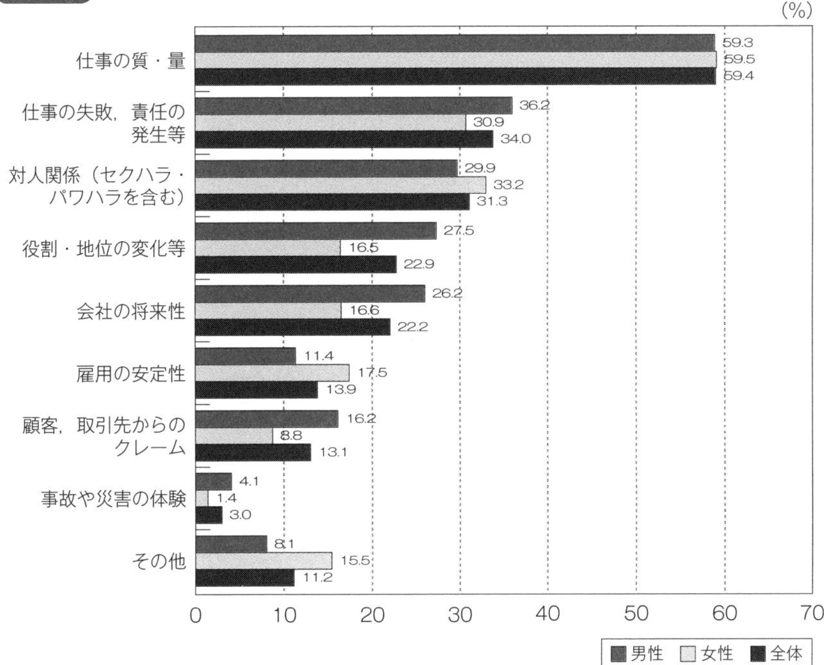

出所：厚生労働省「平成30年度労働安全衛生調査」2019年

② 仕事，職場に関する意識

NHK 放送文化研究所が５年ごとに実施している「日本人の意識」調査（2018年は対象人数5,400，有効回答50.9％）[2)] の結果をみると，仕事と余暇に対する考え方は，1970年代から80年代にかけて大きく変化し，「仕事志向」といえる者の割合が減少する一方で，「仕事・余暇の両立志向」の者の割合が増大しました。90年代以降は大幅な変化なく推移しています。また，理想の仕事は，「仲間と楽しく働ける仕事」が最多で，次いで「健康を損なう心配がない仕事」，「専門知識や特技が生かせる仕事」，「失業の心配がない仕事」となっています。人間関係については，「なにかにつけ相談したり，たすけ合えるようなつきあい（全面的なつきあい）」を望む者の割合は横ばいの状態にあり，「仕事に直接関係する範囲のつきあい（形式的なつきあい）」を望む回答が増加しています。

労働者のストレスの状況およびそれへの対策を考える上では，このような仕事，職場に対する労働者の意識の変化に目を向けることも重要です。

❷ メンタルヘルスケアの重要性

① 心の健康問題を有する労働者の増加

ストレス過多の状態が続くと，心身の健康が損なわれやすくなります。

2018年の「労働安全衛生調査」（事業所調査：対象数13,927，有効回答率55.0％）の結果[1)] によると，過去１年間にメンタルヘルス不調により連続１ヵ月以上休業した労働者がいた事業所の割合は6.7％（50人以上の事業所に限ると26.4％），退職した労働者がいた事業所の割合は5.8％（50人以上の事業所では14.6％）でした（**図表３**）。

公益財団法人日本生産性本部も，職場のメンタルヘルスに関する調査を実施しています。2019年の調査（対象：全国の上場企業2,361社，回答率9.6％）[3)] では，32.0％の企業が，最近３年間で企業内の「心の病」が増加傾向にあると回答していました（減少傾向にあるとの回答は10.2％）。「心の病」が多い年齢層は30歳代，次いで10～20歳代でした。近年，10～20歳代の割合が増大しています。

図表3 過去1年間にメンタルヘルス不調により連続1ヵ月以上休業，退職した労働者がいる事業所の割合

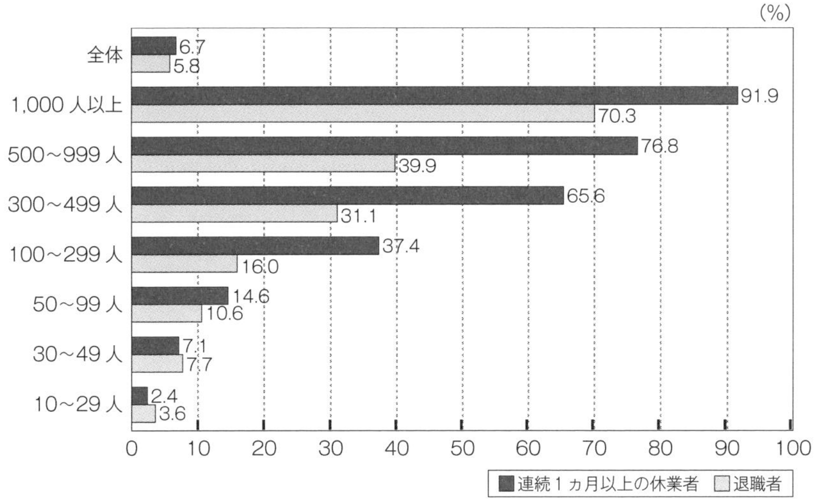

出所：厚生労働省「平成30年度労働安全衛生調査」2019年

2011年，厚生労働省は，職場でのうつ病，高齢化にともなう認知症の増加など，心の健康問題がこれまで以上にわが国全体の取り組むべき大きな課題になっていることを受け，地域医療の基本方針となる医療計画に盛り込む疾病として，がん，脳卒中，急性心筋梗塞，糖尿病に，精神疾患を加えて，「五大疾病」とする方針を打ち出しています。

② 自殺と心の健康問題

わが国の自殺者数は，1998年に急増し，それ以降2011年に至るまで，14年連続で3万人を超えていました（警察庁による統計）[4)]。2012年には，2万7,858人と3万人を下回り，以後は減少傾向にありますが，まだ年間2万人以上が自ら命を絶っています（2019年は2万169人，2020年は少し増加し2万1,081人）。被雇用者・勤め人に限ると，2019年は6,202人でした。自殺はさまざまな原因からなる複雑な現象であり，単一の原因だけですべてが説明できるものではありませんが，自殺直前には大半の例で精神健康面に問題があることが指摘されています。後述する過労自殺例，労災認定例は，仕事に起因するストレスや過

労を主因として，うつ病などの「心の病」を発症し，自殺に至ったとみなされた例であるといえます。

❸ メンタルヘルスケアの意義

心の病気を発症すると，大半の例で作業効率が低下します。長期にわたる休業が必要となることも少なくありません。周囲の負担が増えたり，チーム全体の成果が落ちたりすることで，職場の雰囲気や活力への影響も及びがちです。したがって，メンタルヘルスは労働者個々人の問題としてだけでなく，職場全体の問題としても考える必要があります。一方，ストレス対策を効果的に行えば，職場の活性化や業務効率の向上につながることも期待できます。

また，最近では，労働者の心の健康問題に関して，民事訴訟において企業（使用者）の責任が追及されたり，労災認定がなされたりする例が増加しており，リスクマネジメントの側面からもメンタルヘルス対策を推進することが重要視されるようになっています。

2018年の「労働安全衛生調査」（前出）の結果によれば，メンタルヘルス対策に取り組んでいる事業所の割合は59.2％と，この５年ほどはほぼ横ばいを続けており，従業員規模の大きい事業所群ほど取り組んでいる割合が高い傾向にあります（**図表４**）。実施内容としては，労働者のストレスの状況などについての調査票を用いた調査（ストレスチェック）（62.9％），労働者への教育研修・情報提供（56.3％），事業所内での相談体制の整備（42.5％），健康診断後の保健指導におけるメンタルヘルス対策の実施（36.3％），メンタルヘルス対策の実務を行う担当者の選任（36,2％），職場環境等の評価および改善（32.4％），管理監督者への教育研修・情報提供（31.9％）が多くなっていました。

職場のメンタルヘルス対策において，管理監督者は非常に重要な役割を果たします。「心の病」が増加傾向の企業では，減少傾向の企業に比べ，「職場での助け合いが少なくなった」，「職場でのコミュニケーションの機会が減った」と回答している割合が高いという調査報告があります[5)]。また，管理監督者の活動に力を入れている企業では，「心の病」の増加が抑止されていることがうかがえる報告もあります[6)]。大半の職場で，チームワークの改善，業務の分担や

図表4 メンタルヘルス対策に取り組んでいる事業所の割合

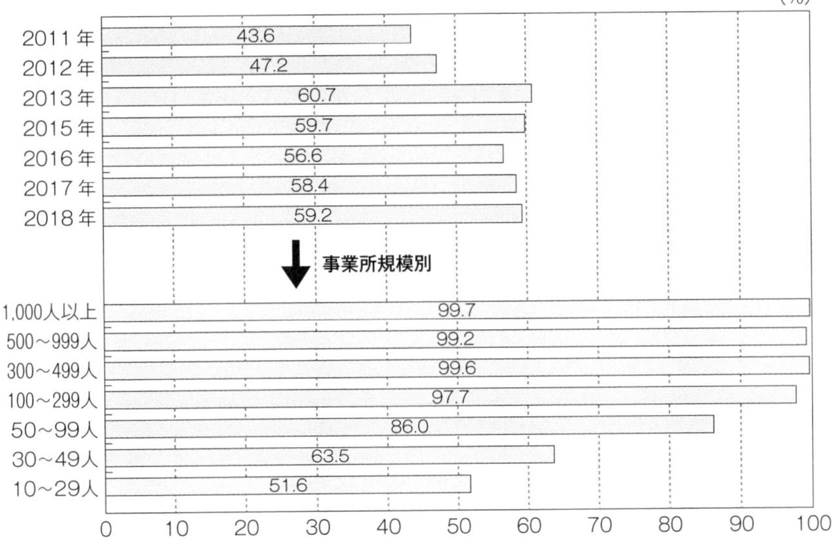

出所：厚生労働省「平成30年度労働安全衛生調査」2019年，他

流れの調整，各々の労働者への配慮などの管理監督者の働きかけによって軽減できるストレスがかなりあるのです。

2 法制面での意義

❶ 従業員の健康管理問題に関する公法的規制と私法的規制

① 公法的規制と私法的規制

わが国においては，従業員の健康管理問題に関する公法的規制として，1972年に制定された労働安全衛生法があります。

同法は，労働基準法第42条の「労働者の安全及び衛生に関しては，労働安全衛生法の定めるところによる」との定めを受け，「職場における労働者の安全と健康を確保するとともに，快適な職場環境の形成を促進すること」を目的として制定されたものです。ただし，労働安全衛生法自体は，安全衛生に関する規制の原則を定めるのみであって，規制の具体的内容は，ほとんど労働安全衛生法施行令，労働安全衛生規則といった政令・省令に委ねられています。

また，労働安全衛生法の関連法として，「じん肺法」，「作業環境測定法」，「労働災害防止団体法」があります。

労働安全衛生法等は，最低の労働条件基準を定める取締法規であって，これに違反した場合には，一定の範囲で刑事罰の対象とされることとなるものです。

他方，そのような公法的規制とは別に，従業員の健康管理問題は，私法的規制の対象となることは当然のことです。すなわち，私法上企業に課せられた「業務の遂行に伴う疲労や心理的負荷等が過度に蓄積して労働者（従業員）の心身の健康を損なうことがないよう注意する義務」に違反し，疾病の発症・罹患に至った場合には，企業は，民法やその特別法である労働契約法に基づき，当該従業員に対して民事上の損害賠償責任を負うことになります。

② メンタルヘルス対策に関する法規制の概要

特にメンタルヘルス対策に関する公法的規制についていいますと，その中核に位置づけられるのが，「労働者の心の健康の保持増進のための指針」（2006年

3月31日付け発出，最終改正2015年11月30日付け），いわゆる「メンタルヘルス指針」です。これは，労働安全衛生法に基づき，事業者の健康保持増進措置に関する努力義務の一内容として定められたものです。

また，労働安全衛生法の改正によって，2015年12月からストレスチェック制度が導入されましたが，この制度もメンタルヘルス対策に関する法規制の中で重要な役割を担っています。

メンタルヘルスに関する個人情報の保護に関しては，労働安全衛生法において，これを適正に管理するための措置を講じるよう事業者に義務づけているほか，個人情報保護法上「要配慮個人情報」として特別な規制を行っています。

メンタルヘルス対策を怠り，労働者にメンタルヘルス不調が生じた場合には，事業者は，労働基準法に基づく災害補償責任を負うことになります（ただし，実際には，労災保険法に基づいて保険給付がなされることによって，その限度で事業者は災害補償責任を免れます）。

なお，業務に起因してメンタルヘルス不調に陥り，自殺に至ったケースを含め，わが国の自殺者数が1998年以降年間3万人を超える状況が続いたため，2006年に自殺対策基本法が制定され，自殺対策への取り組みが強化されたほか，自殺との関連性を有するアルコール健康障害について，2013年アルコール健康障害対策基本法が制定されています。

さらに，メンタルヘルス不調を引き起こすストレス要因として，特に「長時間労働」や「ハラスメント」が社会問題化してきたことから，それぞれ法規制が強化されています。すなわち，「長時間労働」については，「働き方改革」の一環として労働基準法が改正され，2019年4月から時間外労働にかかる罰則付き上限規制が導入されました。また，長時間労働に起因する健康障害（メンタルヘルス不調を含む）の発生を防止するため，労働安全衛生法において，長時間労働者に対する医師による面接指導の制度が設けられています。「ハラスメント」については，セクシュアルハラスメント（セクハラ）が1999年4月改正（施行）の男女雇用機会均等法により，マタニティハラスメント（マタハラ）が同じく2017年1月改正（施行）の同法により，そしてパワーハラスメント（パワハラ）が2020年6月改正（施行）の労働施策総合推進法（旧・雇用対策法）により，それぞれ法制化されています。

そのほか，近時注目されているワーク・エンゲイジメントの向上など，労働者が生き生きと健康で働きがいをもって働ける職場づくりを目指すポジティブなストレス対策の一環として位置づけられるものに，多様な人材活用（ダイバーシティ）があります。具体的には，女性労働者の活躍推進，高齢者雇用の促進，障害者の活躍推進などがあり，それぞれ男女雇用機会均等法や育児・介護休業法，高年齢者雇用安定法，障害者雇用促進法や発達障害者支援法などによって法規制が行われています。例えば，障害者雇用促進法についていいますと，同法は，障害者の雇用促進のため，事業者に対して，身体障害者，知的障害者，精神障害者を一定比率（法定雇用率。民間企業については，2021年３月に2.2%から2.3%に変更）以上雇用すべき義務を負わせるとともに，雇用率達成企業と未達成企業間の経済的負担を調整する雇用納付金制度（達成した企業に対しては，これを超える人数に応じて障害者雇用調整金等を支給し，未達成企業に対しては，不足する人数に応じて障害者雇用納付金を徴収するというもの）を設けています。また，同法では，事業者に対し，障害者に対する差別的取扱いを禁止するとともに，障害者に対する合理的な配慮の提供を義務づけています。なお，障害者に対する差別的取扱いとして禁止される具体的な行為類型や，事業者が合理的配慮の提供に関して講ずべき措置の具体的内容については，それぞれ指針において定められています。

他方，上記公法的規制とは別に，メンタルヘルス対策を怠って従業員にメンタルヘルス不調が生じた場合には，事業者は当該従業員に対して民事上の損害賠償責任を負うことになるのは，前述のとおりです。

❷ 労働安全衛生法と安全配慮義務

① 民事責任と安全配慮義務

企業が民事上の損害賠償責任を負う根拠として通常問題とされるのが，不法行為責任と契約責任です。

不法行為責任とは，「故意又は過失によって他人の権利又は法律上保護される利益を侵害した者は，これによって生じた損害を賠償する責任を負う」（民法第709条）とされるとともに，「ある事業のために他人を使用する者は，被用者がその事業の執行について第三者に加えた損害を賠償する責任を負う」（同法第715条第１項本文）とされているものです。

他方，契約責任とは，「債務者がその債務の本旨に従った履行をしないとき又は債務の履行が不能であるときは，債権者は，これによって生じた損害の賠償を請求することができる」（民法第415条）との規定を根拠とするもので，通常，安全配慮義務（ないし健康配慮義務）違反に基づく損害賠償責任として議論されているものです。

わが国では，従来，企業が安全衛生管理上の義務に違反して従業員に損害を与えた場合，前者の不法行為責任というかたちで企業の損害賠償責任が追及されてきました。

ところが，最高裁判所が1975年２月25日に言い渡した判決において「安全配慮義務」という概念を初めて認めたのを契機に，後者の契約責任というかたちで企業の損害賠償責任が追及される事案が増加の一途をたどることとなりました。

安全配慮義務という概念は，もともとわが国では法律上明文化されていたものではなく，判例法理として認められてきたものですが，2008年３月から施行された労働契約法において明文化されました。

すなわち，1975年の最高裁判決によりますと，「信義則上の付随義務として，使用者は，労働者が労務提供のため設置する場所，設備もしくは器具等を使用し又は使用者の指示のもとに労務を提供する過程において，労働者の生命及び身体等を危険から保護するよう配慮すべき義務（安全配慮義務）を負っている」とされていたのが，労働契約法第５条では，「使用者は，労働契約に伴い，労働者がその生命，身体等の安全を確保しつつ労働することができるよう，必要な配慮をするものとする」と規定されるに至ったものです。

また，この安全配慮義務について，特に健康管理の側面に着目して述べますと，その内容は前述したとおり，「業務の遂行に伴う疲労や心理的負荷等が過度に蓄積して労働者（従業員）の心身の健康を損なうことがないよう注意（配慮）する義務」ということになります。

② 労働安全衛生法上の義務と安全配慮義務の関係

前述のとおり，労働安全衛生法は，労働基準法第42条の「労働者の安全及び衛生に関しては，労働安全衛生法の定めるところによる」との定めを受け，「職場における労働者の安全と健康を確保する」ことなどを目的として制定されたものであって，同法上の義務は，行政的監督および刑事罰という行政上の規制によってその履行が担保されています。

ところで，労働安全衛生法上の義務が，そのまま安全配慮義務の内容となるのか否か，つまり企業が労働安全衛生法上の義務に違反した場合に，直ちに安全配慮義務違反を構成するものとして，民事上の損害賠償責任を負うことになるのか否かの点を巡っては，争いがあります。

裁判例においては，「労働安全衛生法上の各規定は，直接には国と企業との間の公法上の関係を規定するものであって，企業が同法上の義務に違反したときは，直ちに安全配慮義務違反をも構成するというわけではないが，同法上の規定の内容が基本的には従業員の安全と衛生の確保にあるとの面に着目するならば，その規定するところの多くは，企業の従業員に対する民事上の安全配慮義務を定める基準となる」との立場を示すものが多数といえます。

したがって，民事上の安全配慮義務の具体的内容を検討するに際しては，労働安全衛生法上の諸規定を十分に考慮する必要があります。

他方，企業が労働安全衛生法上の諸規定を遵守していたとしても，安全配慮義務違反として民事上の損害賠償責任を問われる可能性が十分あり得ることはいうまでもありません。

なお，従業員の健康管理の問題に関し，労働安全衛生法上企業に義務づけられているものとしては，①衛生教育の実施，②中高年齢者等に対する配慮義務，③作業環境測定義務，④作業の管理義務，⑤健康診断実施義務，⑥健康診断実施後の措置義務，⑦長時間労働者に対する面接指導等の実施義務，⑧心理的な負担の程度を把握するための検査（ストレスチェック）等の実施義務，⑨病者の就業禁止にかかる措置義務，などが挙げられます。

③ 安全配慮義務の履行と管理監督者

従業員に対して安全配慮義務を負担するのは，雇用契約（労働契約）の当事者たる企業そのものですが，実際にこの義務を履行するのは，当該従業員に対して業務上の指揮監督を行う権限を有する者，すなわち管理監督者ということになります。

健康管理の側面に着目していいますと，安全配慮義務の内容とは，「業務の遂行に伴う疲労や心理的負荷等が過度に蓄積して労働者（従業員）の心身の健康を損なうことがないよう注意（配慮）すること」である以上，常日頃から当該従業員と接し，その健康状態（ないしその変化）を把握し，かつまた，作業内容や作業量を調整し得る立場にある職場の上司たる管理監督者の果たすべき役割は，極めて重要です。

❸ 労災認定と民事訴訟

① 労災の補償を巡る２つのシステム

労働災害（以下，「労災」という）とは，「業務に起因して，労働者が負傷し，疾病にかかり，又は死亡」することをいいます（労働安全衛生法第２条第１号）。

わが国では，このような労災が発生した場合，従業員側に生じた損害を塡補するシステムとして，２つの制度が定められています。すなわち，労働基準法上の災害補償責任と，民事上の損害賠償責任です。

② 労働基準法上の災害補償責任と労災保険給付の関係

労働基準法は，第８章（第75条ないし第88条）において，労災が発生した場合の企業（使用者）の災害補償責任として，①療養補償，②休業補償，③障害補償，④遺族補償，⑤葬祭料，の支払いを企業に義務づけています。

そして，こうした労働基準法上の災害補償責任の履行の確保を目的として労働者災害補償保険法（以下，「労災保険法」という）が制定され，後述のとおり同法に基づいて保険給付が行われています。

その結果，労災保険法に基づいて労働基準法上の災害補償（前記）に相当する給付が行われる場合には，企業は補償の責めを免れることとなるため（労働基準法第84条第１項），現実には，災害補償責任を定めた労働基準法は限られた機能（例えば，保険給付の対象とならない最初の３日間の休業補償など）しかもたなくなっています。

③ 労災認定と保険給付の内容

労災保険法に基づいて保険給付が行われるためには，労働基準監督署長が労災認定，すなわち，当該負傷，疾病または死亡が業務上のものである旨を認定することが要件となります。つまり，「業務遂行性（従業員（労働者）が企業の支配ないし管理下にあること）」と「業務起因性（業務にともなう危険が現実化したものと認められること）」の存在を，労働基準監督署長が認めることによって，保険給付にかかる支給決定がなされるわけです。

なお，業務上疾病については，労働基準法施行規則第35条および同規則別表第１の２に規定されていますが，実際に従業員が疾病にかかった場合に，果たしてそれが業務上疾病に該当するのか否か，必ずしも明確でないことが少なくありません。そのため，厚生労働省においては，医学的知見をもとに，あらかじめ業務上疾病の判定基準を作成し，各都道府県労働局長へ通達するとともに，医療機関，労使などへの周知を図っています。これがいわゆる「認定基準」と呼ばれるものです。

したがって，例えば従業員から精神障害の発症が業務によるものであるとして労災申請がなされた場合には，労働基準監督署長は，「心理的負荷による精神障害の認定基準」（2020（令和２）年５月29日付け基発0529第１号）に基づき，業務上外の判断を行うことになるわけです。

近年，セクハラやパワハラなど職場におけるハラスメントに起因する精神障害の発症が問題とされていますが，それらについても，上記認定基準に基づいて業務上外の判断がなされることになります。

なお，労災保険法に基づく保険給付としては，労働基準法が定める災害補償責任の内容に対応するかたちで，①療養補償給付，②休業補償給付，③障害補償給付，④遺族補償給付，⑤葬祭料，⑥傷病補償年金給付のほか，⑦介護補償給付の支給が予定されています。

④ 労災と民事訴訟

労災保険法に基づく保険給付（労働基準法上の災害補償責任）は，企業側に落ち度（過失）がなくとも支給（支払い）がなされるものの，補償の内容は，被災者たる労働者が被った損害の一部に限られます。

すなわち，非財産上の損害に対する補償（いわゆる慰謝料に相当するもの）は一切ありませんし，また財産上の損害に対する補償についても平均賃金（給付基礎日額）を基礎に算定された定率的な補償にとどまります。

その結果，企業に落ち度（過失）が認められる事案については，労災保険法に基づく保険給付では塡補されない損害部分（金額的に大きいのは，慰謝料と逸失利益です）の補償を求めて，従業員側から民事上の損害賠償請求訴訟が提起されるといった事態が生じることになるわけです。

なお，労災保険法に基づく保険給付がなされた場合には，民事上の損害賠償請求訴訟においては，すでに給付された金額（ただし，特別支給金は，損害の塡補の性質を有するものではありませんので，除かれることになります）は，損益相殺の対象とされ，損害額から控除されることになります。また，将来の年金給付に関しては，労災保険法第64条に調整規定が設けられており，損害賠償を支払うべき場合であっても，障害補償年金または遺族補償年金の「前払一時金」の最高限度額までは，損害賠償の支払いを猶予され，この猶予の間に前払一時金または年金が現実に支払われたときは，その給付額の限度で損害賠償責任を免除されることになっています。そして，「前払一時金」の最高限度額を超える部分の損害については，企業は損害賠償の支払いをしなければならないものの，その支払いがなされると，それ以降は，支払われた損害賠償の額の限度で，被災者（遺族）の年金支給が停止されることになります。

⑤ ハラスメント関連問題

職場におけるハラスメント（いじめ・嫌がらせ）を巡るトラブルないし職場におけるハラスメントを原因とする精神障害の発症が社会問題化しています。

職場におけるハラスメントには種々多様なものがありますが，その代表的な類型がセクシュアルハラスメント（セクハラ），マタニティハラスメント（マタハラ）およびパワーハラスメント（パワハラ）です。

職場におけるハラスメントのうち，セクハラについては，福岡セクシュアルハラスメント事件（福岡地裁1992年４月16日判決）以降多数の裁判例が蓄積され，1999年４月改正（施行）の男女雇用機会均等法では，「職場において行われる性的な言動に対する女性労働者の対応により当該女性労働者がその労働条件につき不利益を受け（いわゆる対価型セクハラ），又は当該性的な言動により当該女性労働者の就業環境が害されること（いわゆる環境型セクハラ）」を防止するための事業主の配慮義務が明文化されました。さらに2007年４月の同法改正（施行）によって，男女の区別をなくすとともに，配慮義務から措置義務に改められています（措置義務に関しては，法律上「当該労働者からの相談に応じ，適切に対応するために必要な体制の整備その他の雇用管理上必要な措置を講じなければならない」と規定されるとともに，具体的な内容はセクハラに関する指針において定められています）。

セクハラに関する法的規制については，上記男女雇用機会均等法のほか，これを規制する特別の法律は存在しません。そのため，セクハラによって労働者の権利が侵害された場合には，民法や刑法等の一般法が適用されることになります。

次に，マタハラに関しては，従前より，女性労働者が婚姻，妊娠または出産したことを退職理由として予定する定めをしたり，女性労働者が婚姻したことを理由として解雇したり，あるいは女性労働者が妊娠したこと，出産したこと，産前産後休業など，法律上認められた権利を行使・取得したことを理由として不利益な取扱いをすることは，男女雇用機会均等法上禁止されていました。

ところが，広島中央保健生活協同組合事件（最高裁2014年10月23日判決）を契機に，女性労働者が妊娠，出産，あるいは産前産後休業などを取得したことを理由に不利益な取扱いを受けることを「マタニティハラスメント（マタハラ）」と呼び，これに対するさらなる法的規制が検討されることとなりました。そして，最終的には，男女雇用機会均等法（および育児・介護休業法）の改正によって，セクハラと同様の措置義務が2017年１月以降事業者に課せられるに至っています（セクハラの場合と同様に，法律上は「当該（女性）労働者からの相談に応じ，適切に対応するために必要な体制の整備その他の雇用管理上必要な措置を講じなければならない」と規定されるとともに，具体的な内容はマタハラに関する指針において定められています）。

マタハラについても，上記男女雇用機会均等法（および育児・介護休業法）のほか，これを規制する特別の法律は存在せず，その結果，セクハラの場合と同様に，マタハラによって労働者の権利が侵害された場合には，民法や刑法等の一般法が適用されることになります。

さらに，パワハラについては，もともとその概念自体が明確ではなかったところ，2012年３月に厚生労働省の「職場のいじめ・嫌がらせ問題に関する円卓会議」から出された「職場のパワーハラスメントの予防・解決に向けた提言」の中で，職場のパワハラについての一定の定義づけがなされるとともに，その行為類型として，①暴行・傷害（身体的な攻撃），②脅迫・名誉毀損・侮辱・ひどい暴言（精神的な攻撃），③隔離・仲間外し・無視（人間関係からの切り離し），④業務上明らかに不要なことや遂行不可能なことの強制，仕事の妨害（過大な要求），⑤業務上の合理性なく，能力や経験とかけ離れた程度の低い仕事を命じることや仕事を与えないこと（過小な要求），⑥私的なことに過度に立ち入ること（個の侵害），の６つが掲げられています。

また，上記提言を踏まえ，2015年５月に厚生労働省から「パワーハラスメント対策導入マニュアル」（2019年10月に第４版が改訂）が出され，その中でパワハラ対策の基本となる取り組みの実施手順等が示されています。

その後，2019年５月に労働施策総合推進法が改正され，パワハラを，「①職場において行われる優越的な関係を背景とした言動であって」，「②業務上必要かつ相当な範囲を超えたものにより」，「③その雇用する労働者の就業環境が害されること」の３要件をすべて満たすものと定義づけた上，事業者に対し，セクハラやマタハラと同様の措置義務を課すに至りました（施行日は，2020年６月１日。ただし，中小企業については2022年４月１日）。また，措置義務の具体的内容等については，これもセクハラやマタハラと同様にパワハラに関する指針において定められており，そこではパワハラの代表的な類型として前記６つの類型を掲げた上，それぞれについて「該当すると考えられる例」および「該当しないと考えられる例」が具体的に示されています。

パワハラについても，上記労働施策総合推進法のほか，これを規制する特別の法律は存在せず，その結果，セクハラやマタハラの場合と同様に，パワハラによって労働者の権利が侵害された場合には，もっぱら民法や刑法等の一般法が適用されることになります。

なお，今回の法制化においては，パワハラを直接禁止するかたちになっていないことや，違反しても刑事罰の対象とされていないことなどから，パワハラ防止のためにさらなる規制の強化が必要ではないかとの議論が現在も続いています。

❹ 労働者の心の健康の保持増進のための指針（メンタルヘルス指針）

① 指針策定の経緯

労働者を取り巻くストレスにかかる環境が厳しさを増している状況や，行政事件訴訟・損害賠償請求訴訟における過労自殺等にかかる裁判の動向が注目されるようになるとともに，旧労働省は1995（平成７）年度から1999（平成11）年度までの５年間に「作業関連疾患の予防に関する研究－労働の場におけるストレス及びその健康影響に関する研究－」を実施しています。

2000（平成12）年８月に旧労働省から行政指導通達「事業場における心の健康づくりのための指針」（以下，「旧指針」という）が示され，2001（平成13）年12月には「職場における自殺の予防と対応」が公表され（2010（平成22）年８月改訂第５版），2004（平成16）年10月には「心の健康問題により休業した労働者の職場復帰支援の手引き」がとりまとめられています（2012（平成24）年７月改訂）。

その後，脳血管疾患および虚血性心疾患等ならびにこれらによる死亡（過労死）や，うつ病などの精神障害やこれによる自殺の労災請求・労災認定件数が増加傾向にあるなどの背景により，対策を強化するための面接指導制度の法制化を含めて2005（平成17）年に労働安全衛生法が改正されました。前記の旧指針は，法改正にともなう関係法令・通達の改正の一環として廃止され，2006（平成18）年３月31日，内容も改正の上，新たに労働安全衛生法第70条の２第１項に基づく健康保持増進のための指針公示第３号として「労働者の心の健康の保持増進のための指針」が示されました（2015（平成27）年11月30日健康保持増進のための指針公示第6号により改正）（**巻末資料3参照**）。これが現時点でメンタルヘルス対策を進めるための基本的な方向を示したものとなっています。

② メンタルヘルスケアの基本的な考え方

ストレスの原因となる要因（以下，「ストレス要因」という）は，仕事，職業生活，家庭，地域などに存在しています。心の健康づくりは，労働者自身が，ストレスに気づき，これに対処すること（セルフケア）が必要です。

しかし，職場に存在するストレス要因は，労働者自身の力だけでは取り除くことができないものもありますので，労働者の心の健康づくりを推進していくためには，職場環境の改善も含め，事業者によるメンタルヘルスケアの積極的推進が重要です。

このため，事業者は，自らがストレスチェック制度（本章2節❻参照）を含めた事業場におけるメンタルヘルスケアを積極的に推進することを表明するとともに，衛生委員会または安全衛生委員会（以下，「衛生委員会等」という）において十分に調査審議を行い，メンタルヘルスケアに関する事業場の現状とその問題点を明確にし，その問題点を解決する具体的な実施事項などについての基本的な計画（以下，「心の健康づくり計画」という）を策定し，実施する必要があります。また，ストレスチェック制度の実施方法等に関する規程を策定し，制度の円滑な実施を図る必要があります。さらに，心の健康づくり計画の実施に当たっては，ストレスチェック制度の活用や職場環境等の改善を通じて，メンタルヘルス不調を未然に防止する「一次予防」，メンタルヘルス不調を早期に発見し適切な措置を行う「二次予防」およびメンタルヘルス不調となった労働者の職場復帰の支援等を行う「三次予防」が円滑に行われるようにする必要があります。これらの取り組みにおいては，「セルフケア」，「ラインによるケア」，「事業場内産業保健スタッフ等によるケア」および「事業場外資源によるケア」の4つのメンタルヘルスケアが継続的かつ計画的に行われるようにすることが重要です。

また，事業者は，メンタルヘルスケアを推進するに当たって，次の事項に留意する必要があります。

a）心の健康問題の特性

心の健康については，客観的な測定方法が十分確立しておらず，その把握と評価は難しいといえます。また，心の健康は，すべての労働者が心の問題を抱える可能性があるにもかかわらず，心の健康問題を抱える労働者に対して，健康問題以外の観点から評価が行われる傾向が強いという問題や，心の健康問題自体についての誤解や偏見など解決すべき問題が存在しています。

b）労働者の個人情報の保護への配慮

メンタルヘルスケアを推進するに当たっては，健康情報を含む労働者の個人情報の保護および労働者の意思の尊重に留意することが重要です。心の健康に関する情報の収集および利用に当たっての労働者の個人情報の保護への配慮は，労働者が安心してメンタルヘルスケアに参加できること，ひいてはメンタルヘルスケアがより効果的に推進されるための条件です。

c）人事労務管理との関係

労働者の心の健康は，職場配置，人事異動，職場の組織などの人事労務管理と密接に関係する要因によって，より大きな影響を受けます。メンタルヘルスケアは，人事労務管理の部門と連携しなければ適切に進まない場合が多いと理解する必要があります。

d）家庭・個人生活などの職場以外の問題

心の健康問題は，職場のストレス要因のみならず，家庭・個人生活などの職場外のストレス要因の影響を受けている場合も多いといえます。また，個人の要因なども心の健康問題に影響を与え，これらは複雑に関係し，相互に影響し合う場合も多いものです。

③ メンタルヘルスケアの具体的な進め方

管理監督者は，部下である労働者の状況を日常的に把握しており，また個々の職場における具体的なストレス要因を把握し，その改善を図ることができる立場にあることから，職場環境などの把握と改善，労働者からの相談対応を行うことが必要です。このため，事業者は，管理監督者に対して，ラインによるケアに関する教育研修，情報提供を行う必要があります。

ラインによるメンタルヘルスケアは，次により進めることが望まれます。

a）管理監督者への教育研修・情報提供

事業者は，ラインによるケアを促進するため，管理監督者に対して，次に掲げる項目などを内容とする教育研修，情報提供を行う必要があります。

・メンタルヘルスケアに関する事業場の方針
・職場でメンタルヘルスケアを行う意義
・ストレスおよびメンタルヘルスケアに関する基礎知識
・管理監督者の役割および心の健康問題に対する正しい態度
・職場環境等の評価および改善の方法
・労働者からの相談対応（話の聴き方，情報提供および助言の方法等）
・心の健康問題により休業した者の職場復帰への支援の方法
・事業場内産業保健スタッフ等との連携およびこれを通じた事業場外資源との連携の方法
・セルフケアの方法
・事業場内の相談先および事業場外資源に関する情報
・健康情報を含む労働者の個人情報の保護など

b）職場環境等の把握と改善

労働者の心の健康には，作業環境，作業方法，労働者の心身の疲労の回復を図るための施設および設備等，職場生活で必要となる施設および設備等，労働時間，仕事の量と質，パワーハラスメントやセクシュアルハラスメント等職場内のハラスメントを含む職場の人間関係，職場の組織および人事労務管理体制，職場の文化や風土などの職場環境などが影響を与えるものであり，職場レイアウト，作業方法，コミュニケーション，職場組織の改善などを通じた職場環境等の改善は，労働者の心の健康の保持増進に効果的であるとされています。このため，事業者は，メンタルヘルス不調の未然防止を図る観点から職場環境等の改善に積極的に取り組む必要があります。

1）職場環境等の評価と問題点の把握

職場環境等を改善するためには，まず職場環境等を評価し，問題点を把握することが必要です。

このため，事業者は，管理監督者による日常の職場管理や労働者からの意見聴取の結果を通じ，またストレスチェック結果の集団ごとの集計・分析の結果や面接指導の結果などを活用して，職場環境などの具体的問題点を把握します。

特に，事業場内産業保健スタッフ等は中心的役割を果たすものであり，職場巡視による観察，労働者および管理監督者からの聞き取り調査，産業医，保健師等によるストレスチェック結果の集団ごとの集計・分析の実施または集団ごとの分析結果を事業場外資源から入手するなどにより，定期的または必要に応じて，職場内のストレス要因を把握し，評価する必要があります。

2）職場環境等の改善

事業者は，1）により職場環境などを評価し，問題点を把握した上で，改善方法等について衛生委員会等の調査審議を行わせ，また職場環境のみならず勤務形態や職場組織の見直しなどのさまざまな観点から職場環境等の改善を行います。具体的には，事業場内産業保健スタッフ等は，職場環境などの評価結果に基づき，管理監督者に対してその改善を助言するとともに，管理監督者と協力しながらその改善を図り，また管理監督者は，労働者の労働の状況を日常的に把握し，個々の労働者に過度な長時間労働，疲労，ストレス，責任などが生じないようにするなど，労働者の能力，適性および職務内容に合わせた配慮を行うことが重要です。

なお，職場環境等の改善に当たっては，労働者の意見を踏まえる必要があり，労働者が参加して行う職場環境等の改善手法などを活用することも有効です。

c）メンタルヘルス不調への気づきと相談対応等

メンタルヘルスケアにおいては，ストレス要因の除去または軽減や労働者のストレス対処などの予防策が重要ですが，これらの措置を実施したにもかかわらず，万一，メンタルヘルス不調に陥る労働者が発生した場合は，その早期発見と適切な対応を講ずる必要があります。

このため，事業者は，個人情報の保護に十分留意しつつ，労働者，管理監督者，家族などからの相談に対して適切に対応できる体制を整備する必要があります。さらに，相談などにより把握した情報をもとに，労働者に対して必要な配慮を行うこと，必要に応じて産業医や事業場外の医療機関につないでいくことができるネットワークを整備するよう努める必要があります。

1）労働者による自発的な相談とセルフチェック

事業者は，労働者によるメンタルヘルス不調への気づきを促進するため，事業場の実態に応じて，その内部に相談に応ずる体制を整備する，事業場外の相談機関の活用を図るなど，労働者が自ら相談を受けられるよう必要な環境整備を行う必要があります。この相談体制については，ストレスチェック結果の通知を受けた労働者に対して，相談の窓口を広げるためにも重要です。

2）管理監督者，事業場内産業保健スタッフ等による相談対応等

管理監督者は，日常的に，労働者からの自発的な相談に対応するよう努める必要があります。特に，ストレスチェックの結果面接指導が必要であると判定されたにもかかわらず申出を行わない労働者，長時間労働などにより疲労の蓄積が認められる労働者，強度の心理的負荷をともなう出来事を経験した労働者，その他特に個別の配慮が必要と思われる労働者から，話を聴き，適切な情報を提供し，必要に応じ事業場内産業保健スタッフ等や事業場外資源への相談や受診を促すよう努めるようにする必要があります。

事業場内産業保健スタッフ等は，管理監督者と協力し，労働者の気づきを促して，保健指導，健康相談などを行うとともに，相談などにより把握した情報をもとに，必要に応じて事業場外の医療機関への相談や受診を促す必要があります。また，事業場内産業保健スタッフ等は，管理監督者に対する相談対応，メンタルヘルスケアについても留意する必要があります。

3）労働者個人のメンタルヘルス不調を把握する際の留意点

事業場内産業保健スタッフ等が労働者個人のメンタルヘルス不調などの労働者の心の健康に関する情報を把握した場合には，本人に対してその結果を提供するとともに，本人の同意を得て，事業者に対して把握した情報のうち就業上の措置に必要な情報を提供することが重要であり，事業者は提供を受けた情報に基づいて必要な配慮を行うことが重要です。ただし，事業者がストレスチェック結果を含む労働者の心の健康に関する情報を入手する場合には，労働者本人の同意を得ることが必要であり，また事業者は，その情報を労働者に対する健康確保上の配慮を行う以外の目的で使用してはなりません。

さらに，労働安全衛生法に基づく健康診断，ストレスチェック結果に基づく面接指導，長時間労働者に対する面接指導などにより，労働者のメンタルヘルス不調が認められた場合における，事業場内産業保健スタッフ等のとるべき対応についてあらかじめ明確にしておくことが必要です。

4）労働者の家族による気づきや支援の促進

労働者に日常的に接している家族は，労働者がメンタルヘルス不調に陥った際に最初に気づくことが少なくありません。また，治療勧奨，休業中，職場復帰時および職場復帰後のサポートなど，メンタルヘルスケアに大きな役割を果たすことになります。

このため，事業者は，労働者の家族に対して，ストレスやメンタルヘルスケアに関する基礎知識，事業場のメンタルヘルス相談窓口などの情報を社内報や健康保険組合の広報誌などを通じて提供することが望まれます。また，事業者は，事業場に対して家族から労働者に関する相談があった際には，事業場内産業保健スタッフ等が窓口となって対応する体制を整備するとともに，これを労働者やその家族に周知することが望ましいとされています。

④ ラインにおけるメンタルヘルスケアの留意事項

a）心の健康確保に関する理解

心の健康については，次の点を理解する必要があります。

・メンタルヘルスケアは，心の健康に問題のある労働者も含めて，すべての労働者を対象として心の健康を確保しようとする対策です。

・パワーハラスメントやセクシュアルハラスメントの排除はもちろん，良好な人間関係の構築などの職場の雰囲気づくり，環境づくりには，管理監督者の果たす役割が極めて重要であることを認識する必要があります。

b）産業保健スタッフ，人事労務管理スタッフとの連携

管理監督者は，日常的に，部下である労働者の変化などに注目しているため，また当該労働者，その家族，同僚労働者などからの相談や注意喚起の情報などが集まりやすい立場にあります。相談があった場合の対応は必要ですが，メンタルヘルス不調またはその疑いのある場合に，管理監督者自らの判断だけで具体的な対応のための行動を始めるのではなく，産業医などの事業場内産業保健スタッフ等や人事労務管理スタッフに報告の上，対応の仕方について協議し，または指示を受けることが重要です。

また，心の健康問題のあった労働者が職場復帰する場合には，管理監督者は，産業医などの事業場内産業保健スタッフや人事労務部門と連携して適切な対応

に努める必要があります。

c）メンタルヘルスに関する個人情報の保護への配慮

メンタルヘルスケアを進めるに当たっては，健康情報を含む労働者の個人情報の保護に配慮することが極めて重要です。メンタルヘルスに関する労働者の個人情報は，健康情報を含むものであり，その取得，保管，利用などにおいて特に適切に保護しなければなりませんが，その一方で，メンタルヘルス不調の労働者への対応に当たっては，労働者の上司や同僚の理解と協力のため，当該情報を適切に活用することが必要となる場合もあります。

健康情報を含む労働者の個人情報の保護に関しては，「個人情報の保護に関する法律」（2003（平成15）年法律第57号）および関連する指針などが定められており，個人情報を事業の用に供する個人情報取扱事業者に対して，個人情報の利用目的の公表や通知，目的外の取扱いの制限，安全管理措置，第三者提供の制限などを義務づけています。さらに，ストレスチェック制度における健康情報の取扱いについては，ストレスチェック指針において，事業者は労働者の健康情報を適切に保護することが求められています。

メンタルヘルスケアを推進するに当たって，労働者の個人情報を主治医などの医療職や家族から取得する際には，事業者（管理監督者，産業保健スタッフ，人事労務管理スタッフを含む）は，あらかじめこれらの情報を取得する目的を労働者に明らかにして承諾を得るとともに，これらの情報は労働者本人から提出を受けることが望ましいとされています。

また，健康情報を含む労働者の個人情報を医療機関等の第三者へ提供する場合も，原則として本人の同意が必要です。

さらに，ストレスチェック制度によるストレスチェックを実施した場合，医師，保健師等のストレスチェックの実施者は，労働者の同意がない限り，その結果を事業者に提供することは禁止されています。

2018（平成30）年法律第71号による働き方改革のための一連の法律改正として労働安全衛生法第104条に，心身の状態に関する情報の取扱いに関する規定が追加されました（巻末資料１参照）。

この第104条第３項の規定に基づいて「労働者の心身の状態に関する情報の適正な取扱いのために事業者が講ずべき措置に関する指針」（2018（平成30）

年９月７日労働者の心身の状態に関する情報の適正な取扱い指針公示第１号）が公示されました。この指針の重要なポイントは，次のとおりです。

・事業場において「健康情報取扱規程」（仮称）を定めて労使で共有すること（厚生労働省ホームページ掲載のパンフレット「事業場における労働者の健康情報等の取扱規程を策定するための手引」に事業場において定める規程のひな形が示されています。）
・指針の２の(9)に示された「心身の状態の情報の取扱いの原則」に沿って健康情報を取り扱うこと

健康情報の保護に関して，医師や保健師などについては，法令で守秘義務が課されており，また労働安全衛生法では，健康診断，ストレスチェックまたは面接指導の実施に関する事務を取り扱う者に対する守秘義務を課しています。しかしながら，メンタルヘルスケアの実施においては，これらの法令で守秘義務が課される者以外の者が健康診断，ストレスチェックまたは面接指導の実施以外の機会に健康情報を含む労働者の個人情報を取り扱うこともありますので，事業者は，衛生委員会等での審議を踏まえ，これらの個人情報を取り扱う者およびその権限，取り扱う情報の範囲，個人情報管理責任者の選任，事業場内産業保健スタッフによる生データの加工，個人情報を取り扱う者の守秘義務などについても前記の事業場で定める健康情報取扱規程に含めることが望まれます。

ｄ）心の健康に関する情報を理由とした不利益な取扱いの防止

事業者が，メンタルヘルスケア等を通じて労働者の心の健康に関する情報を把握した場合において，その情報は当該労働者の健康確保に必要な範囲で利用されるべきものであり，事業者が，当該労働者の健康の確保に必要な範囲を超えて，当該労働者に対して不利益な取扱いを行うことがあってはなりません。

このため，労働者の心の健康に関する情報を理由として，解雇，期間雇用者の契約更新拒否，退職勧奨または不当な動機・目的をもってなされたと判断されるような配置転換，職位（役職）の変更，またはその他の労働契約法等の労働関係法令の違反は，一般的に合理的なものとはいえないため，事業者はこれらを行ってはなりません。また，次に掲げる派遣先事業者による派遣労働者に対する不利益な取扱いについては，一般的に合理的なものとはいえないため，派遣先事業者はこれを行ってはなりません。

① 心の健康に関する情報を理由とする派遣労働者の就業上の措置について，派遣元事業者からその実施に協力するよう要請があったことを理由として，派遣先事業者が当該派遣労働者の変更を求めること。
② 本人の同意を得て，派遣先事業者が派遣労働者の心の健康に関する情報を把握した場合において，これを理由として，医師の意見を勘案せずまたは当該派遣労働者の実情を考慮せず，当該派遣労働者の変更を求めること。

e）小規模事業場におけるメンタルヘルスケアの取り組みの留意事項

常時使用する労働者が50人未満の小規模事業場では，メンタルヘルスケアを推進するに当たって，必要な事業場内産業保健スタッフが確保できない場合が多いものです。このような事業場では，事業者は，衛生推進者または安全衛生推進者を事業場内メンタルヘルス推進担当者として選任するとともに，産業保健総合支援センターの地域窓口（通称：地域産業保健センター）等の事業場外資源の提供する支援等を積極的に活用し，取り組むことが望ましいと考えられます。また，メンタルヘルスケアの実施に当たっては，事業者はメンタルヘルスケアを積極的に実施することを表明し，セルフケア，ラインによるケアを中心として，実施可能なところから着実に取り組みを進めることが望まれます。

5 過重労働による健康障害の防止

① 過重労働対策とその経過

「過重労働による健康障害防止対策」（以下，「過重労働対策」という）は，これまで述べてきたメンタルヘルスケアとは目的も内容も異なり，脳出血，くも膜下出血，脳梗塞などの脳血管疾患と心筋梗塞，狭心症などの虚血性心疾患等（以下，「脳・心臓疾患」という）の予防対策です。過重な業務によりこれらの疾患に罹患し，これにより死亡に至ることを従来「過労死」などと呼んでいましたが，これらに加えて精神障害に罹患し，これによって自殺に至ることを，2014年に制定された過労死等防止対策推進法により「過労死等」の定義とされました。脳・心臓疾患と精神障害は，長時間労働を背景として発症することが多いという点が共通している，という誤解があるため，混然と理解されたり事実と異なる解説がなされていることがあります。なお，データに基づく労

図表5 過重労働対策の経過

1987年まで	1980年代までは，脳・心臓疾患は主として労災補償の問題で，予防対策の問題として取り上げられることはなかった。1987年に脳・心臓疾患の労災認定基準が改正されたが，過重な業務として認める基準が厳しすぎて，労災認定されない事例が多いとして批判が生じたのが過労死問題である。
1992年	労働安全衛生法が改正され，「第7章の2 快適な職場環境の形成のための措置」として3カ条（第71条の2～第71条の4）が追加規定された。疲労やストレスの少ない職場づくりを進めようという趣旨の事業者の努力義務を規定し，次の指針が示された。 ・事業者が講ずべき快適な職場環境の形成のための措置に関する指針
1996年	労働安全衛生法が改正され，事業者は健康診断の結果，所見があるとされた労働者について医師の意見を聴くべきことが定められ，また健康診断の結果に基づいて必要な労働者に対し，就業場所の変更，作業の転換，労働時間の短縮，深夜業の回数の減少などの措置を講じるべきことが定められ，具体的な次の指針が示された。 ・健康診断結果に基づき事業者が講ずべき措置に関する指針
1999年	労働安全衛生法が改正され，深夜業に従事する労働者には，自ら受けた健康診断の結果を事業者に提出することができる旨の規定が追加され，これを受理した事業者は必要に応じて就業上の措置を講ずることが必要となった。
2000年	労働者災害補償保険法が改正され，二次健康診断等給付制度が創設された。これは，一般健康診断の結果，「血圧」「血中脂質」「血糖」「腹囲又は肥満度」のいずれにも所見があると診断された労働者は脳・心臓疾患を発病するリスクが大きいため，該当する労働者に二次健康診断と保健指導を保険給付として無料で提供する制度である。
2001年	2000（平成12）年7月17日に，脳・心臓疾患の労災認定の基本的な考え方に影響がある最高裁判決が出たため，労災認定基準が改正されることになり，2001（平成13）年12月12日付け基発第1063号「脳血管疾患及び虚血性心疾患等（負傷に起因するものを除く。）の認定基準について」が示された。2020（令和2）年8月21日基発0821第3号により兼業・副業を行う労働者の脳・心臓疾患に関する認定の考え方が追加された。
2002年	認定基準改正にあわせて，過労死等の予防のための行政指導を進める必要があるとされ，2002（平成14）年2月12日付け基発第0212001号「過重労働による健康障害防止のための総合対策について」が示された。この行政指導通達により「面接による保健指導」という新たな手法や労働時間の短縮を進めるべきことなどが記述された。その後の労働安全衛生法改正により2006（平成18）年3月17日付け基発第0317008号により新たな総合対策が示され，さらに，2008（平成20）年3月7日付け基発第0307006号，2011（平成23）年2月16日付け基発0216第3号，2016（平成28）年4月1日付け基発0401第72号，2019（平成31）年4月1日付け基発0401第41号／雇均発0401第36号，2020（令和2）年4月1日付け基発0401第1号／雇均発0401第4号により一部改正されている。
2005年	2002（平成14）年の総合対策の後も過労死等の労災認定件数が増加し，また，うつ病などの精神障害やこれによる自殺の労災認定件数の増加をはじめとする産業界におけるメンタルヘルスに関する課題が山積していることなどから，これらの対策を強化する必要があり，2005（平成17）年に労働安全衛生法が改正された。この改正では，前記の行政指導における「面接による保健指導」は「面接指導」という用語に変更され，その内容もメンタルヘルス対策が含められ，一定の労働者に対する医師による面接指導の実施が事業者の義務とされた。
2009年	メンタルヘルス・ポータルサイト「こころの耳」が構築され，メンタルヘルス対策に加えて過重労働対策についてもインターネットによる種々の情報提供が行われるようになった。
2010年	労働基準法施行規則別表第1の2に規定する労災補償の対象となる業務上疾病のリストが改正され，脳・心臓疾患が精神障害とともに明記された。
2014年	過労死等防止対策推進法（法律第100号）が制定された。「過労死等」を脳・心臓疾患，精神障害，これらによる死亡・自殺と定義し，これを防止するため，国，地方公共団体，事業主等の責務が明らかにされ，調査研究，啓発活動などが行われるようになった。また，2015（平成27）年に「過労死等の防止のための対策に関する大綱」が閣議決定された。この大綱は2018（平成30）年に新たに閣議決定されている。

出所：筆者作成

働時間に関する正しい認識は，労災認定事例のうち月80時間以上の時間外・休日労働をしている割合は脳・心臓疾患92％，精神障害38％です（2014（平成26）年度～2018（平成30）年度の労災認定事例。各年の過労死等防止対策白書による)。すなわち，仕事による精神障害の原因は，長時間労働以外の強い心理的負荷によるものが多いということです。

「過労死問題」は1988（昭和63）年以降に大きな社会問題となり，これまでさまざまな対策が講じられてきました。これまでの経過を簡単に紹介して，過重労働対策を理解していただきたいと思います（**図表5**）。

② 長時間労働者に対する面接指導（義務）

a）長時間労働者に対する面接指導とその意義

面接指導とは，医師が問診その他の方法により心身の状況などを把握し，これに応じて面接により必要な指導を行うことをいいます。具体的には，産業医などの医師が，対象となった労働者の「勤務の状況」「疲労の蓄積の状況」「その他心身の状況」を確認し，必要な保健指導を行うとともに，当該労働者の健康の保持のために必要な措置について事業者に意見を述べるものです。

長時間労働者に対する面接指導の対象となる労働者は，**図表6**のとおりです。

面接指導は，長時間労働との関連性が強いとされる脳・心臓疾患に関する医学的知見を踏まえて脳・心臓疾患を予防するため，また労災認定された精神障

図表6　面接指導の対象者

対象者の区分	法定労働時間	週40時間を超える１ヵ月間の時間外･休日労働時間数または健康管理時間数		
		80時間以下	80時間超100時間以下	100時間超
一般労働者	週40時間	―	申出した労働者に面接指導 罰則なし	（原則として，月100時間以上の時間外・休日労働は不可）
新たな技術，商品または役務の研究開発業務従事労働者	週40時間	―	申出した労働者に面接指導 罰則なし	労働者に面接指導 （申出要件なし） 罰則あり
高度プロフェッショナル制度対象労働者	なし	申出した労働者に面接指導の努力義務		健康管理時間※が100時間を超える労働者に面接指導 （申出要件なし） 罰則あり

※健康管理時間＝事業場内にいた時間＋事業場外での労働時間

上記は，労働安全衛生法第66条の８第１項，第66条の８の２第１項，第66条の８の４第１項，第66条の９，労働安全衛生規則第52条の２，第52条の３，第52条の７の２，第52条の７の４による。

害など（自殺を含む）においては長時間労働であった者が少なくないことから，うつ病などの精神障害を予防するために，事業者に対しその実施を義務づけたものです。このような面接指導は，脳・心臓疾患や精神障害等の発症の重要な要因である長時間労働そのものを排除するという一次予防ではなく，二次予防であるので，面接指導そのものはこれらの疾患を予防するためには必ずしも十分であるとはいえません。したがって，面接指導をしているから安心であるという理解をすべきではありません。また，事業者は，面接指導の結果に基づいた医師の意見を聴き，必要な労働者に対して当該労働者の実情を考慮して事後措置を講ずることが求められており（労働安全衛生法第66条の８第４項・第５項），面接指導の実施だけにとどまらないように留意すべきです。

b）長時間労働者に対する面接指導（義務）の方法

長時間労働者に対する面接指導を実施するための「長時間労働者への面接指導チェックリスト（医師用）」「長時間労働者への面接指導マニュアル（医師用）－チェックリストの使い方－」などのツールが公益財団法人産業医学振興財団のウェブサイトで公表されており，面接指導を行う医師がこれを利用するよう推奨されています。

これらのツールは，実施する医師がかたちを変更して使用することもできます。変更する場合，労働者の「勤務の状況」「疲労の蓄積の状況」「その他心身の状況」を確認するという基本事項を外さないようにすることが必要です。

長時間労働者への面接指導チェックリスト（医師用）に掲載されている面接指導の手順と進め方を**図表７**に記します。

1）対象者の選定

長時間労働者に対する面接指導（義務）の対象者として法令に定める範囲のほか，後記の「③面接指導またはこれに準ずる措置（努力義務）」として実施する面接指導があり，後者による面接指導の範囲は衛生委員会等の調査審議を経て事業場ごとに定めるものです。人事労務部門で把握している時間外・休日労働の実績を利用して面接指導の対象者を選定します。

2）面接指導に向けて産業医等に提供する情報

産業医または小規模事業場（常時使用する労働者数が50人未満の事業場）において健康管理等を担う医師もしくは保健師（以下，「産業医等」という）に

図表7 面接指導の手順と進め方

・面接指導の手順と進め方の概略を示したものです。具体的な手順はチェックリストの各項目ごとに記載されています。また，詳しくはマニュアルを参照してください。
・必要により，面接指導の目的である，5（評価と判定），6（保健·生活·医療指導），7（事業者への意見の具申）および結果報告書・意見書が正しく記入できる範囲で手順項目の一部を修正・省略等しても結構です。

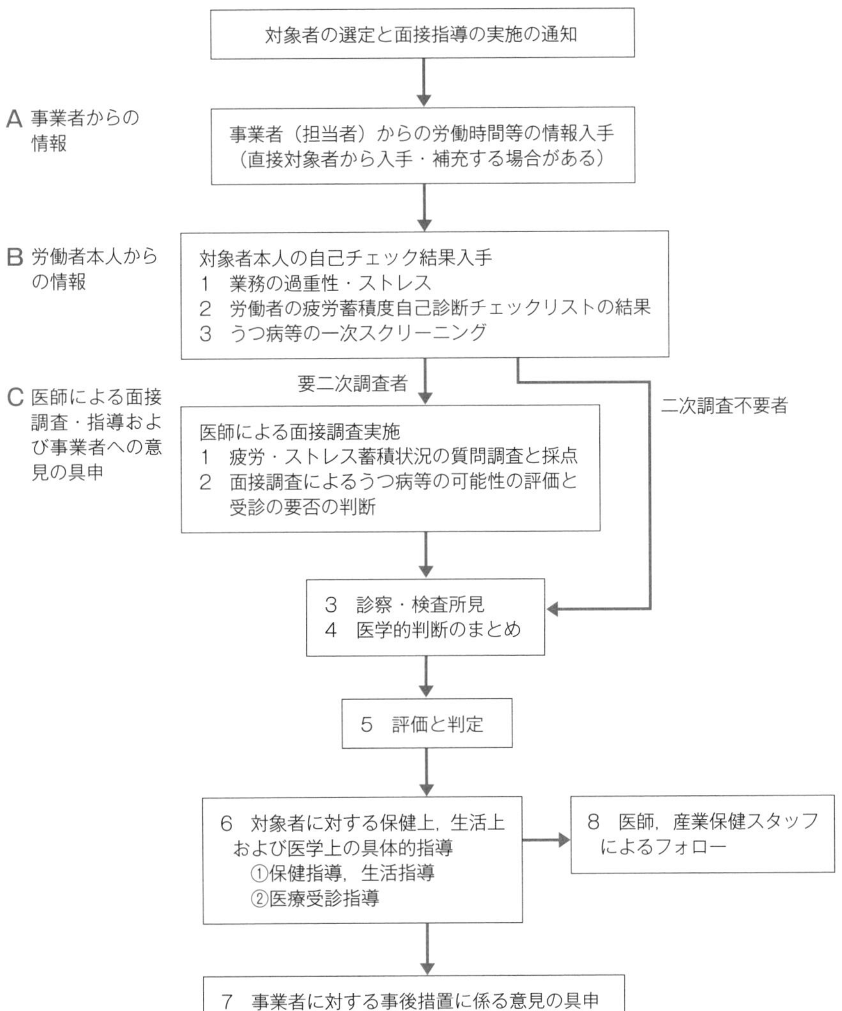

出所：厚生労働省「長時間労働者への面接指導チェックリスト（医師用）」2006年

対して，週40時間を超える労働時間が１月当たり80時間を超えた労働者の氏名および当該労働者にかかる当該超えた時間に関する情報を，月１回以上行う労働時間の把握後おおむね２週間以内に提供しなければなりません。また，産業医等が労働者の健康管理等を適切に行うために必要と認める情報を提供しなければなりません（労働安全衛生法第13条第４項・第13条の２第２項，労働安全衛生規則第14条の２・第15条の２第３項)。

上記以外でも，面接指導を実施する医師に対し，次の情報を提供することが望ましいと考えられます。

労働時間等：総労働日数，深夜業の回数および時間数，所定休日数，年次有給休暇取得日数，欠勤日数について少なくとも過去１ヵ月の実績を用意し，また通勤時間についても示すことが望まれます。

業務内容：責任の程度などを含む業務内容や作業環境の概要を示します。

健康診断個人票：直近に受診した健康診断個人票を示します。

問診票等：長時間労働者への面接指導チェックリスト（医師用）の「労働者本人からの情報」としての「業務の過重性・ストレス」「労働者の疲労蓄積度自己診断チェックリストの結果」「うつ病等の一次スクリーニング」などを用意します。ただし，産業医等が実施者となっていないストレスチェック結果は，本人の同意がない限り提供してはいけません。

3）面接指導の実施

産業医などの医師は，前記の事業場から提供された情報をもとに，あらかじめ用意した「長時間労働者への面接指導チェックリスト（医師用)」あるいはこれに準ずるツールに沿って面接指導を実施します。

疲労の蓄積の状況と配慮すべき心身の状況について評価した上，診断区分・就業区分・指導区分のそれぞれについて判定を行います。

就業の区分については，「健康診断結果に基づき事業者が講ずべき措置に関する指針」(1996（平成８）年10月１日付け健康診断結果措置指針公示第１号。最終改正2017（平成29）年４月14日付け健康診断結果措置指針公示第９号）に掲げられている表（**図表８**）を参考とするとよいでしょう。

なお，面接指導の実施の事務に従事した者には守秘義務があり，違反した場合には罰則（６月以下の懲役または50万円以下の罰金）の適用があります（労

図表8 就業上の措置

就業区分		就業上の措置の内容
区 分	内 容	
通常勤務	通常の勤務でよいもの	
就業制限	勤務に制限を加える必要のあるもの	勤務による負荷を軽減するため，労働時間の短縮，出張の制限，時間外労働の制限，労働負荷の制限，作業の転換，就業場所の変更，深夜業の回数の減少，昼間勤務への転換等の措置を講じる。
要休業	勤務を休む必要のあるもの	療養のため，休暇，休職等により一定期間勤務させない措置を講じる。

出所：健康診断結果に基づき事業者が講ずべき措置に関する指針（平成８年10月１日 健康診断結果措置指針公示第１号）

働安全衛生法第105条，第119条）。

なお，面接指導は，医師が対象労働者に対面して行うのが基本ですが，直接対面せず，情報通信機器を用いることも可能であり，この場合には，医師が産業医であったり，過去１年以内に当該事業場を巡視したことがある場合など一定の要件が望まれるとともに，使用する情報通信機器が適切な状態であることその他の留意すべきことがあります（「情報通信機器を用いた労働安全衛生法第66条の８第１項，第66条の８の２第１項，第66条の８の４第１項及び第66条の10第３項の規定に基づく医師による面接指導の実施について」（2015（平成27）年９月15日基発0915第５号，2020（令和２）年11月一部改正））。

4）保健指導の実施

長時間労働者は睡眠不足に由来する疲労の蓄積が血圧上昇などをきたし，その結果，血管病変などが自然経過を超えて著しく増悪することがあるとの観点から，積極的に保健指導を行い，リスクの低減化に努める必要があります。

5）事業者に提出する面接指導結果報告書および事後措置にかかる意見書

面接指導を行った医師は，簡潔にまとめた報告書を事業者に提出する必要があります。健康情報の保護の観点から記入したチェックリストなどをそのまま事業者に提出することは避け，別途報告書を作成すべきです。記入したチェックリストなどは，カルテや健康診断個人票に相当するものですので，実施した医師や守秘義務のある産業保健スタッフ等において保管すべきものです。

また，当該医師は，面接指導を行った労働者の健康の保持のため必要があると認める場合は，事業者が行う就業上の措置に関する意見を事業者に述べる必要があり，これを文書で提出することが望まれます。前記のチェックリストには，結果報告書と意見書のひな型が掲載されています。

c）長時間労働者に対する面接指導の事後措置

事業者は，面接指導の結果に基づき，当該労働者の健康を保持するために必要な措置について，医師の意見を聴かなければならないとされており，この意見を勘案し，その必要があると認めるときは，当該労働者の実情を考慮して，就業場所の変更，作業の転換，労働時間の短縮，深夜業の回数の減少などの措置を講ずるほか，当該医師の意見の衛生委員会等への報告その他の適切な措置を講じなければならないとされています（労働安全衛生法第66の８第３項・第４項，第66の８の２第２項，第66条の８の４第２項）。

特に，就業上の措置が必要であると認められる労働者に関しては，長時間労働をしてきた当該労働者に同じような就業を継続させておくことは，脳・心臓疾患や精神障害などの発症のリスクを高めることになると考えられます。事業場の事情や当該労働者の実情により具体的な措置の実施が困難である場合も考えられますが，工夫を凝らし，あるいは就業規則の変更など弾力的な対応により具体化することが望まれます。

なお，面接指導の結果については，５年間の保存義務があります。

③ 面接指導またはこれに準ずる措置（努力義務）

事業者は，上記の長時間労働者に対する面接指導（義務）の対象労働者以外の労働者であって健康への配慮が必要なものについては，面接指導の実施または面接指導に準ずる措置を講ずるように努めなければならないとされています（労働安全衛生法第66条の９，労働安全衛生規則第52条の８）。

この努力義務に対応すべき対象労働者は，次のとおりです。

① 事業場において定められた「面接指導またはこれに準ずる措置」の実施に関する基準に該当する労働者。

② 高度プロフェッショナル制度を定める労働基準法第41条の２第１項の規定に基づき労使委員会が面接指導の実施を決議した場合で，週40時間を超える１ヵ月間の健康管理時間数が100時間以下である労働者が申出をし

たときは，面接指導を行うよう努める必要があります（労働基準法第41条の2第1項，労働基準法施行規則第34条の2第14項，労働安全衛生規則第52条の8第3項）。

①については，「面接指導またはこれに準ずる措置」として，どのような範囲の労働者を対象としてどのような措置を実施するかを衛生委員会等で調査審議の上，事業場において自主的な基準として定めておき，これに沿って実施します。

また，「面接指導に準ずる措置」には，「労働者に対して保健師などによる保健指導を行うこと，チェックリストを用いて疲労蓄積度を把握の上必要な者に対して面接指導を行うこと，事業場の健康管理について事業者が産業医などから助言指導を受けることなどが含まれる」とされています（2006（平成18）年2月24日付け基発第0224003号「労働安全衛生法等の一部を改正する法律（労働安全衛生法関係）の施行について」）。

④ 過重労働による健康障害防止のための総合対策

過重労働による健康障害防止のための総合対策は，2006（平成18）年3月17日付け基発第0317008号通達（最終改正：2020（令和2）年4月1日付け基発0401第1号，雇均発0401第4号）により進めることが求められているものです。

a）趣　旨

長時間にわたる過重な労働は，疲労の蓄積をもたらす最も重要な要因と考えられ，さらには脳・心臓疾患の発症との関連性が強いという医学的知見が得られています。したがって，労働者が疲労を回復することができないような長時間にわたる過重労働を排除していくとともに，労働者に疲労の蓄積を生じさせないようにするため，労働者の健康管理に関わる措置を適切に実施することが重要です。

この総合対策は，過重労働による労働者の健康障害を防止することを目的として事業者が講ずべき措置を定めたものです。

b）労働時間等の適正化

1）時間外・休日労働時間等の削減

労働基準法第36条の規定に基づく協定（以下，「36協定」という）の締結に際しては，その内容が「労働基準法第36条第１項の協定で定める労働時間の延長及び休日の労働について留意すべき事項等に関する指針」（2018（平成30）年厚生労働省告示第323号）に適合したものとなるようにすること，１月当たりの限度時間である週40時間を超える時間が45時間以下とすることなどにより時間外・休日労働時間を削減する必要があります。

なお，前記の「過重労働総合対策」には明記されていませんが，労働基準法第36条に規定されている時間外・休日労働の主なポイントは，次のとおりです。

① 使用者は，時間外・休日労働に関する労使協定（以下，「36協定」という。）を締結し，所轄労働基準監督署に届け出た場合は，協定の範囲内で時間外・休日労働を行わせることができる（同条第１項）。
② 36協定における時間外労働の限度時間（通常予見される範囲）は，１ヵ月について45時間以内および１年について360時間以内とする（同条第３項，第４項）。
③ 通常予見できない臨時的な必要がある場合の36協定において１ヵ月の時間外・休日労働の限度時間は100時間未満（年間６ヵ月以内），１年の時間外労働の限度時間は720時間以内とする（同条第５項）。
④ 上記による時間外・休日労働は，次の要件をいずれも満たさなければならない（同条第６項。罰則付き）。
　ⅰ　一定の有害業務の１日の時間外労働は２時間以内
　ⅱ　１ヵ月の時間外・休日労働は100時間未満
　ⅲ　２〜６ヵ月間の１ヵ月平均の時間外・休日労働は80時間以内
⑤ 上記の②，③，④のⅱ・ⅲは，新たな技術，商品または役務の研究開発にかかる業務については適用しない（同条第11項）。

また，労働時間の把握については，「面接指導を実施するため，厚生労働省令で定める方法により，労働者の労働時間の状況を把握しなければならない」と規定され（労働安全衛生法第66条の８の３），その方法は，「タイムカードによる記録，パーソナルコンピュータ等の電子計算機の使用時間の記録等の客観的な方法その他の適切な方法とする」とされています（労働安全衛生規則第52条の７の３）。「その他の適切な方法」などの詳細は，2019（平成31）年３月29日基発0329第２号に解説されています。

なお，「労働時間の適正な把握のために使用者が講ずべき措置に関するガイドライン」(2017（平成29）年1月20日付け基発0120第3号）には，労働時間の適正な把握方法に加えて労働時間の考え方についても示されており，参照する必要があります。

さらに，事業者は，裁量労働制対象労働者および管理監督者についても，健康確保のための責務があることなどに十分留意し，当該労働者に対し，過重労働とならないよう十分な注意喚起を行うなどの措置を講ずるよう努める必要があります。

2）年次有給休暇の取得促進

事業者は，年次有給休暇については，労働基準法第39条第7項に基づき年5日間の時季を指定し確実に取得させるとともに，年次有給休暇を取得しやすい職場環境づくり，同条第6項に基づく年次有給休暇の計画的付与制度の活用などにより年次有給休暇の取得促進を図る必要があります。

3）労働時間等の設定の改善

労働時間等の設定の改善に関する特別措置法（1992（平成4）年法律第90号）第4条第1項に基づく労働時間等設定改善指針（2008（平成20）年厚生労働省告示第108号）においては，労働時間などの設定の改善について適切に対処するために必要な事項を定めることに加えて，2010（平成22）年の改正により年次有給休暇を取得しやすい環境の整備に関し事業者が講ずべき措置の項目が追加されました。このため，事業者は，過重労働による健康障害を防止する観点から，同指針に留意し，必要な措置を講ずるよう努めることが求められます。また，健康および福祉を確保するために必要な終業から始業までの時間の設定（勤務間インターバル制度）に努めるべきことが定められています（同法第2条第1項)。

c）労働者の健康管理にかかる措置の徹底

1）健康管理体制の整備，健康診断の実施等

・産業医，衛生管理者，衛生推進者等を選任し，健康管理に関する職務等を適切に行わせる等の健康管理に関する体制の整備

・産業医または小規模事業場（労働者数50人未満）の医師等に対する健康管理等に必要な情報の提供

・産業医等が労働者からの健康相談に応じ，適切に対応するために必要な体制の整備（労働安全衛生法第13条の３）
・衛生委員会等における長時間労働者等に対する面接指導および労働者のメンタルヘルス対策に関する事項などについての調査審議
・健康診断，その事後措置，保健指導の実施
・自発的健康診断制度の活用
・二次健康診断等給付制度の活用
・労働者の健康保持増進措置（THP）の実施

2）長時間労働者の面接指導等

法令により義務とされている労働者に対して面接指導を確実に実施するとともに，前述した面接指導など（努力義務）を実施します。

ⅰ）労働時間の状況の把握

前記の労働安全衛生法第66条の８の３の規定等に基づき労働時間を適切に把握します。

ⅱ）産業医および労働者への労働時間に関する情報の通知

産業医に対し，時間外・休日労働時間が１月当たり80時間を超えた労働者の氏名および当該労働者にかかる当該超えた時間に関する情報を提供し，加えて，当該労働者本人に対し，当該超えた時間に関する情報を通知します。

ⅲ）衛生委員会等における調査審議

面接指導の実施のため，①裁量労働制の適用者や管理監督者等を含むすべての労働者の労働時間の状況の把握に関すること，②面接指導等の実施方法および実施体制に関すること，③面接指導等の申出が適切に行われるための環境整備に関すること，④面接指導等の申出を行ったことにより当該労働者に対して不利益な取扱いが行われることがないようにするための対策に関すること，⑤面接指導等を実施する場合における「事業場で定める必要な措置の実施に関する基準」の策定に関すること，⑥事業場における長時間労働による健康障害防止対策の労働者への周知に関すること，などを調査審議します。

ⅳ）小規模事業場における面接指導等

常時使用する労働者が50人未満の事業者においても，長時間労働者に対する面接指導等を実施する必要があります。近隣に専門的知識を有する医師がいな

いなどの状況があれば，地域産業保健センターの活用を図ります。また，労働安全衛生規則第23条の２に基づき関係労働者の意見を聴くように努めます。

3）メンタルヘルス対策

「メンタルヘルス指針」に基づき，衛生委員会等における調査審議を通じて策定した「心の健康づくり計画」に従って，事業者は，心の健康問題の特性を考慮しつつ，健康情報を含む労働者の個人情報の保護および労働者の意思の尊重に留意しながら，メンタルヘルス対策を実施します。

具体的には，ストレスチェック制度の活用や職場環境等の改善を通じてメンタルヘルス不調を未然に防止する一次予防，メンタルヘルス不調を早期に発見し適切な措置を行う二次予防，メンタルヘルス不調となった労働者の職場復帰支援を行う三次予防に取り組みます。また，教育研修，情報提供ならびに「セルフケア」，「ラインによるケア」，「事業場内産業保健スタッフ等によるケア」および「事業場外資源によるケア」の４つのメンタルヘルスケアが継続的かつ計画的に行われるようにします。

❻ ストレスチェック制度

メンタルヘルス対策の充実・強化のニーズが高いことから，2014（平成26）年に労働安全衛生法が改正され，2015（平成27）年12月１日からストレスチェック制度が導入されました。

ストレスチェック制度は，労働者のストレスの程度を把握し，労働者自身のストレスへの気づきを促すとともに，職場改善につなげ，働きやすい職場づくりを進めることによって，労働者がメンタルヘルス不調となることを未然に防止すること（一次予防）を主な目的としています。

① ストレスチェックの実施

ストレスチェックは，調査票を用いて，次の３つの領域に関する項目により検査を行い，労働者のストレスの程度を点数化して評価します。そしてその評価結果を踏まえて高ストレス者を選定し，医師による面接指導の要否を確認することをいいます。

・職場における当該労働者の心理的な負担の原因に関する項目（ストレス要因）

・心理的な負担による心身の自覚症状に関する項目（ストレス反応）

・職場における他の労働者による当該労働者への支援に関する項目（周囲のサポート）

a）ストレスチェックの実施義務など

事業者は，常時50人以上の労働者を使用する事業場の労働者に対し，心理的負荷を把握するための検査（以下，「ストレスチェック」という）を，１年以内ごとに１回，定期に実施しなければなりません（義務）。なお，50人未満の事業場においてもこれを実施するよう努めることとされています（努力義務）。また，派遣労働者に対しては，派遣元事業場にこれを実施する義務があります（労働安全衛生法第66条の10，附則第４条，労働安全衛生規則第52条の９）。

なお，労働者にストレスチェックの受検義務はありません。

b）ストレスチェックの実施体制の整備

ストレスチェック実施者は，医師，保健師，一定の研修を受けた歯科医師・看護師・精神保健福祉士または公認心理師に限られます。実施者は調査票の選定，ストレスチェックの実施の企画および結果の評価に関与します。

ストレスチェック実施事務従事者は，特に資格は要しません。ただし，実施事務従事者は調査票の回収，データ入力，面接指導の勧奨などの実施者の補助を行い，記入された調査票などを見る機会がありますので守秘義務があり（労働安全衛生法第105条），また労働者について解雇，昇進または異動に関して直接の権限をもつ監督的地位にある者は実施事務従事者になることができません（労働安全衛生規則第52条の10）。

衛生委員会において，ストレスチェック制度実施規程，実施計画，以下に記述する実施方法などについて調査審議をする必要があります。具体的な調査審議事項は，「心理的な負担の程度を把握するための検査及び面接指導の実施並びに面接指導結果に基づき事業者が講ずべき措置に関する指針」（**巻末資料４**。以下，「ストレスチェック指針」という）または「労働安全衛生法に基づくストレスチェック制度実施マニュアル」（2021（令和３）年２月改訂。厚生労働省ホームページ。以下，「実施マニュアル」という）を参照してください。

c）ストレスチェックの実施方法

ストレスチェック調査票を選定します。調査票は，前記のストレス要因など3つの領域に関する項目が含まれているものであれば，実施者の意見および衛生委員会等での調査審議を踏まえて，事業者の判断により選択することができますが，「職業性ストレス簡易調査票」（57項目）を使用することが推奨されています（第3章1節❸参照）。

次に，質問紙または情報通信機器（ICT）を用いて調査票を労働者に配布し，記入させます。記入された調査票を回収し，評価のために採点を行い，またプログラムを使用する場合は回答内容を入力します。この場合に，「厚生労働省版ストレスチェック実施プログラム」を用いると評価を簡便に行うことができます（評価方法は「実施マニュアル」を参照）。

ストレスチェック結果の評価方法，基準は，実施者の提案・助言，衛生委員会等における調査審議を経て事業者が決定しますが，一方，個々人の結果の評価は実施者が行うことになります。実施者による評価の結果は，ストレスの程度の評価を点数化した評価結果を数値で示すだけでなく，ストレスの状況をレーダーチャート等の図表で分かりやすく示す方法により行わせることが望ましいとされています。また，高ストレス者に該当するかどうか，面接指導が必要かどうかの評価も実施者が行う必要があり，これらの評価を行うことまでがストレスチェックの範囲となります。

事業者，実施者，実施事務従事者は，ストレスチェックを受けなかった労働者に対し，受検の勧奨をすることができます。

d）ストレスチェック結果の通知

ストレスチェック結果は，実施者が直接受検者に通知します。実施者は，本人の同意がない場合は事業者に通知をすることが禁止されています（労働安全衛生法第66条の10第2項）。

ストレスチェック結果の通知は，「ストレスの程度」，「高ストレス者への該当の有無」，「面接指導の要否」の3項目について行う必要があります。

② 面接指導と事後措置

ストレスチェックの結果，面接指導が必要であると判定された労働者が面接指導の申出を行った場合には，事業者は医師による面接指導を行う必要があります（労働安全衛生法第66条の10第３項，労働安全衛生規則第52条の16）。

申出は，ストレスチェックの結果の通知を受理した後，おおむね１ヵ月以内に行うように当該通知に記載するとともに，申出の窓口，申出の方法についても記載します。なお，申出を行った労働者については，ストレスチェック結果の事業者への提供に同意したものとして取り扱って差し支えないとされていますので（2015（平成27）年５月１日付け基発0501第３号），この旨を当該通知に記載することが望ましいといえます。

事業者は，申出を受理した後おおむね１ヵ月以内に医師による面接指導を行うようにします。なお，面接指導は，医師が対象労働者に対面して行うのが基本ですが，直接対面せず，情報通信機器を用いることも可能であり，この場合には，医師が産業医であったり，過去１年以内に当該事業場を巡視したことがある場合など一定の要件が望まれるとともに，使用する情報通信機器が適切な状態であることその他の留意すべきことがあります（「情報通信機器を用いた労働安全衛生法第66条の８第１項，第66条の８の２第１項，第66条の８の４第１項及び第66条の10第３項の規定に基づく医師による面接指導の実施について」（2015（平成27）年９月15日基発0915第５号，2020（令和２）年11月一部改正））。

図表９　就業上の措置

就業区分		就業上の措置の内容
区 分	内 容	
通常勤務	通常の勤務でよいもの	—
就業制限	勤務に制限を加える必要のあるもの	メンタルヘルス不調を未然に防止するため，労働時間の短縮，出張の制限，時間外労働の制限，労働負荷の制限，作業の転換，就業場所の変更，深夜業の回数の減少又は昼間勤務への転換等の措置を講じる。
要休業	勤務を休む必要のあるもの	療養等のため，休暇又は休職等により一定期間勤務させない措置を講じる。

出所：心理的な負担の程度を把握するための検査及び面接指導の実施並びに面接指導結果に基づき事業者が講ずべき措置に関する指針（平成27年４月15日心理的な負担の程度を把握するための検査等指針公示第１号）

また，事業者は，面接指導の記録を作成して５年間保存しなければなりません（労働安全衛生法第66条の10第４項，労働安全衛生規則第52条の18）。

面接指導が必要であると通知された労働者から申出がない場合には，実施者または実施事務従事者が申出の勧奨を行うことができます。

事業者は，面接指導の結果に基づき，当該労働者の健康を保持するために必要な措置について医師の意見を聴かなければなりません（労働安全衛生法第66条の10第５項，労働安全衛生規則第52条の19）。これらの記録の作成や意見聴取については，「医師向けの面接指導マニュアル」（厚生労働省ホームページ）を参考にするとよいでしょう。

医師が意見を述べる場合には，書面により，**図表９**を参考とした就業上の措置に関する意見に加えて，必要に応じ，職場環境の改善に関する意見を述べる必要があります（ストレスチェック指針）。

事業者は，前記の医師の意見を勘案し，その必要があると認めるときは，当該労働者の実情を考慮して，就業場所の変更，作業の転換，労働時間の短縮，深夜業の回数の減少等の措置を講ずるほか，当該医師の意見の衛生委員会等または労働時間等設定改善委員会への報告その他の適切な措置を講じなければなりません（労働安全衛生法第66条の10第６項）。

③ 集団ごとの集計・分析と職場環境の改善

事業者は，実施者にストレスチェック結果を集団ごとに集計・分析させ，職場ごとのストレスの状況を把握させるよう努めることとされています（労働安全衛生規則第52条の14）。集団ごとの集計・分析は10人以上の集団について行い，その結果は実施者から事業者に通知され，事業者は衛生委員会等の調査審議を経て職場環境の改善のための取り組みを行います。

なお，集団ごとの集計・分析の結果は，当該集団の責任者にとってはその評価などにつながり得る情報で，当該責任者等に不利益が生じるおそれもありますので，事業場内で集計・分析結果を無制限に共有することは不適当です（「実施マニュアル」p.85）。

④ 留意事項

a）健康情報の保護

ストレスチェック制度では，事業場において労働者の健康情報の保護が適切に行われることが極めて重要ですので，労働者の同意なくストレスチェック結果が事業者には提供されない仕組みとされており，事業者がストレスチェック制度に関する労働者の秘密を不正に入手するようなことがあってはなりません。

健康情報の保護のための行政指導通達として，「雇用管理分野に関する個人情報のうち健康情報を取り扱うに当たっての留意事項」（2017（平成29）年5月29日付け個情第749号，基発0529第3号）が示されていますので，これに沿う必要があります。

また，労働安全衛生法第104条および労働者の心身の状態に関する情報の適正な取扱いのために事業者が講ずべき措置に関する指針（2018（平成30）年9月7日労働者の心身の状態に関する情報の適正な取扱い指針公示第1号）に沿う必要があります（詳細は本章2節❹の④のc）を参照）。

b）守秘義務

実施者となる医師・歯科医師には刑法，保健師・看護師には保健師助産師看護師法，精神保健福祉士には精神保健福祉士法，公認心理師には公認心理師法により，それぞれ秘密を守る義務（守秘義務）が課されており，それぞれ罰則があります。実施事務従事者には，労働安全衛生法第105条による守秘義務があり，これに違反すると6月以下の懲役または50万円以下の罰金という罰則（同法第119条）の適用があります。

c）不利益取扱いの禁止

事業者は，労働者が面接指導の申出をしたことを理由として，当該労働者に対し不利益な取扱いをしてはならないと規定されています（労働安全衛生法第66条の10第3項）。

法令に具体的に規定されていなくても，事業者は，当然に，ストレスチェック制度にかかる種々の理由で，労働者に対し不利益な取扱いを行ってはなりません（ストレスチェック指針を参照）。

d）ストレスチェックの外部委託

健康診断を実施する場合に外部の健康診断機関に委託することが多く行われ

ているのと同様に，ストレスチェックについても健康診断機関などに委託されています。

このような場合には，ストレスチェック制度を正しく理解し，適切に実施することが可能な委託先を選定することが必要です。選定に際してのチェックポイントなどを理解する必要があります（「実施マニュアル」p.117以下を参照）。

e）実施状況の労働基準監督署への報告

常時50人以上の労働者を使用する事業者は，1年以内ごとに1回，定期に，心理的な負担の程度を把握するための検査結果等報告書（労働安全衛生規則様式第6号の2）を所轄労働基準監督署長に提出しなければなりません（労働安全衛生法第100条第1項，労働安全衛生規則第52条の21）。様式は，厚生労働省ホームページからダウンロードすることができます。

f）罰則など

ストレスチェックや面接指導の実施は事業者の義務として法律に規定されていますが，これらの規定には罰則はありません。しかしながら，ストレスチェック制度に関する規定の中には次の罰則をともなう規定があります。

・実施状況の労働基準監督署への報告（労働安全衛生法第100条第1項，労働安全衛生規則第52条の21）
・ストレスチェック，面接指導の記録の保存（労働安全衛生法第103条第1項，労働安全衛生規則第52条の11，第52条の13第2項）
・守秘義務（前記のとおり）

なお，ストレスチェックや面接指導の実施義務規定に罰則がないためにこれらを怠っていると安全配慮義務違反となり，メンタルヘルス不調などの発生に際し損害賠償を求められることにつながります。

❼ 自殺対策基本法とアルコール健康障害対策基本法

① 自殺対策基本法の制定の背景と考え方

1998（平成10）年に自殺者数が前年比約35％増加して初めて3万人を超え，その後も2011（平成23）年まで14年間にわたり年間3万人を超える状況が続きました。

以前の自殺に対する考え方としては，自殺が個人的問題として捉えられ，国の政策課題になじまないという見方がありました。しかしながら，近年の自殺の動向から，職場における過労やいじめ，あるいは多重債務などの社会問題を反映したものが多いとの現象を捉え，もはや自殺は個人的問題としては解決できないものがあり，適切な社会的支援を含めた自殺対策が必要であると考えられるようになりました。

自殺対策基本法は，「自殺対策は，生きることの包括的な支援として，全ての人がかけがえのない個人として尊重されるとともに，生きる力を基礎として生きがいや希望を持って暮らすことができるよう，その妨げとなる諸要因の解消に資するための支援とそれを支えかつ促進するための環境の整備充実が幅広くかつ適切に図られることを旨として実施」することなどの４つの基本理念（第２条）のもとに，2006（平成18）年６月に法律第85号として制定され，同年10月から施行されました。

②　自殺対策基本法制定後の動き

自殺対策基本法の施行後，国，地方公共団体，医療機関，事業主，学校，自殺対策に関する活動を行う民間の団体その他の関係者によりさまざまな活動が展開されています。2006（平成18）年10月には，情報の収集・発信等を通じ，関係府省が行う対策を支援，促進し，地方公共団体や日夜相談業務等に携わっている民間団体等とも密接に連携をとりながら，総合的な対策を実施していくための自殺予防総合対策センターが設置されました。2007（平成19）年６月には，自殺対策基本法第12条に基づいて政府が推進すべき自殺対策の指針として，基本的かつ総合的な自殺対策の大綱（自殺総合対策大綱）が閣議決定されました。この大綱は５年ごとに見直しをすることとされており，2012（平成24）年８月に閣議決定された大綱では，国，地方公共団体，関係団体および民間団体等が連携して啓発活動を推進し，併せて啓発事業によって援助を求めるに至った悩みを抱えた人が必要な支援を受けられるよう，支援策を重点的に実施することとされています。

自殺対策に関する啓発活動をより一層推進するため，2007（平成19）年の自殺総合対策大綱において毎年９月10日～16日を「自殺予防週間」，2010（平成

22）年２月のいのちを守る自殺対策緊急プラン（自殺総合対策会議決定）において毎年３月が「自殺対策強化月間」と定められました。

2012（平成24）年以降自殺者数が年間３万人を下回りましたが，OECD 諸国と比較して，日本の自殺率はまだ高率であり，自殺対策基本法の施行から10年が経過しようとする中，自殺対策に取り組む民間団体や自殺対策を推進する国会議員を中心に，わが国の自殺対策をさらに強化し，加速させるために，自殺対策基本法の改正が必要であるとされ，2016（平成28）年３月に同法が改正されました。この改正により自殺対策の理念が明確化され，さらに地域自殺対策推進の強化が盛り込まれました。特に，関係者の連携協力について定めた第８条により，事業主は，国，地方公共団体，医療機関，学校，自殺対策に関する活動を行う民間の団体その他の関係者とともに，自殺対策の総合的かつ効果的な推進のため，相互に連携を図りながら協力することが必要である旨が追加されたことが重要です。

また，2016（平成28）年４月から自殺対策は内閣府から厚生労働省（社会・援護局総務課）に移管されました。

2017（平成29）年の自殺総合対策大綱では，

・地域レベルの実践的な取り組みのさらなる推進
・若者の自殺対策，勤務問題による自殺対策のさらなる推進
・自殺死亡率を先進諸国の現在の水準まで減少することを目指し，2026（令和８）年までに2015（平成27）年比30％以上減少させることを目標とする

ことを掲げています。

なお，2019（令和元）年６月に，「自殺対策の総合的かつ効果的な実施に資するための調査研究及びその成果の活用等の推進に関する法律」が，自殺対策基本法の趣旨に則り，自殺対策の総合的かつ効果的な実施に資するための調査研究およびその成果の活用等の推進に関し，基本方針を定めるとともに，そのための体制の整備について指定調査研究等法人の指定その他必要な事項を定めることにより，自殺対策の一層の充実を図ることを目的として制定され，同年９月12日から施行されました。

③ アルコール健康障害対策基本法

不適切な飲酒はアルコール健康障害（アルコール依存症その他の多量の飲酒，未成年者の飲酒，妊婦の飲酒等の不適切な飲酒の影響による心身の健康障害）の原因となり，アルコール健康障害は，本人の健康の問題であるのみならず，その家族への深刻な影響や重大な社会問題を生じさせる危険性があります。

アルコール健康障害の発生，進行および再発の各段階に応じた防止対策を適切に実施し，当事者と家族が日常生活および社会生活を円滑に営むことができるように支援する必要があるとともに，アルコール健康障害と密接に関連する飲酒運転，暴力，虐待，自殺等の問題に関する施策との有機的な連携を図る必要があるとして，2013（平成25）年にアルコール健康障害対策基本法が制定されました。

この法律では，国，地方公共団体，国民，医師等の責務に加えて，酒類の製造または販売を行う事業者は，国および地方公共団体が実施するアルコール健康障害対策に協力するとともに，その事業活動を行うに当たって，アルコール健康障害の発生，進行および再発の防止に配慮するよう努める責務があるとされています（第６条）。また，健康増進法第６条に基づく健康増進事業実施者は，国および地方公共団体が実施するアルコール健康障害対策に協力するよう努める責務があります（第９条）。

さらに，国民の間に広くアルコール関連問題に関する関心と理解を深めるため，11月10日から同月16日までがアルコール関連問題啓発週間とされました（第10条）。2016（平成28）年５月には，同法第12条に基づき，アルコール健康障害対策基本計画が定められています。

3 企業にとっての意義

前節では，企業がメンタルヘルスケアに取り組む意義について，労働安全衛生法ならびに関連指針を遵守することや，安全配慮義務を履行するという法制面から整理してきました。さらに本節では，リスクマネジメント，仕事と生活の調和（ワーク・ライフ・バランス），生産性向上の観点から，企業にとっての意義を考えます。

❶ リスクマネジメント

① 過労死や過労自殺にともなうリスク

まず，過労死や過労自殺について，社会の耳目を集めるきっかけとなったひとつの判決をご紹介しましょう。大手広告代理店の若手社員が過労からうつ病を発症し，自殺に至ってしまったことに対して，2000年3月の最高裁判決では，本人の健康状態が悪化していることを認識しながら，業務負荷を軽減させる措置をとらなかった企業側に過失があり，損害賠償責任があるとしました。そして，3ヵ月後の2000年6月，企業側が1億6,800万円の遺族補償を支払うことで和解が成立しました。

前節でも述べたとおり，企業が安全配慮義務に違反し，従業員に損害を与えた場合には，企業に民事上の損害賠償責任が生じます。そして，この判決のように自社の従業員が過労死や過労自殺してしまった場合，高額の損害賠償責任を負担することになります。

また，同僚が死に至ったことに対して，社内に大きな衝撃が走ることは想像に難くありません。さらに，社名入りで報道されるようなことになれば，対外的な企業イメージの低下も避けられません。

② 事故やミスにともなうリスク

また，過労死や過労自殺にまで至らなかったとしても，従業員が強いストレスを感じたりメンタルヘルスを悪化させたりして，精神的に不安定な状態で仕事をしていれば，集中力や判断力の低下を招き，思わぬ事故やミスを起こすことにもつながります。その結果，事故やミスを起こした本人はもちろんのこと，場合によっては，他の従業員や顧客，地域住民など第三者の安全と健康を脅かすことにもなりかねません。

このように考えますと，企業は従業員のストレスやメンタルヘルスの問題に対して，リスクマネジメントの一環として真剣に取り組まなければならない時代になっているといえるでしょう。

❷ 仕事と生活の調和（ワーク・ライフ・バランス）

① ワーク・ライフ・バランス憲章

近年，仕事と生活の調和（ワーク・ライフ・バランス）の重要性が叫ばれています。確かに，「仕事人間」や「会社人間」という言葉に象徴されるように，これまでの日本社会においては，プライベートよりも仕事を優先してきたことは否めません。しかし，従業員が心身ともに健康で活力ある組織をつくるには，今や，仕事と生活のアンバランスを改善することが重要な課題となっています。

そこで2007年12月，経済界・労働界・地方自治体・有識者・関係閣僚から構成される「仕事と生活の調和推進官民トップ会議」では，「仕事と生活の調和（ワーク・ライフ・バランス）憲章」および「仕事と生活の調和推進のための行動指針」を策定しました（http://wwwa.cao.go.jp/wlb/government/index.html）。そして，2016年に一部改正されました。

「仕事と生活の調和（ワーク・ライフ・バランス）憲章」では，仕事と生活の調和が実現した社会を，「国民一人ひとりがやりがいや充実感を感じながら働き，仕事上の責任を果たすとともに，家庭や地域生活などにおいても，子育て期，中高年期といった人生の各段階に応じて多様な生き方が選択・実現できる社会」と定義した上で，具体的には以下のような社会を目指すべきであると指摘しています。

・就労による経済的自立が可能な社会
・健康で豊かな生活のための時間が確保できる社会
・多様な働き方・生き方が選択できる社会

そして「仕事と生活の調和推進のための行動指針」では，個々の企業の実情に合わせて，労使で話し合いながら自主的に取り組む活動内容を具体的に掲げ，併せて社会全体として達成を目指す数値目標を設定しています（**図表10**）。なかでも，「健康で豊かな生活のための時間の確保」のための取り組みは，メンタルヘルス対策と共通する部分が多く，メンタルヘルス対策に取り組むことがワーク・ライフ・バランスの実現にも資することが分かります。

図表10 行動指針で掲げる具体的な取り組みと主な数値目標

区分	具体的な取り組み	主な数値目標
就労による経済的自立	●人物本位による正当な評価に基づく採用 ●パート労働者などが正規雇用へ移行しうる制度づくり ●就業形態にかかわらない公正な処遇や積極的な能力開発	●女性25～44歳の就業率：77.6%→77% ●フリーターの数：138万人→124万人
健康で豊かな生活のための時間の確保	●労働時間関連法令の遵守の徹底 ●長時間労働の抑制，年次有給休暇の取得促進などのための，労使による業務の見直しや要員確保 ●取引先への計画的な発注や納期設定	●週労働時間60時間以上の雇用者割合：6.4%→5% ●年次有給休暇取得率：52.4%→70% ●メンタルヘルスケアに関する措置を受けられる職場の割合：59.2%→100%
多様な働き方・生き方の選択	●育児・介護休業，短時間勤務，短時間正社員制度，テレワーク，在宅就業など，柔軟な働き方を支える制度の整備と利用しやすい職場風土づくり ●男性の育児休業などの取得促進に向けた環境整備 ●女性や高齢者などへの再就職・継続就業機会の提供 ●就業形態にかかわらない公正な処遇や積極的な能力開発	●短時間勤務を選択できる事業所割合：11.8%→29% ●男性の育児休業取得率：6.16%→13% ●6歳未満の子どもをもつ夫の育児・家事関連時間：1日あたり83分→2時間30分

注）数値目標は，最新値→2020年の目標数値を示す。
出所：仕事と生活の調和推進官民トップ会議「仕事と生活の調和推進のための行動指針」（2007年，2016年一部改正）及び仕事と生活の調和連携推進・評価部会「仕事と生活の調和レポート2019」（2020年）より作成

② ワーク・ライフ・バランスのメリット

ワーク・ライフ・バランスの実現によって，個人にとっては，健康が保たれ，仕事とプライベート（育児，介護，地域活動，自己啓発など）の両面の充実が図れるというメリットが期待できます。

一方，個人がワーク・ライフ・バランスのとれた働き方をすることは，企業にとっても，決してマイナスなことではありません。なぜなら，プライベートに費やす時間を生み出すためのタイムマネジメント上の工夫が，仕事の生産性向上につながる可能性があるからです。また，プライベートを充実させることによって，そこから得られた何かが新たな気づきとなって，仕事に好影響を与えることも期待できます。例えば，親の介護に携わってみて肌で感じた生活者としての視点や価値観がヒントとなって，「仕事人間」のままでは思いもよらなかった新しい商品やサービスのアイデアが浮かんでくるかもしれません。

❸ 生産性の向上

最後に，生産性の向上という観点から，企業がメンタルヘルスケアに取り組む意義について考えてみましょう。

① 生産性の低下と労働力の損失

従業員がメンタルヘルスを悪化させていれば，集中力や注意力が低下し，結果として仕事の生産性も低下します。例えば，抑うつ状態に陥ると，以前は半日でできた仕事が１日かかっても終わらない，手慣れているはずの定型的な仕事に手こずる，仕事の締め切りに間に合わないなどの変化が現れます。

また，その従業員が休職するようなことになれば，職場の戦力ダウンは避けられません。多くの企業で少数精鋭主義が浸透している現状では，たとえひとりであっても，休職者が抜けた穴を埋めることは容易ではありません。ましてや，代替人員が補充されないとなれば，休職者が担当していた仕事を他の従業員に割り当てたり，職場内の役割分担を見直したりしなければならず，残った従業員の負荷も高まります。このように，メンタルヘルスの悪化による労働力の損失は，決して小さくありません。

②アブセンティーズムとプレゼンティーズム

「アブセンティーズム」や「プレゼンティーズム」は聞き慣れない言葉ですが，WHO（世界保健機関）によって提唱された健康問題に起因したパフォーマンス（生産性）の損失を表す指標です。アブセンティーズムは，健康問題による仕事の欠勤（病欠）の状態です。プレゼンティーズムとは，欠勤には至っておらずに勤怠管理上は表面に出てきませんが，健康問題が理由で業務遂行能力や生産性が低下している状態を意味しています[7)]。

わが国においても，メンタルヘルス不調のほか，アレルギーや偏頭痛，さらには生活習慣などによる生産性の低下が指摘されています。こうしたプレゼンティーズムを企業経営の面から見れば，間接的にではありますが健康関連のコストが生じている状態ということができます。

2015年度に東京大学政策ビジョン研究センターが実施した調査研究では，日本の３企業・組織の健康関連総コストを推計した結果，医療費が全体の15.7％であったのに対して，アブセンティーズムは4.4％，プレゼンティーズムは77.9％を占めていました。これは，米国やその他の諸外国の先行研究とほぼ同様の結果でした[8)]。つまり，プレゼンティーズムが医療費を上回る最大のコスト要因となっています。それゆえ，医療費のみならず，プレゼンティーズムなども含めた全体の健康関連コストの問題を考えていく必要があります。これが，後述する「健康経営」の基本的な発想です。

③ 健康職場モデルの考え方

ところで，従業員の健康と組織の生産性との関係については，これまでにもさまざまな議論がなされてきました。そして従来は，従業員の健康を重視して職場環境の改善を行ったり，仕事量を減らすなど労働負荷を軽減したりすれば，コストがかかり生産性も低下すると考えられていました。そのために，従業員の健康問題は経営上の優先課題にはなりにくい状況でした。

しかし最近では，従業員の健康や満足感と組織の生産性を両立させることは可能であり，むしろ両者には相互作用があり互いに強化することができるとする考え方が示されるようになりました（**図表11**）。これは，米国立労働安全衛生研究所（National Institute for Occupational Safety and Health：NIOSH）

図表11 NIOSHの健康職場モデル

出所：Sauter, S.L., Lim, S.Y., Murphy, L.R. “Organizational Health: A New Paradigm for Occupational Stress Research at NIOSH”,『産業精神保健』4巻4号, pp. 248-254, 1996年

が提示した考え方で,「健康職場（Healthy Work Organization）モデル」と呼ばれています[9)]。

この考え方に従えば，従業員の健康や満足感を維持・向上させることが，組織の生産性向上に寄与することになります。つまり，従業員が心身ともに健康で満足感が高ければ，目標に向かって意欲を高め，もてる能力を最大限に発揮することができます。そして，そのことが組織の生産性向上や高業績につながると期待できるわけです。ここに，企業がメンタルヘルスケアに取り組むことの意義があります。

そこで管理監督者としては，ストレスやメンタルヘルスの問題を視野に入れた上で職場のマネジメントを展開して，“マイナスの状態”（従業員の不健康・不満足，組織全体の不活性化）を“ゼロ”に戻すだけではなく，よりポジティブに，個人および組織を“プラスの状態”（従業員の健康・満足，組織全体の活性化）に変え，健康で活力ある組織の実現を目指したいものです。

④ 健康経営

以上のような考え方は,「健康経営」と呼ばれる取り組みとして，近年実践されています。健康経営とは,「従業員の健康保持・増進の取組みが，将来的に収益性等を高める投資であるとの考えの下，健康管理を経営的視点から考え，戦略的に実践すること」[10]を意味します。換言すれば，従業員の健康管理問題を経営課題として正面から捉え，従業員の健康保持・増進に組織が積極的に関わることで，生産性向上を目指す経営手法といえるでしょう。

経済産業省と東京証券取引所は，この観点からの優良企業を「健康経営銘柄」に選定し公表しています。また，経済産業省と日本健康会議は「健康経営優良法人認定制度」を実施しています。これは，上場企業に限定されている健康経営銘柄制度を補足するものとして，特に優良な健康経営を実践している非上場企業や医療法人等を顕彰する制度です。

組織が，経営理念や長期的なビジョンに基づいて健康経営を実践することによって，従業員の活力向上，組織の活性化や生産性向上，さらには医療費の抑制などにつながることが期待されています。

❹ ワーク・エンゲイジメント

心理学では2000年前後から，人間の有する強みやパフォーマンスなどポジティブな要因にも注目する動きが出始めました。このような動きの中で新しく提唱された考え方のひとつが，ワーク・エンゲイジメント[11]です。

ワーク・エンゲイジメントは，健康増進と生産性向上の両立に向けたキーワードとして，近年，特に注目されるようになっています。

① ワーク・エンゲイジメントとは

ワーク・エンゲイジメントとは「仕事に誇りややりがいを感じている」（熱意），「仕事に熱心に取り組んでいる」（没頭），「仕事から活力を得ていきいきとしている」（活力）の３つがそろった状態であり，バーンアウト（燃え尽き）の対概念として位置づけられています。

バーンアウトした従業員は，疲弊し仕事への熱意が低下しているのに対して，ワーク・エンゲイジメントの高い従業員は，心身の健康が良好で，生産性も高いことが分かっています[12) 13)]。

② ワーク・エンゲイジメントが高いと？

これまでの研究では，ワーク・エンゲイジメントと健康，仕事・組織に対する態度，パフォーマンスなどとの関連が検討されています。

①健康に関しては，ワーク・エンゲイジメントが高い人は，心身の健康が良好で睡眠の質が高いこと，②仕事・組織に対する態度では，職務満足感や組織への愛着が高く，離転職の意思や疾病休業の頻度が低いこと，③パフォーマンスでは，自己啓発学習への動機づけや創造性が高く，役割行動や役割以外の行動を積極的に行い，部下への適切なリーダーシップ行動が多いこと，などが分かっています。

このように，ワーク・エンゲイジメントが高い人は，心身ともに健康で，仕事や組織に積極的に関わり，良好なパフォーマンスを有しているといえます[14) 15)]。

③ ワーク・エンゲイジメントを高める要因

ワーク・エンゲイジメントを高める活動をスムーズに展開するには，さまざまな関係者が共通の目標と考え方の枠組みをもつことが重要です。共通する枠組みのひとつに，ワーク・エンゲイジメントを鍵概念とする「仕事の要求度－資源モデル」(**図表12**)[14)] があります。

仕事の要求度とは，仕事の量的負担や質的負担，身体的負担，対人葛藤，役割の曖昧さなどのストレス要因を指します。他方，仕事の資源とは，仕事の裁量権，上司や同僚からの支援，仕事の意義，組織との信頼関係など職場や仕事が有する強みを指し，個人の資源とは，自己効力感やレジリエンスなど個人が有する強みを指します。

仕事の要求度－資源モデルは，「動機づけプロセス」と「健康障害プロセス」の２つのプロセスから構成されます。動機づけプロセスは，仕事の資源 / 個人の資源⇒ワーク・エンゲイジメント⇒健康・組織アウトカムの流れを，健康障害プロセスは，仕事の要求度⇒バーンアウト（ストレス反応）⇒健康・組織アウトカムの流れを指します。

従来のメンタルヘルス対策では，「健康障害プロセス」に注目し，仕事の要求度によって生じたバーンアウト（ストレス反応）を低減させ，健康障害を防ぐことに専念していました。しかし，生き生きとした職場づくりでは，２つの

図表12 仕事の要求度－資源モデル

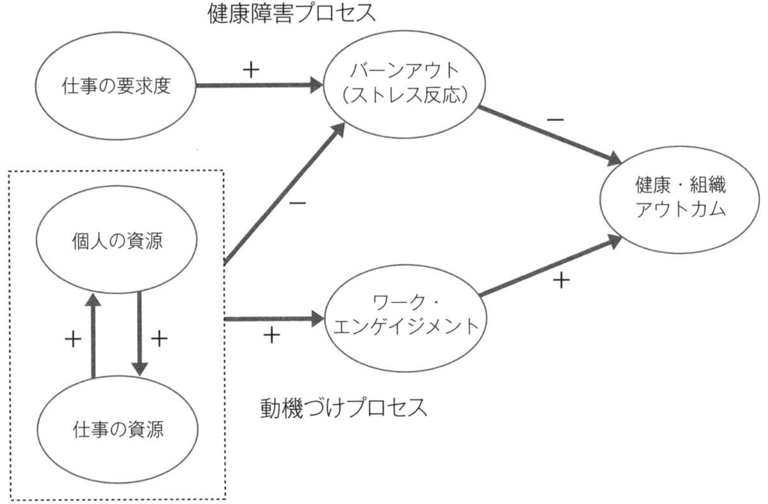

出所：文献[12] 図17（p. 59）をもとに作成

プロセスの出発点である「仕事の要求度」の低減と「仕事の資源」「個人の資源」の向上に注目します。このうち，仕事の資源や個人の資源は，ワーク・エンゲイジメントの向上だけでなく，バーンアウト（ストレス反応）の低減にもつながることから，仕事の資源と個人の資源の向上が，生き生きとした職場づくりと従業員支援において重要になると考えられています。

4 メンタルヘルスケアの方針と計画

❶ 事業者による方針の確認

メンタルヘルスケアに関する方針を事業者が表明することによって，活動の推進に結びつくことが期待されます。

① メンタルヘルスケアにおける事業者の方針の意義

企業は，人と資産で構成された事業体であり，人には意思と感情が存在します。そして，事業者からみれば限られた人的資源と資本をいかに配分するかが仕事であり，管理監督者を含む従業員にとっては自分の時間と労力をいかに配分して求められる成果を上げるかが評価に直結します。そのため，少なくとも，

・企業の事業活動にとっての重要性
・自分の評価との関連性

は，組織や個人にとってその仕事を積極的に行おうとするモチベーションにつながり，仕事の優先順位に影響します。

組織のトップが明確な意思を表明すれば，少なくとも事業活動における位置づけを明確にしたことになりますから，「どうしてそんな仕事をしなければならないのか」という抵抗に対して，「社長（部門長）が表明している方針を実行することだから」と説明することができます。また，それぞれの従業員にとっても，その活動に一定の時間を割く正当性が存在することになるため，安心して取り組むことができます。「方針」とは，事業者にとっての意思表明であり，それが実行に結びついて事業者としての役割を果たしたことになります。そのためには，方針とプログラムの整合性，実行におけるリーダーシップ，さらに貢献したスタッフを評価する仕組みの存在が不可欠となります。

このように事業者の方針はメンタルヘルスケアの推進力になることから，以下の事項を盛り込むことを検討します。

・メンタルヘルスケアの重要性の認識
・職場全体を巻き込んでの対策
・プライバシーへの配慮
・継続的実施

② 方針の周知

事業者から出される方針は，組織を構成するメンバーに周知されて初めて意味をもちます。表明された方針の周知にはさまざまな媒体があります。しかし，方針そのものは要領や手順と異なり，具体的なノウハウではありません。そのため，多くの場合，どこかのファイルに綴じられた方針をわざわざ探しに行って確認するという行動には結びつきにくいものです。例えば，会社のウェブサイトの中に安全衛生に関するサイトがあって，その中にメンタルヘルスケアプログラムに関するページがあり，さらにそこに方針がリンクされている状況を想像してみます。このような状況では，何らかの活動をするに当たって，わざわざ方針を探しに行くという人はほとんどいないでしょう。そのため，方針は“目に触れる”ようにすることが重要です。

“目に触れる”とは，
・職場内に掲示する
・関連するウェブサイトのトップページに掲示する
・社内報に掲載する
・社内メールで全従業員に配信する
などの方法が考えられます。

❷ 心の健康づくり計画の策定・実施・評価

メンタルヘルスケアが職場内で継続的に展開されるためには，その体制・仕組みがシステムとして構築され，その実施が具体的な計画に盛り込まれ，計画に沿って活動が実施され，さらに評価される必要があります。厚生労働省の「労働者の心の健康の保持増進のための指針」（巻末資料3参照）では，「心の健康づくり計画」で定める事項として以下のものを挙げています。

① 事業者がメンタルヘルスケアを積極的に推進する旨の表明に関すること
② 事業場における心の健康づくりの体制の整備に関すること
③ 事業場における問題点の把握及びメンタルヘルスケアの実施に関すること
④ メンタルヘルスケアを行うために必要な人材の確保及び事業場外資源の活用に関すること
⑤ 労働者の健康情報の保護に関すること
⑥ 心の健康づくり計画の実施状況の評価及び計画の見直しに関すること
⑦ その他労働者の心の健康づくりに必要な措置に関すること

なお，2006年に公示されたこの指針は，ストレスチェックの義務化を受けて2015年に改正されており，心の健康づくり計画において，ストレスチェック制度の位置づけを明確にすることが望ましいとされています。

① メンタルヘルスケアの体制づくり

心の健康づくりの体制としては，方針を達成するために必要な役割や手順を文書として定め，さらにその手順を実施できる人材を教育する必要があります。まず，メンタルヘルスケアの実施に当たって，他の安全衛生活動同様，事業場に存在する組織を利用して，それぞれの関係者の役割を明確にします。安全衛生活動は，事業者のリーダーシップのもと，職場ラインが中心となって機能し，さらに労働者の安全衛生への参加意識を高めます。それを安全衛生の担当部門などのスタッフ部門がサポートして展開されます。また，安全衛生に関する事項を審議する場として衛生委員会（または安全衛生委員会）が存在し，通常，委員会の事務局や外部機関との窓口を担当部門が担うことになります。このような役割分担に合わせて，４つのケアを継続的に実施するために，「セルフケア」と「ラインによるケア」のための教育，「事業場内産業保健スタッフ等によるケア」のための専門家の育成または契約，「事業場外資源によるケア」のために利用可能な資源の確認を行います。

次に，それぞれの役割が適切に果たせるように，ルールを文書として明確化します。心の健康づくり計画のようなシステムを運営するための文書は，単に実施要領を集めたマニュアルをつくるだけでは不十分であり，方針を最高位の文書とし，上位文書であるシステム文書と，下位文書である実施要領（手順書），様式から構成する文書体系を構築します。上位文書であるシステム文書には，組織（体制，責務，教育，周知），計画（リスク評価，目標設定，計画策定），実施（文書化，変更の管理，緊急事態への対応，記録），評価（実施状況の評価，監査），見直しなどのシステム構成を規定します。さらに，具体的な実施方法については，実施要領を策定して，実施要領に基づいて活動が展開されることになります。

その上で，手順を実施できる人材を育成する必要があります。

② 心の健康づくり計画の策定

心の健康づくり計画は，それを実施するシステム（体制），計画的に実施するべき施策の内容と具体的な活動スケジュール，そして目標からなります。方針を現実化し，後述の目標を達成するためには，システムを利用して手順に従って計画的にメンタルヘルスケアの活動が実施されなければなりません。そのため，通常は年間計画を策定し，その進捗状況を毎月開催される衛生委員会（または安全衛生委員会）で確認していく必要があります。

年間計画には，通常，教育やリスク評価の実施などの具体的な実施事項に関する項目が盛り込まれます。しかし，心の健康づくりを，改善しながら継続的に実施していくためには，同時に，計画立案，目標の設定，評価の実施，文書類の改訂など，システムを維持改善するための内容についても，計画に盛り込むことが望ましいといえます。

心の健康づくり計画を実施する際，このような年間計画に基づく活動のほかに，臨時的に発生する活動がスムーズに実施されることが重要です。臨時的に発生する活動とは，職場復帰の際の面接など，事例が発生した場合への対応などです。また，緊急事態への対応も含まれます。これもあらかじめ決められた実施要領に基づき展開される活動ですが，産業医の復職面接が確実に実施されるためには，手順の中で役割を果たすそれぞれの人が，ルールを確実に理解しておくことが不可欠です。そのためには，導入時にしっかりとした教育を行うとともに，人員の異動においても適切に引き継ぎが行われることが条件となります。

③ 心の健康づくりの目標と評価・改善

すべての企画やマネジメントシステムは，そのシステムを用いて実現を目指した目的が一定期間ごとにどの程度達成されたかどうか，常に検証する必要があります。その検証は，あらかじめ立てた一定期間の目標の達成度で評価します。そのため，目標は評価項目と具体的な達成目標からなります。また方針は，目的を具体的に表明できる形式で表したものですから，目標は方針との関連が明確である必要があります。

例えば，「従業員が働きやすい職場づくりを推進し，ストレスに関連する健康影響のリスクを低減することが，会社の発展と従業員の福利に不可欠であると考える」という方針に対しては，少なくとも，「働きやすい職場形成がどの程度達成できたか」「ストレスに関連する健康影響のリスクがどの程度低減できたか」に関係する評価指標を設定する必要があります。

また，一般に評価には，優劣や採否を決めるための評価と，改善に結びつけるための評価がありますが，心の健康づくり計画は継続的な実施が必要であり，評価の目的を改善に結びつけることとすることが望ましいといえます。そのためには，目標を達成できなかった場合はその原因を分析して，改善を行わなければなりません。そのため，達成目標は具体的な数値として，活動の成否が明らかになるように設定します。例えば，「自分の職場は働きやすい環境である」と答えた従業員の割合が70%以上と数値目標で示します。そして，さまざまな活動を行った結果でも60%であったら，従業員のニーズを十分に理解していない可能性があるので，もう一度調査を行い，より働きやすい職場環境の形成に向けての改善を行います。また，目標が達成できた場合でも，その過程で改善すべき事項があれば，さらなる改善や高い目標設定を行うことが望ましいといえます。

評価指標例として，以下のようなものが考えられます。

- メンタルヘルスに関連した疾病による休業者数，休業日数
- 自殺者数（ゼロ）
- 一定程度以上のプレゼンティーズムの発生者の割合
- ストレスチェックによる高ストレス者の割合
- ストレスチェックによる集団の健康リスク

・職場のコミュニケーションがよいとする労働者の割合
・働きやすいと評価する労働者の割合
・復職面接の実施数
・復職後，再度休職に至った労働者の割合・数
・管理職教育参加率
・従業員教育実施数

5 管理監督者の役割

❶ マネジメント

① 人と組織のマネジメントの重要性

近年，産業界では，健康経営や働き方改革への関心の高まり，少子高齢化による労働力不足，AI（人工知能）やIoT（モノのインターネット）の発達による第4次産業革命の進展など，働く人の健康や安全にも影響を及ぼす大きな時代の転換期が到来しています。雇用形態や就業構造がますます多様化する中で，健康や安全の活動にも時代の変化に対応した組織的，かつ体系的に取り組んで継続的に改善していく仕組みが求められるようになりました。

具体的には，2014（平成26）年から経済産業省等が健康経営に関わる顕彰制度として開始した「健康経営銘柄」の選定や，2016（平成28）年からは「健康経営優良法人認定制度」を創設したことが挙げられます。企業理念に基づき，従業員等への健康投資を行うことは，従業員の活力向上や生産性の向上等の組織の活性化をもたらし，結果的に業績向上や株価向上につながることが期待されています（本章3節❸④参照）。

また，他の仕組みとしては，2018（平成30）年3月に国際標準化機構（以下「ISO」：International Organization for Standardization）が労働安全衛生マネジメントシステム（以下「OSHMS」：Occupational Safety and Health Management System）に関する国際規格（ISO 45001およびISO／ITC TS17021－10）を発行し，わが国はこれを踏まえて2018（平成30）年9月に日本産業規格（以下「JIS」：Japanese Industrial Standards）がOSHMS（JIS Q45001, JIS Q45100, JIS Q17021－10, JIS Q17021－100）を制定し，認証が始まったことがあります。OSHMSの規格の狙いは，労働安全衛生のリスクを管理し，組織がマネジメントシステムを計画，運用することで，組織のパフォーマンスを向上させるための枠組みを提供することにあります。

どちらも，組織のマネジメントを要求した仕組みで，健康管理の取り組みにおけるマネジメントの重要性が増し，管理監督者にもその知識や能力への要求が増しています。

② マネジメントとは何か

マネジメントという言葉は，「経営」，「管理」というような意味で使われています。経済活動を行う上では，組織という枠組みは必要不可欠で，そこに複数の人が集まることになれば，何もしなければ各個人はそれぞれに考え方をもち，自らの考え方に基づいて行動することになります。組織の目標を達成するためには，組織のメンバーの１人ひとりに能力を最大限に発揮してもらえるような戦略や仕組みをつくり，計画を実行，管理する必要があります。

ここでは，組織のマネジメントの基本について整理をしながら，管理監督者に必要なマネジメントのスキルについて触れておきます。

a）組織のマネジメントの基本　―管理すべきものは何か―

組織を円滑に運営するために必要な要素については，マッキンゼー・アンドカンパニーが提唱した「組織の７Ｓ」が参考になるでしょう。７つのＳとは，戦略（Strategy），組織（Structure），システム（System），価値観（Shared Value），スキル（Skill），人材（Staff），スタイル（Style）であり，その中でも戦略，組織，システムは，経営者が比較的短期間に変更可能でコントロールしやすいものとして「ハードの３Ｓ」，価値観，スキル，人材，スタイルは，その会社で働く労働者によって決まるもので，通常簡単には変更できず，変更しにくいものとして「ソフトの４Ｓ」として説明しています。個々のＳについて検討すべき内容が示されていますので参考にしてください（**図表13**）。

組織マネジメントは，管理監督者がそれぞれの要素ごとに考察をし，相互の影響を理解し工夫を重ねて，組織を円滑に運営しながら経営目標，ここでは健康管理の目標達成を目指す手法として有効に活用されるべきであると考えられます。

b）管理監督者に必要なマネジメントのスキル

管理監督者は，組織の発展のために，その組織に所属している人材にふさわしい活躍の場を与えることで，発揮する成果の最大化を図っていかなければな

図表13　組織を考える上で必要な７つの要素（マッキンゼーの７Ｓ）

ハードの３Ｓ	戦　　略	Strategy	競争優位性を維持するための事業の方向性，または経営課題の解決手段
	組　　織	Structure	組織が集団として最大限のパフォーマンスを発揮するために構築される組織の構造や形態
	システム	System	組織活動を円滑に進める，また他組織と差別化を図る上で必要となるシステム
ソフトの４Ｓ	価 値 観	Shared Value	企業，組織が共通認識を持つ企業理念や価値観
	ス キ ル	Skill	組織や個人が持っている特定の能力で，組織の目標達成のために重要
	人　　材	Staff	組織が掲げる価値観を共有・共感できる人材，個々の人材の能力
	スタイル	Style	組織の持つ雰囲気，職場環境，経営スタイル，社風，組織文化

出所：板倉宏昭著『経営学講義』，勁草書房，2010年を参考に筆者作成

りません。また，成果を最大化できるような人材を育成することも課せられています。管理監督者は，自分の役割に応じた管理の範囲において，「ａ）組織のマネジメントの基本」で示したように，さまざまな要素に対応する能力が求められています。

マネジメント能力の中でも，スキルは管理監督者個人に求められる重要な要素であり，担当する業務によってももちろん違いますが，階層によっても違いがあります。経営者層である上層のマネジメントには，組織全体の経営計画の立案，経営戦略・事業戦略を検討・立案する役割があり，管理者層である中間層のマネジメントには，経営者層を補佐し，経営者層が決定した戦略を分かりやすく下層の監督者層に説明し，実行に移してもらう役割があります。また，現場からの意見を適切に聞き取りながら，上層のマネジメントに反映させる役割も重要になります。監督者層である下層のマネジメントには，組織の現場を指揮し，上層部の示した方向性を現場に反映して実現を目指す役割があります。従来から，管理監督者にはリーダーシップが重要であるとして教育等に組み込まれてきました。最近では，リーダーシップを企業や組織の構想・展望を示し，目標や到達点を示してメンバーを統率していく能力と認識し，一方でマネジメントは組織の目標を達成するための戦略や仕組みづくりをして計画を実行することで，結果より過程を重視した管理をすることと意味づけて，リーダーシッ

プを組織マネジメントに包含されるスキルのひとつとして説明されるケースが多いようです。リーダーシップは，重要なスキルであることに間違いはなく，組織の上位層になればなるほど強いリーダーシップのスキルが必要とされることも事実です。

③ メンタルヘルスケアに必要なスキル

マネジメントに必要なスキルについては，すでにさまざまなケースの事例がみられますが，ここではメンタルヘルスの取り組みに必要なスキルについて述べておきます。

a）メンタルヘルスの取り組みの目標を設定

組織をマネジメントするために最も重要なことは，「その組織が向かうべき方向と達成すべき目標」を具体的に示すことです。目標が曖昧であったり，不明瞭な場合には，施策を的確に決めることができず，組織の運営が不安定になってしまいます。十分な時間をかけてでも，きちんと設定することが大切です。

b）目標に対する課題の把握と分析

目標が決まれば，決定した目標と現状とのギャップがどこにあるのかをしっかり確認して，課題を認識する必要があります。メンタルヘルスの課題は，組織とその組織に所属する労働者の両面から取り組んで課題を解決する必要があります。組織の課題でいえば，職場のもつ雰囲気，職場環境，経営スタイル等々を分析して確認をすること，人の課題でいえば，メンタルヘルスに対する知識，組織への適応能力等々は，まず最初に分析して課題を確認しておく必要があるでしょう。

c）PDCA サイクルの的確な運用

PDCA サイクルとは，P：Plan（計画），D：Do（実施），C：Check（評価），A：Act（改善）の4段階を繰り返すことで，継続的な改善を行う手法です。P（計画）では，目標を設定し，実施のための計画を立てます。例えば，職場環境の改善では労働時間の管理を徹底する，人に対して行うメンタルヘルス教育では階層別の教育，ラインのケアの充実などについてできるだけ具体的な内容に踏み込んだ計画とする必要があります。D（実施）では，Pで計画した内容を実際に実施します。C（評価）では，実施した内容が計画どおりにできているのか確認し，問題点，改善点を見つけ出します。A（改善）では，Cの結果必要な改善を実施します。この一連の過程を「PDCAサイクル」と呼んで，これを繰り返すことで組織や活動のレベルをスパイラル状にアップすることができます。前述のOSHMSはまさにこの仕組みを規格化したものです。

PDCAサイクルを的確に運用するために大切なことは，良い計画を立てることはもちろんですが，C（評価）をおろそかにしてはいけません。計画のとおり運用されているかどうかを管理監督者が定期的にチェックすることは，極めて重要になります。

もう1点，PDCAサイクルを運用するのは，組織全体，すなわち所属するすべての人であり，的確に運用できるかどうかは，組織の雰囲気や個人の理解度に大きく左右されることを忘れてはなりません。

❷ 労働時間の管理

① 労働時間管理の重要性

労働時間の管理は，2001年12月12日の「脳血管疾患及び虚血性心疾患等（負傷に起因するものを除く。）の認定基準について」（基発第1063号）により，健康影響への見直しから労災認定基準が改正されて，大変重要となりました。この認定基準の考え方の基礎となった医学的知見を踏まえ，2002年2月12日には，「過重労働による健康障害防止のための総合対策について」（基発第0212001号）が公表されました。その後，数度の改廃が行われていますが，その内容は「適正な時間管理」と「面接指導等の健康管理」の2つに尽きるといってよいでしょう（図表14）。

2001年の「脳血管疾患及び虚血性心疾患等（負傷に起因するものを除く。）の認定基準について」までは，業務の過重性の評価について，脳・心臓疾患の発症に近接した時期における業務量，業務内容などを中心に行われていましたが，その後の研究で，脳・心臓疾患の発症に影響を及ぼす負荷は脳・心臓疾患の発症に近接した時期における負荷のほか，「長期間にわたる業務による疲労の蓄積」も認識されるようになりました。医学的な検討結果からは，長期間にわたる長時間労働や睡眠不足からくる疲労の蓄積が血圧の上昇などを生じさせ，

図表14 過労死等の判断基準と予防対策

過労死等の事後的判断基準	**【労災の新認定基準】** 「脳血管疾患及び虚血性心疾患等（負傷に起因するものを除く。）の認定基準について」 （2001（平成13）年12月12日　基発第1063号）

過労死等の予防対策	**【過労死等を防止するための行政方針】** 「過重労働による健康障害防止のための総合対策について」 2002（平成14）年2月12日　基発第0212001号 改廃：2006（平成18）年3月17日　基発第0317008号 改廃：2016（平成28）年4月1日　基発0401第72号 改正：2019（平成31）年4月1日　基発0401第41号 改正：2020（令和2）年4月1日　基発0401第11号

その結果，血管病変などがその自然経過を超えて著しく増悪し，脳・心臓疾患の発症につながることを明らかにしています。

その後，2002 年に策定された「過重労働による健康障害防止のための総合対策」では，発症に近接した時期のみでなく，発症前の長期間にわたる業務の過重負荷に由来する疲労の蓄積も考慮することとしたうえで対策がとられています。

「過重負荷」とは，脳・心臓疾患の発症の基礎となる血管病変などをその自然経過を超えて著しく増悪させ得ることが客観的に認められる負荷と定義できるといわれています。どのようなものを取り上げて，「業務による過重負荷」の評価を行うのかということが重要な問題です。「過重労働による健康障害防止のための総合対策」は，2018（平成30）年7月に公布された「働き方改革を推進するための関係法律の整備に関する法律」を受けて，2019（平成31）年4月に改正されています。事業者が講ずべき措置は，「時間外労働・休日労働時間の削減」「年次有給休暇の取得促進」「労働時間等の設定の改善」および「労働者の健康管理に係る措置の徹底」などの見直しが行われ，より具体的な内容が示されています。2020（令和2）年4月には，さらに改正されて中小の事業主まで適用されることになりました。管理監督者は，「過重労働」について一連の動向を熟知して対応することが求められます。

2020（令和２）年４月に「脳・心臓疾患の労災認定の基準に関する専門家検討会」は，複数就業先の負荷を総合的に評価する場合の留意点，脳・心臓疾患に関する最新の医学的知見等を踏まえた認定基準などの検討・見直しをしています。働き方改革は，所属する組織を複数化，働く場所や時間の自由度，組織への所属から職種や業種の特性に対しての考え方を変え，仕組みづくりの見直し，変更を否応なく求めています。「労働負荷」の整理は，ますます複雑になっています。ただし，仕組みがどのように変わっても組織の一員としての労働者は，労働時間の管理を基本として働き方を工夫していくことに変わりはなく，その重要性は変わらないものと思われます。

メンタルヘルス不調も疲労の蓄積（疲弊）によって起こるものといわれているので，脳・心臓疾患のリスクと同様の視点でみてよいでしょう。

a）健康状態の評価

脳・心臓疾患にかかる重篤な基礎疾患を有する労働者にとっては，日常業務でさえ過重負荷になります。現実にはこのような労働者は少ないとは思いますが，厚生労働省の「定期健康診断結果報告」によると，有所見率は57.0％（令和元年）で，何らかの基礎疾患をもちながら就労している労働者は多数います。したがって，過重負荷の評価は，当該労働者の健康状態によって違います。わが国では，労働安全衛生法の改正によって事業者に労働者の健康診断の受診義務を課し，労働者はそれを受ける義務を負っています。事業者は，労働者に健康診断を実施して必要な情報を管理監督者に伝え，管理監督者は自分の部下の健康状態を把握して，健康状態の不安がある者については，産業医をはじめとする産業保健スタッフとの連携をとり，組織として過重負荷によるリスク防止策をとらなくてはなりません。

b）期間の評価

疲労の蓄積によって脳・心臓疾患の発症につながることは，前述したとおりです。長時間労働などの負荷が恒常的に長期間にわたって発生した場合には，ストレス反応は持続し，かつ過大となりついには回復が難しくなります。そのため，同じ業務負荷であっても，どのくらいの期間業務が継続するのか十分に注意する必要があります。特に，当初計画された期間より延長することになった場合には，より従業員の健康状態に気を配らなくてはなりません。

c）就労態様の評価

就労態様の中には，①長時間労働（時間外労働・休日労働），②不規則な勤務（出張・交替制勤務など），③作業環境，④精神的緊張をともなう労働，などが含まれます。

② 長時間労働

就労の態様は，睡眠時間に大きな影響を与えることになります。長時間労働によってもたらされる睡眠不足は，脳血管疾患をはじめ虚血性心疾患，高血圧，血圧上昇などの心血管系への影響が指摘されています。労働者が1日6時間程度の睡眠が確保できない状態は，日本人の1日の平均的な生活を調査した総務省の「社会生活基本調査」とNHK 放送文化研究所の「国民生活時間調査」（**図表15**）から類推すると，1日労働時間8時間を超え4時間程度の時間外労働を行った場合に相当します。これが1ヵ月継続した状態は，おおむね80時間を超える時間外労働として想定されます。これらの研究を背景に，「脳血管疾患及び虚血性心疾患等（負傷に起因するものを除く。）の認定基準について」（基発第1063号）と「過重労働による健康障害防止のための総合対策について」（基発0401第11号）とを合わせて整理すると，労働時間と業務の関係について事業者がすべき対応はおおよそ**図表16**のようになるでしょう。

「過重労働による健康障害防止のための総合対策」では，時間外・休日労働の削減について，36協定（時間外・休日労働に関する協定）の適合の確認，労働基準法の改正による年5日の年次有給休暇の確実な取得など削減方法が具体的に示され，健康管理体制の整備については，産業医および衛生管理者の選任，健康相談の体制，衛生委員会の設置，さらには健康診断の実施・事後措置などに具体的に触れています。特に長時間労働者への対応には，医師による面接指導制度を設置するよう提唱して，面接指導の実施，結果の記録，事後措置などに関する基準の作成までを具体的に示しています。面接指導の内容は，本章2節❺のとおりです。

図表15 労働時間，睡眠時間と過労死の関係のめやす

1. 労働者の1日の生活時間（総務省「平成28年社会生活基本調査報告」）

睡眠 7.2	食事等 5.3	仕事（拘束時間）8.1	余暇 3.4

1. 食事等は，食事，身の回りの用事，通勤等の時間である。
2. 余暇は，趣味・娯楽，休養・くつろぎ等の時間である。

出所：労働調査会「過重労働による健康障害を防止するために」2002年
総務省「平成28年社会生活基本調査報告」2017年

2. 生活時間配分と脳・心疾患増加（週5日労働）

1日	24時間				
	拘束時間（昼休み）		1時間		おおよそ人間として必要な労働以外の生活時間
	通勤		1時間		
	食事，風呂，団らん，余暇など		4時間		
	基本労働時間		8時間		
	余り		10時間		
	睡眠時間	5	6	7	8
	1日の残業時間	5	4	3	2
	おおよその月残業時間	100	80		45
	睡眠時間，残業時間からみた脳・心疾患の増加	←			

出所：NHK放送文化研究所「2015年国民生活時間調査報告書」

図表16 時間外・休日労働時間と業務との関連および事業場としての対応

時間外・休日労働時間	業務との関連	事業場としての対応
●月100時間を超える時間外労働 ●発症前2～6ヵ月間に1ヵ月当たり80時間を超える時間外労働	業務と発症との関連性が強い。	作業環境，労働時間，深夜業の回数，健康診断結果などの情報を産業医に提供し，労働者に産業医等の面接による保健指導を受けさせる。
発症前1～6ヵ月間に1ヵ月当たり45時間を超える時間外労働	時間外労働が長くなるほど，業務と発症との関連性が強まる。	事業場における健康管理について産業医等による助言指導を受ける。
発症前1～6ヵ月間に1ヵ月当たり45時間以内の時間外労働	業務と発症との関連性が弱い。	

出所：筆者作成

③ 不規則な勤務

不規則な勤務も，睡眠リズムを障害するため不眠や睡眠障害を起こし，睡眠時間はもとより睡眠の質についても大きな影響を及ぼすことから，前述同様心血管系に影響を及ぼします。定量的な評価は難しいと思いますが，十分気をつけておく必要があります。

④ 作業環境

作業環境と脳・心臓疾患の発症との関連性についてはそれほど強くないといわれてはいるものの，過重性の評価に当たっては，付加的要因として評価する必要があります。具体的には，温度変化・騒音・時差などが挙げられます。

⑤ 精神的緊張（心理的負荷）

2011（平成23）年12月に労働時間の管理の重要性を一層認識させる行政の動きがありました。それは同年11月の「精神障害の労災認定の基準に関する専門検討会報告書」を受けて，「心理的負荷による精神障害の認定基準について」（基発1226第１号）が策定されたことです。報告書には，極度の長時間労働，例えば数週間にわたる生理的に必要な最小限度の睡眠時間を確保できないほどの長時間労働は，心身の極度の疲弊，消耗をきたしうつ病の原因になると考えることにしたとあります。その上で，臨床経験上，発病直前の１ヵ月におおむね160時間を超える時間外労働を行っている場合や，発病直前の３週間におおむね120時間以上の時間外労働を行っているような場合には，「心身の極度の疲弊，消耗をきたし，うつ病等の原因となる場合に該当」するとし，これが認定基準に盛り込まれました。また，それまで極度な場合を除き，長時間労働それ自体は心理的負荷の生じる「出来事」として評価をしていませんでしたが，ストレス調査の結果を踏まえて，特に他に出来事が存在しなかった場合を想定して，長時間労働それ自体を「出来事」とみなして評価することになりました。さらには，出来事の前または後に認められる月100時間程度となる時間外労働を恒常的な長時間労働とし，これが認められる場合には業務による心理的負荷として評価をすることも盛り込まれました。

労働時間の管理は，脳・心臓疾患との関連と同時にメンタルヘルス不調との関連からもさらに大変重要性が増したことになります。長時間労働がある場合の評価方法をまとめたものが図表17です。

精神的緊張によるストレスは，業務以外にも存在し，その受け止め方も個々人によって違うことから過重の評価は慎重にしなければなりませんが，脳・心臓疾患と精神的緊張との間にも関連がないとはいえません。

循環器系疾患の疾病休業者では，仕事のコントロールが有意に低い傾向が示されています。職場ストレスの高い環境に加えて上司や同僚からのサポートが低い群，特に現場労働者で，心血管疾患による死亡率・罹患率が高くなっています。これらのことから米国のJohnson らは，高い仕事の要求度，低いコントロール，低いサポートが組み合わさった状態が精神的緊張の最も高い状態で

図表17 労災認定基準に盛り込まれた「長時間労働がある場合の評価方法」

長時間労働がある場合の評価方法

長時間労働に従事することも精神障害発病の原因になり得ることから，長時間労働を次の３通りの視点から評価します。

①「特別な出来事」としての「極度の長時間労働」

発病直前の極めて長い労働時間を評価します。

【「強」になる例】
・発病直前の１か月におおむね 160 時間を超える時間外労働を行った場合
・発病直前の３週間におおむね 120 時間以上の時間外労働を行った場合

②「出来事」としての長時間労働

発病前の１か月から３か月間の長時間労働を出来事として評価します。

【「強」になる例】
・発病直前の２か月間連続して１月当たりおおむね 120 時間以上の時間外労働を行った場合
・発病直前の３か月間連続して１月当たりおおむね 100 時間以上の時間外労働を行った場合

③他の出来事と関連した長時間労働
恒常的長時間労働が認められる場合の総合評価

出来事が発生した前や後に恒常的な長時間労働（月 100 時間程度の時間外労働）があった場合，心理的負荷の強度を修正する要素として評価します。

【「強」になる例】
・転勤して新たな業務に従事し，その後月 100 時間程度の時間外労働を行った場合

上記の時間外労働時間数は目安であり，この基準に至らない場合でも，
心理的負荷を「強」と判断することがあります。

※ ここでの「時間外労働」は，週 40 時間を超える労働時間をいいます。

出所：2020（令和２）年９月厚生労働省「精神障害の労災認定」パンフレットより

あり，脳・心臓疾患をはじめとする疾病のリスクが高いとする報告をしています。

❸ ラインによるケアの重要性

① ラインによるケアの推進

「労働者の心の健康の保持増進のための指針」には具体的な進め方のひとつに，労働者と日常的に接する管理監督者におけるラインによるケアが挙げられています。これは事業場のメンタルヘルスケアの中で重要な位置を占めています。指針では，次のようにラインによる職場環境等の改善と個々の労働者に対する相談対応（心の健康問題をもつ労働者への対応を含む）の両面からの推進を求めています。

a）職場環境等の改善

2018年に厚生労働省が実施した「労働安全衛生調査」によると，「仕事や職業生活に関する強いストレスとなっていると感じる事柄がある」労働者の割合は58.0%にのぼり，この中では「仕事の質・量」を理由に挙げる割合が最も多くなっています。次いで「仕事の失敗，責任の発生等」，「対人関係（セクハラ・パワハラを含む）」の問題がこれに続きます。

これらから分かるように，労働者の心の健康には，物理的な職場環境（作業環境，作業方法，労働者の心身の疲労回復を図るための施設および設備など，職場生活で必要となる施設および設備など）のみならず，職場環境を広く捉えた労働時間，仕事の量と質，職場の人間関係，職場の組織および人事労務管理体制，職場の文化や風土が影響を与えています。管理監督者は，部下の心の健康を保つために，日常から部下の仕事状況を把握するばかりではなく，できるだけ多くの情報から，部下のストレス状態や問題点を知っておくことが大切です。

部下の話を聴くことは，部下のストレスを知る重要な手段で仕事のサポートにもつながり，結果的には，労働者のストレス軽減につながります。ただし，ストレスや心の健康問題は，個人差が大きいということに注意して対応することが大切で，管理監督者は，個々の特徴（パーソナリティ・能力・健康状況など）を踏まえて，話を聴くことが重要です。

「心理的負荷による精神障害の認定基準について（基発0529第１号）」は，2020（令和２）年６月から施行されたパワーハラスメント防止対策の法制化にともない，職場における「パワーハラスメント」の定義が法律上規定されたことなどを踏まえ，同年５月に改正されました。パワーハラスメントが出来事の類型に追加され，具体的出来事に「上司等から，身体的攻撃，精神的攻撃等のパワーハラスメントを受けた」と明示されました。また，パワーハラスメントに当たらない暴行やいじめなどは，同じように具体的出来事の項に「同僚等から，暴行又は（ひどい）いじめ・嫌がらせを受けた」に修正をされています。管理監督者として自らの立ち位置を確認し，部下の指導に当たるために気をつけておかなければならないことでしょう。

ラインによるケアを推進するために，管理監督者は人事労務に関する知識や組織論の知識，ストレスマネジメントの知識，マネジメント能力，人間関係調整能力（リーダーシップ）などの幅広い知識が求められます。また，ときには権限の範囲を超えるような改善の必要があります。そのときには，さらに上位の管理者，事業場内外の産業保健スタッフ，人事労務部門の管理者など，権限のある者や組織から助言や協力を求めるという連携も必要になります。いずれにしても，個々の労働者への配慮をした上で，費用のかからない簡単な工夫や改善でも，労働者のストレスや心の健康によい影響を与えることが多くあります。対策効果を定期的に確認しながら，継続的な取り組みにしていかなくてはなりません。

b）労働者に対する相談対応

管理監督者は，日常から労働者からの自発的な相談に対応するよう努めなくてはなりません。特に，過重労働のある者，心理的負荷をともなっている者，その他個別配慮が必要と思われる労働者には注意を払うことが必要です。仕事上の不安や悩みを管理監督者が聴くことによって内容を理解し，適切にサポートすることは部下の心の問題によい影響を与えます。話を聴くことによって，部下の心の健康問題の早期発見・早期対処にもつながります。この際，管理監督者が気をつけることは，自分の部下の問題であるからといって，自分だけで対応しようとしないことです。むしろ，速やかに事業場内外の産業保健スタッフに相談をすることが好ましいといわれています。また，該当者に専門家への相談や受診を促すことも忘れてはならないことです。

上司である管理監督者が相談を含めて部下の話を聴くときには，積極的傾聴（アクティブリスニング）が，悩みを抱える部下の心の健康問題の解決に効果があります。

② ラインによるケアを推進するための環境整備

管理監督者は労働者の心の健康問題への気づきや対応についての教育研修を積極的に受ける必要があります。

また，職場の管理監督者は，労働者のメンタルヘルスケアの中心的役割を果たします。このような中で，事業者は管理監督者に対して事業所としてのメンタルヘルスケアの方針を明示し，活動を理解し支援していきます。さらに，管理監督者が事業場外資源から情報収集できるような体制づくりや情報提供も大切です。

一方，管理監督者自身のメンタルヘルス問題も指摘されてきています。管理監督者自身向けにセルフケアの教育や相談ができる環境整備も必要です。

【参考文献】

1）厚生労働省「平成30年『労働安全衛生調査（実態調査）』の概況」2019年
2）NHK放送文化研究所『現代日本人の意識構造（第九版）』NHK出版，2020年
3）日本生産性本部メンタル・ヘルス研究所「第9回『メンタルヘルスの取り組み』に関する企業アンケート調査結果」2019年
4）警察庁「令和2年中における自殺の状況」2021年
5）日本生産性本部メンタル・ヘルス研究所「第7回『メンタルヘルスの取り組み』に関する企業アンケート調査結果」2014年
6）社会経済生産性本部メンタル・ヘルス研究所『産業人メンタルヘルス白書（2004年版）』社会経済生産性本部メンタル・ヘルス研究所，2004年
7）経済産業省「健康経営オフィスレポート」，p.7，2015年
8）厚生労働省保険局「データヘルス・健康経営を推進するためのコラボヘルスガイドライン」，pp.19-38，2017年
9）Sauter, S.L., Lim, S.Y., Murphy, L.R.“Organizational Health：A New Paradigm for Occupational Stress Research at NIOSH”『産業精神保健』4巻4号，pp. 248-254，1996年
10）経済産業省商務情報政策局ヘルスケア産業課「企業の「健康経営」ガイドブック～連携・協働による健康づくりのススメ～」（改訂第1版），pp. 1-4，2016年
11）Schaufeli, W. B., Salanova, M., Gonzalez-Romá, V., Bakker, A. B.（2002）. The measurement of engagement and burnout: A two sample confirmative analytic approach. Journal of Happiness Studies, 3, 71-92.
12）島津明人（2014）. ワーク・エンゲイジメント：ポジティブ・メンタルヘルスで活力ある毎日を．東京：労働調査会.

13) 島津明人（編著）．(2018)．Q&Aで学ぶワーク・エンゲイジメント：できる職場のつくり方．東京．金剛出版．
14) Schaufeli, W. B., & Bakker, A. B. (2014). Job demands, job resources, and their relationship with burnout and engagement: A multi-sample study. Journal of Organizational Behavior, 25, 293-315.
15) 外島裕・田中堅一郎編『産業・組織心理学エッセンシャルズ』ナカニシヤ出版，2000年
16) 中央労働災害防止協会編『働く人の心の健康づくり』2001年
17) 厚生労働省「職場における労働者の心の健康づくり」
18) 西川一廉・小牧一裕『コミュニケーションプロセス』二瓶社，2002年
19) 板倉宏昭『経営学講義』勁草書房，2010年
20) 労働調査会『過重労働による健康障害を防止するために』2002年
21) 労働調査会『職場におけるメンタルヘルス対策』2000年

第2章 ストレスおよびメンタルヘルスに関する基礎知識

第２章では，メンタルヘルスケアを推進する前提として，管理監督者が知っておくべきストレスおよびメンタルヘルス不調に関する基礎知識を学習します。

１節では，ストレスによる健康障害のメカニズムを学びます。特に職業性ストレスモデルをしっかりと踏まえ，ストレッサー（ストレス要因），ストレス反応といったキー概念を理解してください。

２節では，ストレス関連疾患およびメンタルヘルス不調について，その枠組みや代表的な疾患を紹介します。管理監督者としては，それらが職場においてどのような行動・症状として表出するかという点にポイントを置いて読み進めてください。

さらに３節では，心の健康問題を偏見なく，正しく理解することの重要性について確認をしていきます。 合理的配慮の理解が重要です。

1 ストレスの基礎知識

❶ ストレスとは

ストレスに関して，学問的に確立された定義はまだありませんが，個人にとって負担となるような出来事や要請をストレッサー，ストレッサーによって引き起こされた不安や怒り，不満，抑うつ気分などの精神症状と疲労感，食欲不振，不眠などの身体症状，また引き起こされた喫煙や飲酒量の増加などの行動の変化を含めてストレス反応と呼び，この両者を合わせたものをストレスと総称しています。ストレス反応が強いまま持続して症状が固定すれば，うつ病，高血圧症，胃・十二指腸潰瘍，心筋梗塞などのいわゆるストレス病になります。どのような病気になるかは，その人の生活習慣や体質が関係します[1)]。

一般的には，ストレッサーのことをストレス要因，ストレス負荷，ストレスの原因などと呼び，ストレス反応のことをストレス状態と呼ぶこともありますが，多くの場合，両者を区別することなく単にストレスと呼ぶことが多いようです。

ここでは区別して用いますが，日常社会の中で一般的に使われている表現については，そのまま用いる場合もあります。

❷ ストレスのメカニズム

① ストレッサーとストレス反応

メンタルヘルス不調に関係が深い心理社会的ストレッサーには，職場や家庭，学校における立場や責任，あるいは能力以上または以下の仕事など役割にともなうストレッサー，親子や夫婦間，上司と部下，同僚間，友人，近所との関係，親しい人の死など人間関係にともなうストレッサー，さまざまな欲求が満たされないことにともなうストレッサーなどがあります。職業性ストレッサーに関

図表1 ストレス時の心身の反応

	初期（警告反応，抵抗期）	疲憊（ひはい）期
感情面	不安，緊張，イライラ，焦燥感	抑うつ感，無力感，自責感
思考面	解決思考	集中力，判断力の低下
意欲・活動性	亢進状態または普通	意欲，活動性の低下
心身の状態	無症状あるいは 不眠傾向，一時的な血圧上昇 自律神経症状など	慢性睡眠障害，蓄積疲労 不安障害，うつ病，適応障害 高血圧症，脳・心血管障害 など

出所：筆者作成

しては次の「❸産業ストレス」の項を参照してください。

ストレス反応は，ストレッサーの強さ，持続などのほか，後で述べる個人的要因や緩衝要因によって異なりますが，時期によっても異なります（**図表1**）。初期の段階でストレス要因が軽減されたり，適切なストレス対処が行われると，病気までには至らず，回復も早くなります[1)][2)]。

しかし，うつ病の状態まで進むと，休養や治療が必要になり，回復に時間がかかります。ストレス反応が長く続き，悪化して，うつ状態やうつ病になる場合，まず倦怠感，疲れがとれないなどの身体症状が出て，次に不眠や，不安・イライラ・焦燥感・不満・怒りなどの精神症状，引き続いて，集中力や能率の低下，人に会いたくない，仕事に行きたくないなどの社会活動性の低下，最後に抑うつ症状，無力感，自責の感情，希死念慮（自殺したいという考え）などが出現します[1)]。

② ストレスによる健康障害のメカニズム

ここでは，ストレッサーに直面したとき体の内部で起こるストレス反応と，これが持続して健康障害が起こる過程について述べます[1)]（**図表2**）。

個人にとって負担を引き起こす出来事に直面すると，脳の海馬などに蓄積されたこれまでの経験や記憶に照らし合わせて，その負担の大きさや困難性，苦痛の程度などが大脳皮質で評価され，ストレスとして認知されます。これらの情報は感情の中枢である大脳辺縁系に伝達されて，不安や不満，怒り，悲しみなどの感情を引き起こすとともにストレッサーやストレス反応を軽減するため

図表2　ストレスによる健康障害のメカニズム

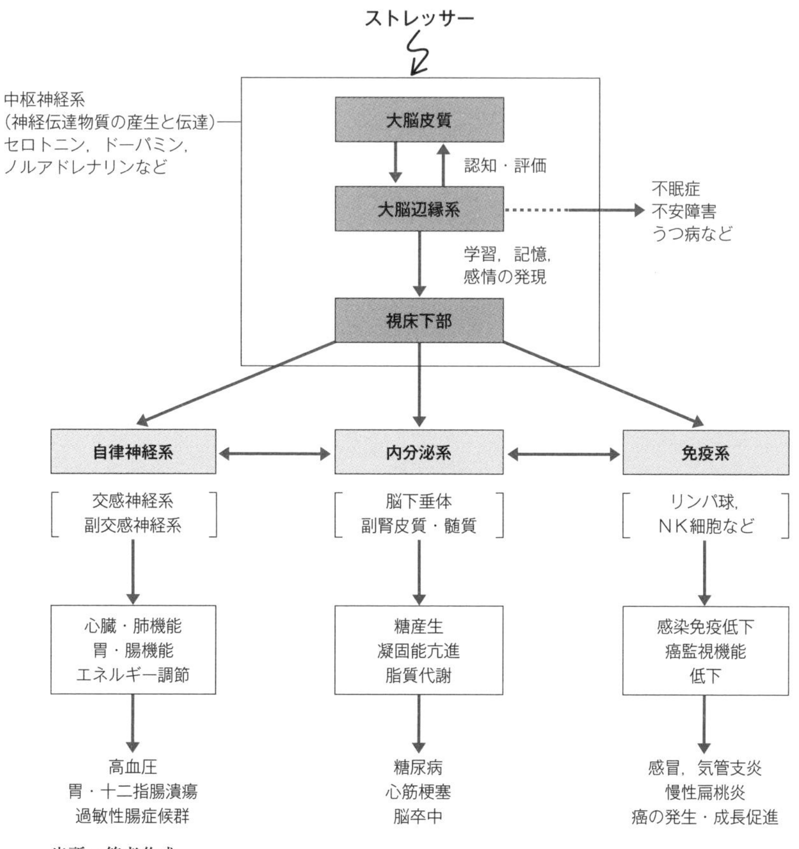

出所：筆者作成

に何らかの行動を促します。

また，大脳辺縁系で感情を引き起こした神経細胞の興奮は視床下部に伝えられて自律神経系，内分泌系，免疫系の反応（ストレス反応）を引き起こします。

ストレッサーに直面したとき生じる感情は，脳内のノルアドレナリン，ドーパミン，セロトニンなどの神経伝達物質によって引き起こされます。これらの神経伝達物質は，不安や抑うつ気分，意欲，活動性などと密接に関係しており，これらの神経伝達物質の産生や伝達が阻害されるとうつ病や不安障害などのメンタルヘルス不調が引き起こされます。

ストレス状態で，内分泌系の中枢である視床下部の神経細胞が活性化されると，脳下垂体，副腎を刺激するホルモン類が産生され，最終的にコルチゾール（副腎皮質ホルモン）やアドレナリン，ノルアドレナリンなどが産生されます。コルチゾールは糖の産生の促進，免疫反応の抑制，胃酸分泌促進作用があります。したがって，糖尿病や胃・十二指腸潰瘍，感染症にかかりやすくなります。

アドレナリン，ノルアドレナリンは，血圧や心拍数の増加，血液凝固の促進，中枢神経覚醒作用，胃粘膜血流低下などの作用があり，高血圧や狭心症，心筋梗塞，不整脈，脳卒中などの原因となります。また，中枢神経系を興奮させるので不眠の原因ともなります。

自律神経系の中枢も視床下部にあり，感情の中枢である大脳辺縁系とは位置的にも近く，多くの神経網で連絡されています。怒りや不安を感じるときに動悸がしたり，抑うつ気分のときに食欲がなくなるのは，感情と自律神経の作用が密接に関係していることを示しています。

自律神経系には，交感神経系と副交感神経系があり，身体諸器官はこの両方の支配を受けています。生命の危機などの強いストレッサーや不安を感じる状況に直面すると，交感神経系が優位になり，先に述べたアドレナリンが副腎髄質から，ノルアドレナリンが交感神経末端から血中に放出されます。これらの作用については先に述べました。

一方，副交感神経系は交感神経系とは逆に，睡眠や休息時，食後などエネルギー補給の際に優位になります。副交感神経系は消化器の機能も調整しており，胃・十二指腸潰瘍のほか下痢や腹痛，便通異常をきたす過敏性腸症候群などの発症に関係しています。

免疫系は感染，がんの発生などに関与しています。仕事や試験などで過労や睡眠不足，心理的葛藤などのストレス状態が長く続いたときなどに，感冒に罹患したり，ヘルペス（帯状疱疹），慢性扁桃炎など，通常は免疫で抑えられている病気が悪化したりすることがよく観察されます。これは，ストレス反応時に分泌されたコルチゾールやアドレナリンなどが免疫反応の中心を担うリンパ球やナチュラルキラー（NK）細胞の働きを抑えるからです。

以上述べた内分泌系，自律神経系，免疫系は互いに連関しており，協働して生命を守り，通常の身体活動を維持するのに必要な生体のバランスを保つための生命維持機構ですが，急性の強いストレス，持続的な慢性ストレス状態では，内分泌系，自律神経系の機能が亢進した状態になり，免疫系が抑制され，身体のバランスが保たれなくなり，何らかの健康障害が発生します。これがストレス病と呼ばれるものです[1)]。

❸ 産業ストレス

① ストレス増加の社会的背景

近年，産業・経済のグローバル化，技術革新・情報化の進展により，企業間競争は激しくなり，多くの企業は経営効率を上げるために構造改革を進め，年功制や終身雇用制を廃止して成果主義を導入し，組織改革，マネジメント強化などを進めています。このような急速な構造的変化にともなう労働環境の変化は，個々の労働者のストレスを増しています。パンデミックや経済不況はさらに状況を悪化させます[1)〜4)]。

政府による働き方改革の推進と新型コロナウイルス感染症拡大で導入が急速に進んだテレワーク，オンラインツールの活用によって，従来の働き方やビジネスのあり方，家族のあり方まで変わりつつあります。私たちは従来のやり方，常識を変え，ニューノーマル（新しい常識，常態）への転換（意識改革）が求められています。テレワークの導入は労働者の自由な働き方を促進しましたが，一方では，コミュニケーション機能の低下，業務管理や勤怠管理の難しさが生じ，在宅での孤立感，生活習慣の乱れによる生活習慣病の増加などが懸念されています。ウィズコロナ，ポストコロナ時代に向けて，業種や業務内容に応じた最適のマネジメント方策をつくり上げていく必要があります。

一方，少子化，高学歴化により個人主義傾向が強く，企業への忠誠心や仕事へのコミットメントが低い若年労働者や，自立心や対人関係のスキルが不足した若年労働者の増加もみられ，これらのことを考慮したマネジメント体制も必要になっています[5)〜7)]（図表３）。

このような背景から，仕事に関するストレスを自覚している労働者の割合は，2018年の厚労省「労働安全衛生調査」[8)]では58.0％となっています。また，業務による精神障害の労災請求や支給決定件数は年々増加し，2019年度はそれぞ

図表3　変革の時代と労働者を取り巻く状況

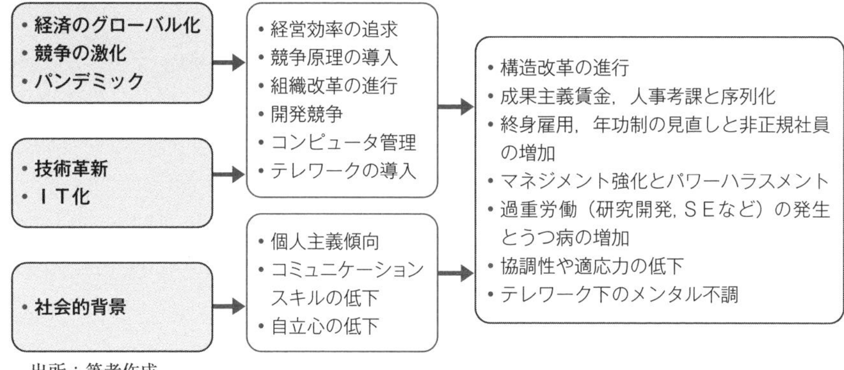

出所：筆者作成

れ2,060件，509件でした。

このように，職業性ストレスやメンタルヘルス不調者の増加は，本来健康で質の高い職業生活を送るはずの労働者やその家族の生活を脅かし，企業活動の生産性の低下や事故の増加を招くこととなります。

② 職業性ストレスの種類

職場のストレス要因としては多くの種類（**図表4**）がありますが，企業間競争の激化や，情報化・IT 化，テレワークの導入，オンライン化，サービス化の進展を反映して，研究開発部門，システムエンジニア，企画・管理部門，営業部門で働く人の質的・量的労働負荷が増える傾向にあります[1) 3)]。

職場の人間関係の問題に含まれますが，最近社会的関心の高いハラスメントにはパワーハラスメント（パワハラ），セクシュアルハラスメント（セクハラ），マタニティハラスメント（マタハラ）があります。これらは女性労働者にとって大きなストレスとなり，女性の活躍を阻害する要因のひとつになっています。パワーハラスメント関係およびセクシュアルハラスメント，妊娠・出産・育児休業などに関するマタニティハラスメント関係の法令（労働施策総合推進法（旧・雇用対策法），男女雇用機会均等法，育児・介護休業法）の改正は，2020年6月1日から施行されました[9)]。

図表4　職場におけるストレス要因

1. 仕事の質・量の変化（仕事内容の変化，長時間労働，IT 化など）
2. 役割・地位の変化（昇進，降格，配置転換など）
3. 仕事上の失敗・過重な責任の発生（損害，ペナルティーなど）
4. 事故や災害の発生（自分や周囲のケガ，損害など）
5. 対人関係の問題（上司や部下，同僚との対立，いじめ，ハラスメント）
6. 交替制勤務，仕事への適性，職場の雰囲気，コミュニケーション，努力－報酬不均衡など
7. 新しい技術やシステム（テレワークなど）の導入

出所：筆者作成

③ 職業性ストレスモデル

職業性（産業）ストレスモデルに関しては，これまでに，多くのモデルが提唱されていますが，最も包括的な職業性ストレスモデルである米国立労働安全衛生研究所（National Institute for Occupational Safety and Health：NIOSH）の職業性ストレスモデル[10)]（**図表5**）を紹介します。これは，職業にともなうさまざまなストレッサーとストレッサーによって引き起こされるストレス反応と病気への進展を横軸に表し，ストレス反応に影響を与える個人的要因，仕事以外の家庭などからの要因，社会的支援などのストレスを緩和する緩衝要因が取り入れられています。このモデルは，これまでの膨大な研究成果をまとめたかたちでつくられたものです。

ストレッサーによって個人に心理的負荷がかかると，何らかのストレス反応が出現します。職場のストレッサーが非常に強い場合や職場以外のストレッサーを含め，これらがいくつか重なったとき，あるいは長期にわたって持続して，個人のストレス耐性の限界を超えたときに，何らかの健康障害が発生します。ストレス反応の強さは，年齢，性別，性格や行動パターン，自己評価（自尊心）などの個人的要因の影響を大きく受けます。タイプ A 性格（行動特性）の人は，競争的・野心的・攻撃的で出世欲や時間に対する切迫感が強く，高血圧や心筋梗塞などの冠動脈疾患になりやすいことが知られています。上司や同僚，家族など周囲からの支援はストレス反応や健康障害の発生を防ぐ緩衝要因となります。健康障害（疾病）としては，うつ病や不安障害，適応障害などのメンタルヘルス不調，高血圧や脳卒中，心筋梗塞などの脳・心臓疾患などがあ

図表5　NIOSH職業性ストレスモデル（Hurrell, McLaney）

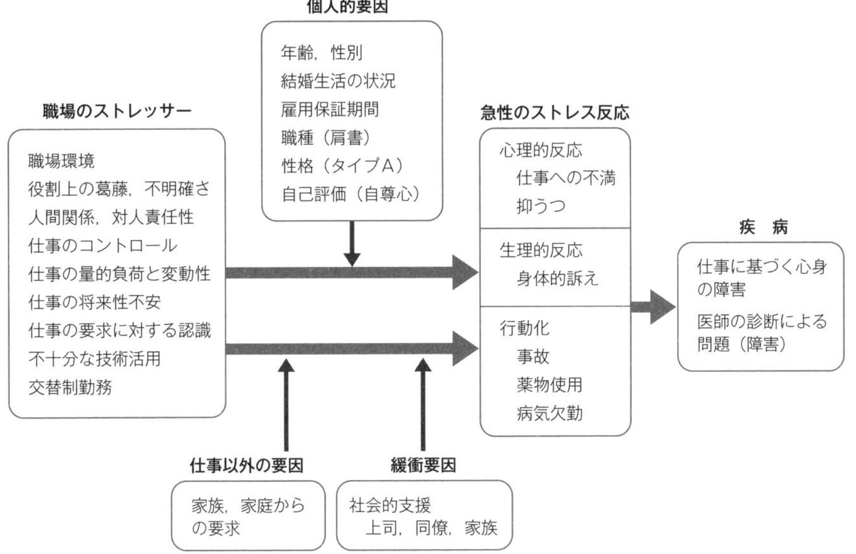

出所：Hurrell, J. J. Jr., & McLaney, M. A. (1998). "Exposure to job stress : A new psychometric instrument." *Scand. J. Work Environ Health 14 (suppl.1)*, pp.27-28より引用

り，その最悪のケースが，過労自殺や過労死であるといえます。このモデルは職業性ストレスに関する研究報告に基づいてつくられた仮説ではありますが，包括的で職場のストレスと疾病の発生の関係を総合的に理解し，職場のメンタルヘルス対策を進めていく上でも参考になります。

④ 職業人としてのライフサイクルとストレス

年齢層の区分は出典によって異なりますが，ここでは若年とは15歳から30歳代前半，壮年とは30歳代後半から45歳くらいまで，中高年とは45歳くらいから65歳くらいまでを指し，高年齢とは65歳以上を指します。

a）新入社員，若年労働者のストレス

新入社員の場合，自由度が高く親からの経済的援助が得られた学生生活から一転して，会社から給与をもらって，上司や同僚と協働で責任のある仕事を遂行することになります。チームの一員として，協調性や役割の遂行，責任が求

められ，人間関係や役割にともなう葛藤が生じる機会が増えます。また，業務内容や労働条件，人間関係や処遇に対する不満などから，2017年卒業の大卒者では約32.8％，高卒者では約39.5％の新入社員が，就職後３年以内に転・退職していることが厚生労働省「新規学卒就職者の離職状況（平成29年3月卒業者の状況）」（2020年10月発表）で報告されています。

最近，若年労働者の一部ではありますが，自己愛が強く，協調性や忍耐力が乏しく，仕事がうまく進まないときは自分のせいより他人のせいにする傾向が強く，人格的に未成熟で仕事上の役割や人間関係の問題で容易にメンタルヘルス不調に陥り，休業する事例が増えていることが指摘されています。このような事例に対しては，これらの特徴を把握した上で企業人としての教育が必要となります[5)][6)]。

b）壮年労働者のストレス

壮年期の労働者は研究開発や生産現場，システム開発，営業販売などの第一線の担い手であり，中堅社員として仕事の負担が増え，過重労働が問題になりやすい年代でもあります。昨今は管理職の若年化の流れの中で，若年マネジメント層のほとんどがプレイングマネージャーであり，壮年労働者層は，実務遂行力と戦略立案，方向性指示力の双方が求められるために，業務内容が複雑化・高度化して，ストレスが増えていると考えられています。その結果として，この世代の負担が増えて，メンタルヘルス不調や自殺の発生頻度が高くなっていることが指摘されています。

また，この年代の労働者は，同種の他企業から即戦力として中途採用されることも少なくありません。その場合，社風や仕事の進め方，評価制度の違いなどに対する戸惑いや不満，新しい職場での人間関係の問題などが発生しやすく，メンタルヘルス不調に陥る社員もみられます。移籍した労働者，受け入れる企業の双方に，これらの問題への考慮，対策が必要と思われます[1)][3)]。

この年代では，結婚後は家庭内の夫や妻としての役割，親としての役割にともなうストレスも増えてきます。一方，仕事や家庭生活は，順調であれば，互いにストレス緩衝要因となります。

c）中高年労働者や管理職のストレス

中高年労働者の特徴として，体力，記憶力，新しい環境への適応力が低下してくることなどの心身の機能の衰えに直面すること，一方で経験や実績を評価されて職場で指導的立場に就く人が増えることが挙げられます。管理職になった人には，業績が求められ，部下を管理監督することになりますが，昇進したものの業績が上がらない，仕事内容が変わり不慣れでうまくやれない，部下を指導・管理することができないなどの理由でストレスを感じてメンタルヘルス不調に陥る人がいます。管理監督者は，部下の業務の管理やメンタルヘルス不調を早期に発見し，対処する立場にもありますが，自分自身の健康管理にも配慮する必要があります[1)3)]。

一方，家庭では，子供の受験や自立，親の介護などにともなうストレスも増えてきます。家庭内の役割分担や協力が一層求められる年代です。

d）高年齢労働者のストレス

年金支給年齢の段階的引き上げや「高年齢者雇用安定法」が2004年に改正され，2006年４月から，定年の引き上げや継続雇用制度の導入が行われたこと，また2007年問題といわれていた団塊の世代（1947～1949年生まれ）の大量定年退職にともなう労働力不足や技術の継承が問題になり，定年後の再雇用，あるいは定年延長による高年齢労働者が増えています。これらの世代を対象とした今後の就労意欲に関する調査「平成27年度第８回高齢者の生活と意識に関する国際比較調査結果」[11)]では，日本（44.9％）が最も高く，次いで，米国（39.4％），スウェーデン（36.6％），ドイツ（22.7％）の順でした。日本人高齢者の働きたい理由は「収入が欲しいから」（49.0％），「体によいから，老化を防ぐから」（24.8％）が上位にきています。

高年齢者では，反射神経機能，新しいことを覚える記銘力，記憶したことを思い出す想起力は低下します。また，新たな環境・問題への適応や解決策を模索する場面などに活かされる情報を獲得し処理する能力（流動性知能）は，40歳頃をピークに加齢にともない低下する一方で，知識や経験を活かして総合的に判断する能力（結晶性知能）は80歳に至るまで，経験とともに上昇を続けることが知られています[12)]。

これらの高年齢労働者の特性を考慮した職務設計と処遇を考えることや，高年齢労働者自身とこれらの労働者を管理する立場の管理監督者双方に対する教育研修を行うことが必要と考えられます。

また，この年代は親の介護や親族の死，自分の病気にともなうストレスも増えてきます。自分自身の心身両面での健康管理が必要になります。

e）女性労働者のストレス

女性労働者のストレスは大きく分けて，①職場におけるストレス（役割にともなう通常のストレス，セクシュアルハラスメント（セクハラ），パワーハラスメント（パワハラ），マタニティハラスメント（マタハラ）などのハラスメントを含む人間関係のストレス，キャリアストレス，出産後の復職にともなうストレス，非正規雇用などの雇用形態にともなうストレス），②家庭におけるストレス（ワーク・ファミリー・コンフリクト，家庭内暴力（DV）やモラルハラスメント（精神的暴力，嫌がらせなど）を含む家庭内の人間関係の問題，育児や介護ストレス），③月経痛，月経前症候群，更年期障害，出産にともなう精神的・身体的疲労と出産児のケアなど女性特有の生物学的特性にともなうストレス，などに分けられます[11)～13)]。前出の労働安全衛生調査[8)]によれば，「仕事や職業生活に関することで，強いストレスとなっていると感じる事柄がある」と回答した労働者は女性が55.4％，男性が59.9％となっていますが，その内容のうち，「対人関係（セクハラ・パワハラを含む）」（女性33.2％，男性29.9％），「雇用の安定性」（女性17.5％，男性11.4％）では，女性の割合が高くなっています。

事業場が行う対策としては，①パワハラ・セクハラ・マタハラ対策，②産業保健スタッフによる支援，③仕事と家庭の両立支援（育児休暇や時短労働，男性の育児参加促進のための社内制度），④ワーク・ライフ・バランスの実現（長時間労働の抑制，有給休暇活用促進など），⑤ポジティブアクション（社会的，構造的な差別によって不利益を受けている者に対して，特別な機会を提供するなどして実質的な機会均等を実現することを目的として講じられる暫定的な措置）の実施，⑥ストレスチェック制度の活用，などが挙げられます。

f）非正規雇用者のストレス

総務省の労働力調査では，役員を除く雇用者総数の2020年平均は5,629万人（男性53.5％，女性46.5％）で，正規雇用者が3,539万人（男性66.3％，女性33.7％），非正規雇用者が2,090万人（男性31.8％，女性68.2％）と報告されています。非正規雇用者の内訳は，パート1,024万人（男性11.9％，女性88.1％），アルバイト449万人（男性50.2％，女性49.8％），派遣社員138万人（男性38.8％，女性61.2％），契約社員279万人（男性52.3％，女性47.7％），などとなっています。女性労働者は正規雇用者が45.6％，非正規雇用者が54.4％と非正規労働者が多いことが分かります。

非正規雇用者は，雇用が不安定であることや賃金や待遇がよくないこと，人間関係が希薄であることなどから，ストレスが多くメンタルヘルスはよくないと考えられてきました。しかし，これまでの国内外の調査では，非正規労働者は正規労働者より，心身の症状が多いとする報告が多いものの，差がないとする報告もみられます。最近行われた調査では，正規雇用を希望していたが職がないために不本意ながら非正規雇用を選んだ不本意型非正規雇用者と，自ら希望してなった本意型非正規雇用者，正規雇用者，失業者の比較で，同じ非正規雇用者でも不本意型のほうが本意型よりも心身症状（ストレス）が多く，失業者に近い特徴を示していたこと，また正規雇用者と比較すると非正規雇用者のほうがストレスが大きいことが報告されています[7)]。

正規雇用者・非正規雇用者・完全失業者に対して行われたインターネット調査でも同様の結果が得られており，非正規雇用者や失業者でも自発性の有無がメンタルヘルスにとっての重要な要因になっていること，また現在の就業状況にかかわらずポジティブなキャリア観をもつことが非正規雇用者のメンタルヘルスにとってより重要であることが報告されています[13)]。

2 メンタルヘルスの基礎知識

❶ ストレスと身体の健康

① ストレスと身体の反応

人に強いストレッサーが加わったとき，これに対して個人的な対処（ストレス対処行動）や周囲からの支援（ソーシャルサポート）などを工夫・援用してもストレス状態が軽減せずにいると，さまざまなストレス反応が起こってきます。

このストレス反応は，３つの方向に分けて考えることができます（図表６）。ひとつ目は心理的側面，２つ目は行動的側面，３つ目は身体的側面です。何ごとにおいても“心・技・体”の充実とバランスが重視されますが，ストレス状態ではこの“心・技・体”に乱れが生じてくると考えると理解しやすいでしょう。

図表６ ストレス反応の出方

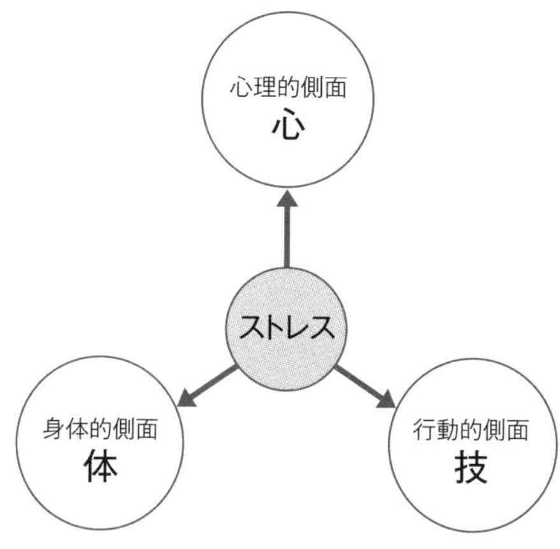

身体面の反応としては，動悸，冷汗，胃痛，吐き気，下痢，手の震え，筋緊張による頭痛・頭重感，疲労感，食欲低下，不眠，めまい・ふらつきなどがしばしば出現してきます。

行動面の反応としては，遅刻や欠勤，ミス（エラー），アクシデント，頻発する口論やトラブル，飲酒量や喫煙量の急増などが認められることが少なくありません。

このため，職域でこういった状況が認められるようになったときは，本人の責に帰す前に，“ストレスの反応ではないか”と一度は検討してみる姿勢が大変重要です。

② ストレスと心の反応

一方，心理面の反応としては，不安，緊張，怒りやイライラ，興奮，混乱した状態，落胆，憂うつな気分などがしばしば出現してきます。

こういったストレス反応自体は，当初は必ずしも心身症や心の病ではなく，労働者がストレスにうまく対処できない状況に陥った結果，“心・技・体”に現れた危険信号である場合が大半です。そして，状況が放置され経過とともに状態が徐々に悪化すると，後述する心身症やメンタルヘルス不調につながる可能性が高くなります。ですから，こうした身体や心の危険信号が労働者に認められたり，その集合体である職場の雰囲気自体が“イライラとした怒号の飛び交うような”ものとなった際には，管理監督者として早期に何らかの介入を図ることが必要です。

❷ メンタルヘルス不調

① メンタルヘルス不調の考え方

メンタルヘルス不調とは，「精神および行動の障害に分類される精神障害や自殺のみならず，ストレスや強い悩み，不安など，労働者の心身の健康，社会生活および生活の質に影響を与える可能性のある精神的および行動上の問題を幅広く含むものをいう」と定義されています（厚生労働省「労働者の心の健康の保持増進のための指針」2006年，2015年一部改正）。すなわち，精神疾患のみならず，出勤困難，職域での人間関係上のストレスや仕事上のトラブルの多発，多量飲酒などを含めた心の不健康状態を総称する用語です。

職域におけるトータル・ヘルスプロモーション・プラン（THP）においては，これまで生活習慣病に対する保健指導・栄養指導・運動指導と並び，メンタルヘルスケアとしてストレスに対する気づきの援助，リラクセーションの指導，良好な職場の雰囲気づくりなどが健康保持増進事業として推進されてきました。

近年になり，産業構造の変化や高年齢労働者の増加，さらには働き方の変化などが著しい現状を踏まえてTHPの見直しが行われ，2020年3月に改正されました（2021年2月一部改正）。そのポイントとして以下の内容が挙げられます。

① 今後，高齢労働者が増加することを踏まえ，若い年代から健康づくり活動を充実・強化する。

② 従来は健康測定の結果，生活習慣上の課題を有する労働者個人に対して栄養指導・運動指導等を実施するという「ハイリスクアプローチ」が主でしたが，これからは健康上の課題の有無にかかわらず，集団に対して職場環境改善や講習などで働きかける「ポピュレーションアプローチ」の視点を強化していく。

③ 従来の健康保持増進措置では，1）健康測定（生活状況調査，医学的検査等），2）産業医等による指導票の作成，3）個別の状況に応じた運動指導・栄養指導などを専門家が指導する，という定型的なものであり，事業場で浸透しているとはいえませんでした。このため事業場の規模や事業の特性に応じて，事業場自らが健康保持増進措置の内容を策定し実施できるように見直されました。

④ 上記③の概要を受け，事業場で健康保持増進対策を推進するに当たってはTHPに基づく進め方（PDCAサイクル）に沿って，確実に実施することが求められました。

職場ストレスについては，時代にともなう変化が著しく，労働者個人のセルフケアのみでは対処困難な側面が大きいため，管理監督者はこうしたTHP改正の現状も踏まえた上で，労働者の自助努力を支援し，同時にメンタルヘルス不調を誘発し得る職場の健康障害要因に対し，予防的に積極的に介入する姿勢が要請されています。

② 労働者にみられるメンタルヘルス不調・精神疾患・心身症（各論）

a）うつ病

うつ病は人口の１～３％にみられ，決してまれな疾病ではありません。一生のうち一度以上うつ病にかかったことのある人は７％前後とされます[14)]。それまでは社会適応のよかった人に起こるという傾向が認められ，「憂うつな気分」「不安感」「おっくう感」「全身倦怠感」などが混在した状態となります。注意点は，うつ病では本人が「うつ病」とは気づきにくいことです。なぜなら，当初は全身倦怠感，頭重感，食欲不振などの身体症状がまず自覚されるため，身体の病気だろうと本人が考えてしまう傾向が強いからです。

うつ病の症状としては，以下の特徴が挙げられます。

① **朝の不調**：朝早く目がさめる，朝の気分が重く憂うつ，朝刊を読む気になれない（TVもダメ），出勤の身支度が大儀となる。

② **仕事の不調**：午前中を中心に仕事にとりかかる気になれない，仕事の根気が続かない，決定事項が判断できない“ぐるぐるまわり状態”となる，気軽に人と会って話せなくなる，不安でイライラする，仕事をやっていく自信や展望がもてなくなる。

③ **生活の不調**：以前は好きだったことがつまらなくなる，涙もろくなる，誰かにそばにいてもらいたいと思うようになる，昼過ぎから夕方になるまでは気分が重く沈む，ときに「いっそのこと消えてしまいたい」と考えるようになる。

④ **身体の不調**：不眠（眠った気がしない），疲れやすい，だるい，頭痛，食欲低下，性欲減退（異性への興味がなくなる），口が渇く。

こういった諸症状，特に「興味の減退」と「快体験の喪失」（シャワーや入浴さえも心地よさが感じられなくなる）が２週間以上継続し，毎日何気なく繰り返してきた行為がつらくなりできなくなった場合には，うつ病が疑われます。

対応の原則は，休養と服薬による心理的疲労回復が治療の２本柱となります。このため，療養中は業務から完全に解放されることが必要となります。

多くの場合，数ヵ月間（3～6ヵ月程度）は自宅療養が必要となります。復職後も最低でも半年程度は通院・服薬を継続することが必要です。復職を機に転医を余儀なくされる場合は，特に慎重に経過をみる必要があります。業務や周囲への気兼ねを理由に復職後通院治療を自己中断するケースがありますが，再発の危険性が非常に高くなります。再発を認める事例では，長期間の継続服用が推奨されています。薬物療法としての抗うつ薬は近年進歩がみられ，その有効性は高いものとなっています。

復職後は職場の対応が重要で，予後を大きく左右します。“自宅療養⇒就業”という劇的な環境の変化によるストレスを少しでも緩和する工夫が必要です。なかでも，直属の上司からの支援は極めて大切で，就業制限はもとより，段階的な業務復帰，復職者が安心して上司に相談できる支援体制づくりなどが必要です。

従来，うつ病になる人は，責任感が強く几帳面で真面目，他者への配慮に優れ，何かあると自分を責めてしまうといった性格傾向が主流であり，対応としては休養と服薬による心理的疲労回復が大半の事例で有効でした。しかし，昨今では，雇用・労働環境の著しい流動化を受け，若年層を中心に組織への帰属意識が希薄で，ともすれば自己中心的で他者配慮に乏しく，責任感が弱く回避的で，環境や周囲に問題を責任転嫁するといった社会的に未熟な性格傾向が認められるようになりました[15)]。すなわち，他罰的・衝動的で職業的役割意識が希薄であり，休職になっても復職を急ぐというよりも，先延ばしにする傾向が少なくありません。従来のうつ病患者は，会社での一定の適応期間を経た後，それまでに積み重ねたものの喪失をひとつの契機として発症することが多かったのに対し，現代では未熟な性格傾向を背景に会社での適応期間（適応して勤務することのできた期間）に乏しく，現実問題への対処に行きづまった結果，無力感・怒り・不満などにより反応的にうつ病になることがしばしばみられます。

こういったタイプのうつ病の治療では，服薬と休養による心理的疲労回復を図るという従来の対応のみでは不十分であり，睡眠覚醒リズムの確立に向けた生活指導や，帰属意識・役割意識を改善するような精神療法的対応がより重要となります。なぜなら，従来のうつ病でみられる「疲憊（ひはい）・消耗状態」とは異なり，「やる気がでない」「疲れた」と仕事に対する意欲低下，身体のさまざまな不調などを訴える背景には，仕事に対する「士気阻喪（そそう）」が認められるからです[15)]。このため，いたずらに長期間休養させるという処遇は，病態を慢性化させてしまう危険さえあるといえます[16)]。

b）躁うつ病

うつ病と，これとは対照的な躁病という2つの病態の両方がみられるもので，人口の0.5％前後にみられます。躁病では睡眠時間が減少しているにもかかわらず活動性は高まり，抑制や配慮に欠ける言動の結果，尊大で横柄な態度となります。大きな声でよくしゃべり，内容も非現実的で誇大な傾向がみられます。このため，職域で周囲の人や取引先とトラブルを起こすことが少なくありません。

症状が軽い（軽躁）レベルでは，バイタリティーのあふれる仕事熱心な人とみなされることもありますが，症状が進行すると活動的である一方，パフォーマンスは著しく低下し，周囲に迷惑をかける状況となります。この段階では病識（自分が病気であるという認識）が希薄となることが多く，治療につなげるのに難渋することが少なくありません。直属の上司と家族が連携して，専門的治療につなげるなどの工夫が必要になります。

なお，躁うつ病は「双極性障害」とも呼称されますが，昨今では診断書等で「双極Ⅱ型障害」という病名を目にする機会が少なくありません。躁うつ病（双極性障害）は，入院治療の必要性に迫られるような明確な躁状態をともなう双極Ⅰ型障害と，躁状態は比較的軽度な範囲内でとどまり，テンションや活動性は高いものの，顕著な社会的トラブルを引き起こしたり入院までには至らない「軽躁」をともなう双極Ⅱ型障害の2つに分けられます。以前は双極Ⅰ型が「躁うつ病」と診断されてきましたが，近年では気分の基調にアップダウンを認め軽躁の存在が推定され，抑うつ状態を反復し抗うつ薬治療が奏効しにくいようなケースが双極Ⅱ型障害として対応される機会が増えています。これまでに気分が高揚し，怒りっぽかったりテンションの高い日が4～5日続いた経験のある抑うつ状態の場合は，単にうつ病として対応するのではなく，双極Ⅱ型障害を視野に入れた対処が必要となります。

c）統合失調症

2002年に「精神分裂病」から呼称が変更されたもので，生涯有病率は0.55％

とされます。10代後半から30代前半の若年者に発症しやすく，妄想（実際にはあり得ない考えに断固たる確信をもち，証拠に基づく説得をいかに試みても訂正不能な思考内容や判断）や幻聴（自分の悪口が聞こえる，嫌なうわさ話が聞こえてくるなど）を特徴とします。また，幻覚・妄想などの陽性症状がいったん安定した後でも，陰性症状と呼ばれるコミュニケーション障害，意欲・自発性欠如，引きこもり傾向などが後遺障害として残りやすいため，仕事に就きながら治療を受けることは難しく，比較的長期の休職を必要とすることが多くなります。

しかし，近年では薬物療法を中心とした治療法が進歩したため，適切な病気療養環境が確保でき，職場において個々の回復の現状に合わせた“場”を周囲の理解と支援のもとに得られれば，安定した経過を呈する人も多くなっています。ただし，幻聴・幻視などの幻覚，被害妄想，現実と非現実の区別がつかなくなった支離滅裂な思考などの陽性症状には薬物療法が有効ですが，陰性症状に対しては十分に奏功しない場合が少なくありません。このため休業・復職のプロセスに息の長い支援をもって臨むことが必要となる疾患です。

d）アルコール依存症

アルコールは適量であればストレス解消や健康に有益な側面もありますが，節度を超えた飲酒は大変危険です。当初は付き合いでたまに飲んだりしていたもの（機会飲酒）が，次第に毎日飲むようになり（習慣飲酒），そのうち飲みすぎて飲酒したときのことを思い出せないこと（ブラックアウト）がたびたび起こるようになったら要注意です。このような状態を続けていると，毎日飲まずにはいられなくなり（精神依存），アルコールが切れると手が震える・冷汗が出る・イライラする・眠れないといった身体依存が形成されてしまいます。

職域では，飲み会での逸脱行為，飲みすぎによる遅刻や欠勤，出勤時のアルコール臭などが問題行動としてみられます。いったんこうなってしまうと，治療としては断酒が基本となりますが，治療は難渋することが少なくありません。断酒継続のためには，家族・職場の協力や，なかでも断酒会やAA（Alcoholics Anonymous：匿名アルコール依存症者の会）といった自助グループへの参加・活動が大切となります。いずれにせよ，予防的対処（アルコールとの節度ある付き合い方）が重要といえます。

e) パニック障害

突然起こる不安発作（動悸，めまい，息苦しさ，非現実感など）が繰り返されるもので，その際の不安感は“このまま死んでしまうのではないか”とおびえるほど強烈なものです。このため，しばしば救急車で救急外来を受診しますが，身体的検査では呼吸器系・循環器系・脳神経系などに明らかな異常所見は認められません。やがて，“また発作が起きたらどうしよう”という予期不安をともなうようになり，電車に乗ったり，人混みの多い場所へ外出したりすることが困難になってきます（外出恐怖，広場恐怖）。

薬物治療を中心に治療法がある程度確立しているので，予後は比較的良好ですが，服薬は1年程度以上継続することが必要とされます。また，空腹，怒りなどの強い陰性感情，孤立感，疲労は症状悪化の背景要因となるため，適切な生活習慣への是正も大切です。

f) 適応障害

まず“適応（adjustment）”という言葉の意味するところですが，「環境や周囲の人々からの要請」と「自らの内的要求」の両者に応じるべく，個人の主体的働きかけにより，著しい不都合をきたすことなく生活できている状態をいいます。これに対し，与えられた状況に対して単に受身的に適合する場合は区別して，“順応（adaptation）”と表記されます。つまり，適応の背景には，個人の行動目標や適応努力などが存在することになります。

そういう意味で，広義の「適応障害」とは，さまざまな生活領域（職場，家庭など）において，個人の価値体系に基づいた主体的な働きかけがうまく機能しなくなった結果，身体的・心理的・社会的に不都合をきたした状態であるといえます。

これに対し，米国精神医学会の「精神疾患の診断・統計マニュアル 第5版」（DSM-5）やWHOの「国際疾病分類 第10版」（ICD-10）などで定義されている「適応障害」は，より狭義のものとなります。そのポイントを以下に示します。

・重大な生活上の変化もしくはストレスに満ちた生活上の出来事に対する適応の時期に発症する。
・個人の素質や脆弱性は，発症・症状形成に大きな役割を演じているものの，ストレス要因なしには適応障害は発症し得なかったと考えられる。

・主たる症状は不安，憂うつな気分，行為の障害（無断欠勤，けんか，無謀運転など）であり，この結果，仕事や日常生活に支障が生じている。

・これら症状は，うつ病や不安障害など他の精神疾患の診断基準に該当するほどには顕著な症状を呈していない。

・発症ははっきりと確認できるストレス要因の発生から１～３ヵ月以内であり，そのストレス要因，またはその結果が一度終結すると，症状の持続は通常６ヵ月を超えない。

以上をまとめると，狭義の「適応障害」の疾患概念の骨子は，以下の４点に集約されることになります。

①軽度ではあるものの病的な反応を引き起こし得る強さのストレス要因の存在，②ストレス要因に対する個人的な脆弱性や対処能力の問題が推定されること，③ストレス要因により生じているとされる症状は正常な反応で生じ得る範囲内のものである（他のいずれの診断基準も満たさない）が，臨床的に著しい情緒的苦痛もしくは社会的・職業的な機能の重大な障害を現実に引き起こしていること，④「ストレス要因の存在⇒個人の脆弱性・対処能力の問題⇒ストレス状態（情緒的または行為の障害，これによる社会的機能の低下）」という一連の流れの間に因果関係が認められること（了解できること），と理解されます。

職域では，業務の量・質，対人関係などを巡って適応行動が首尾よく機能しなくなった結果，しばしば遭遇する診断名です。対応としては，環境調整と同時に本人の脆弱性や対処能力を高めるべく介入すること，すなわち，ストレス要因の軽減だけでなく同時に個人のストレス対処能力を高める観点が重要となります。

ｇ）睡眠障害

睡眠の障害は，注意力・集中力・問題処理能力といった脳の高次機能低下を招く結果，ミスやアクシデントの大きな要因となり，さらには身体疾患や精神疾患とも関連してきます。すなわち，効率低下やトラブルなどを誘発し，人的資源の浪費に直結するものです。

実際，睡眠不足による作業効率低下から生じる経済損失は，日本全国で３兆円に及び，これに欠勤・遅刻・早退，交通事故による損失を加えると，総計3兆5,000億円に達するであろうと推計されています[17]。

これら睡眠障害には，夜眠れない不眠症，昼間に発作的に眠くなる過眠症，昼と夜が逆転してしまい睡眠覚醒リズムが大きく乱れる概日リズム睡眠障害，睡眠関連呼吸障害などがあります[18] [19]。

不眠症の症状としては，眠ろうとしてベッドに入っても寝つくのに30分～1時間以上を要し苦痛が生じる入眠障害，いったん入眠した後に何度も目が覚めてしまう中途覚醒，通常の起床時刻の2時間以上前に覚醒してしまいその後入眠できない早朝覚醒，深く眠った感じが得られない熟眠障害があります。もちろん，こういった状態は通常でも，不慣れな環境（旅行先）や試験前日，さらには仕事でストレスを抱えているときなどに認められるものです。しかし，週に3回程度以上眠れない状態が1ヵ月以上にわたって継続し，本人が苦痛を感じ，社会的（職業的）活動に支障が生じている場合は，不眠症と診断されることが多くなります。

ただし，後述するように，不眠はうつ病や不安障害をはじめとする多くの精神疾患でも併発しますので，安易な自己診断は禁物です。不眠が一定期間継続するようであれば，一度は医師に相談することが必要です。また，喘息やアトピー性皮膚炎などの身体疾患，ステロイド製剤などの治療薬，そしてカフェインやアルコールなど嗜好品の使用により不眠を呈する場合もあります。

過眠症は，日中の耐え難い眠気発作と居眠りを特徴とするもので，危険作業中や面談中など，通常では考えられない状況下において発作的に眠ってしまうものです。これは，夜間の睡眠障害の結果として昼間眠いわけではありません。代表的な疾患としてはナルコレプシーというものがあります。

概日リズム睡眠障害は，個人の睡眠覚醒リズムと社会生活時間帯との大きなズレにより生じます。いわゆる時差ボケである時差症候群や交替制勤務にともなう睡眠障害などがあります。症状としては，不規則で浅い睡眠，疲労感，ぼんやりした感じと眠気，めまいや立ちくらみなどの自律神経症状，などが認められます。さらに，10～20歳代の若年単身者などでみられる頻回欠勤者の中には，睡眠時間帯が極端な遅寝遅起き（明け方にならないと眠れず，昼過ぎになってようやく起床する）で固定してしまい，体調や社会生活に支障をきたしている睡眠相後退症候群があります。

睡眠関連呼吸障害とは，睡眠中の呼吸障害により生じる睡眠障害です。代表的なものとしては睡眠時無呼吸症候群があります。これは，睡眠中に10秒以上連続して呼吸をしない状態（無呼吸）や10秒以上換気量が50％以上低下する状態（低呼吸）が反復して認められるものです。喉の構造異常や肥満により，空気の通り道である気道が狭くなることで起こる閉塞性タイプと，呼吸運動機能自体の異常で起こる中枢性タイプに分けられます。多く認められる閉塞性タイプでは，無呼吸による中途覚醒・睡眠の分断化とこれによる日中の強い眠気や集中力低下，大きく不規則なイビキ，全身倦怠感，朝の頭痛などが特徴となります。無呼吸時には酸素不足となるため，脳や心臓の障害を合併することが少なくありません。

さらに，睡眠時無呼吸症候群では，本人が疾病として自覚していないケースが多く，これまでにもパイロットや新幹線運転士などの居眠り運転事例などが社会的問題となっています。これらは大事故にもつながりかねず，リスクマネジメントの観点からも注意を要する疾患のひとつです。

睡眠障害はしばしば認められるものですが，その対応や治療法は原因により大きく異なってくるため，しっかりとした診断が必要となります。したがって，職域において，集中力や注意力に問題が認められる事例，眠気や居眠りが反復し問題となる事例，度重なる遅刻や欠勤を認める事例などでは睡眠障害を疑い，医師に相談することが大切です。

h）発達障害

近年，職場のメンタルヘルス領域において「発達障害」という言葉に触れる機会が増えています。管理監督者としても研修会や部下から提出される診断書等で目にすることがあるかと思います。そもそも2005年４月に施行された発達障害者支援法によれば，発達障害とは「自閉症，アスペルガー症候群その他の広汎性発達障害，学習障害，注意欠陥多動性障害，その他これに類する脳機能の障害であって，その症状が通常低年齢において発現するもの」と定められています。

この中で，職域で事例化しがちな代表的なものとしては，不注意・多動性・衝動性などに問題を抱える注意欠如・多動症（Attention Deficit

Hyperactivity Disorder；ADHD）や，イマジネーションの障害やコミュニケーション能力に偏りがあり対人交渉に質的問題を抱える自閉スペクトラム症／自閉症スペクトラム障害（Autism Spectrum Disorder；ASD）のうち，知的障害および言語障害をともなわない軽症のタイプが挙げられます（DSM-5では，古典的な自閉症やアスペルガー症候群は診断名としては用いられなくなりました）。職域において，ADHDは集中力や落ち着きのなさ，キレやすいといった衝動コントロール不良やケアレスミスの多さなどの不注意といったかたちで，ASDは同僚や上司と良好な対人関係を築けない，周囲の人の気持ちが分からない，空気を読むことが苦手，会話が一方的になる，予定された業務が変更されるとパニックに陥り融通がきかないといったかたちで，それぞれ事例化することが少なくありません。

しかし，昨今職域で問題とされているのは，その大半が成人になって初めて発達障害が診断もしくは疑われる軽症のケースです。すなわち，前記の発達障害者支援法にある「…その症状が通常低年齢において発現するもの」として，幼少期には知的な遅れもないため明確に事例化することなく成長し，就職後にそうした傾向が初めて明らかとなった場合です。こうした比較的軽症ともいえるケースが，グレーゾーンにおいて発達障害として診断される事例が増えているのが現状といえます。さらに現状を複雑にしているのは，発達障害では複数の疾患同士の並存が多いこと，二次的に生じてくる精神疾患やパーソナリティ障害との鑑別が簡単ではないことが挙げられます。加えて，その診断には高度の専門性を必要とするため，その処遇を巡っては慎重に臨む必要があります。

このため，発達障害とされたケースでは，その精神医学的診断名よりは，勤務者が「何ができて何ができないのか」「どのような支援があれば業務を遂行できるのか」という職域での個別で具体的なアセスメントがはるかに重要です[20)]。本人の得意な分野，長所をしっかりと上司の目から評価し，職域でどのようにその特性を活かせるかという視点から支援を検討することが必要となります。ADHDの人が営業や接客を得意としたり，ASDの人が研究開発や高い集中力を必要とする業務で能力を発揮したりすることもまれではありません。なお，発達障害者の心理行動特性はストレス負荷が強い状態で顕著となりやすいため[21)]，仕事の量・質，職場対人関係への配慮も同時に検討することが推奨

図表7　注意欠如・多動症（ADHD）と自閉スペクトラム症（ASD）のポイント

	注意欠如・多動症（ADHD）	自閉スペクトラム症（ASD）
特　徴	●忘れ物やケアレスミスが多い ●動きが多く，思考もせわしない ●思い立つとすぐやりたくなる ●部屋が片付けられない ●気が散りやすく，よそ事を考えてしまう ●プランニングがうまくできない ●スケジュール管理ができない ●段取りが悪い	●空気を読むことが苦手 ●比喩や言葉の裏の意味がわからない ●あいまいな指示だと，その意図がわからない ●人との距離感が独特（近過ぎたり，遠すぎたり） ●好きなテーマを話しだすと止まらない ●視覚，聴覚，触覚，味覚，嗅覚が過敏 ●強いこだわりがあり何か変化があると混乱しやすい ●視線を合わすことや表情の動きが少ない
不得意な仕事例	●緻密なデータや細かいスケジュール管理 ●長期的な計画を立ててじっくり進める仕事 ●行動力より忍耐力が要請される仕事	●顧客の個別対応や計画変更が随時要請される仕事 ●対話が中心となる仕事 ●上司からの漠然としたあいまいな指示
得意な仕事例	●自主的に動き回る「営業職」 ●ひらめきや企画力，行動力が求められる「企画開発職」「デザイナー」「経営者」「アーティスト」など	●規則性，計画性，深い専門性が求められる「研究者」「設計士」 ●緻密で集中力を要する「SE」「プログラミング」 ●膨大なデータを扱う「財務」「経理」「法務」

https://www.sankeibiz.jp/econome/news/180217/ecb1802171610001-n6.htm
出所：宮岡等，内山登紀夫『大人の発達障害ってそういうことだったのか　その後』医学書院，pp.110-199，2018年より作成

されます（図表7）。

基本的な考え方は，以上のように本人特性と仕事との相性・適応について，個々のケースにおいて丁寧に具体的な検討を重ねることです。

なお，ADHDでは薬物治療が有効な場合があるため，環境調整や本人の自己理解と同時に，早期の診断と薬物療法の可否の検討が有益となります。その際には産業医に介入してもらうことも有益です。

ⅰ）心身症

1）心身症の考え方

心身症とは，高血圧症・糖尿病などに代表される身体疾患のうち，その発症や症状変化と心理社会的要因（いわゆるストレス要因）との間に明らかな対応が認められるものを指します。この関連性を「心身相関」と呼びます。心身相

関を支えるメカニズムには，身体の内部環境を一定に保つ機能に関与している脳，自律神経系，内分泌系，免疫系などがあります。

したがって，心身症はいわゆる心の病とは異なり，器質的障害を呈する場合（胃潰瘍など）と，機能的障害を呈する場合（緊張型頭痛など）に分けられる身体疾患の「病態」である点に注意が必要です。加えて，心身症に影響を及ぼす要因として「心理社会的因子」が挙げられるため，職域を中心とした社会的側面の要因，すなわち業務に関連したストレスが重要な位置を占める病態といえます。

2）労働者にみられる心身症（各論）

ここでは，職域でみられやすい代表的な心身症について紹介します。

i）過敏性腸症候群

検査をしても，ポリープやがんなどの病変が認められないのに，腹痛をともなう下痢や便秘などの症状が繰り返し出現する大腸の疾患です。消化管の運動機能異常と，腸が拡張した際に痛みを感じやすいことが要因と考えられています。

タイプは以下の3つに大別されます。

・下痢型（プレゼンテーション前の下痢や出勤途中の下痢など）：大腸全体が微細にけいれんしている状態

・便秘型（けいれん性便秘といわれ，便は固い塊）：肛門に近い部位の大腸が強く収縮し，便の通過を妨げている状態

・下痢と便秘の交替型（不安定型）

治療上のポイントは，自覚症状の軽減と心身相関への気づきを促し，本人が主体的に症状をコントロールできるようになることです。まず，腸の収縮運動が適切に機能しない状態であることを説明し，不要な不安を除きます。日常生活では，規則正しい食習慣と節酒，十分な休養と睡眠により心身のリズムを回復することが大切です。また，症状を増悪させるようなストレッサーがある場合は何らかの対策を講じます。通勤に支障が生じている場合は出勤時間を早め，空いている時間帯に変更する，急行に乗るのが不安なときは各駅停車から試してみるなど，ハードルは低めに設定し，課題達成による自信を積み重ねながら段階的に練習していきます。

ⅱ）緊張型頭痛

頭をタスキなどで締めつけられているような性質の頭痛で，脈打つようなものではなく，連続性の痛みが特徴です。痛みの程度は，日常生活は若干制限されるものの寝込むほどではなく，偏頭痛にみられるような吐き気はありません。

治療としては，まず頭痛が機能的障害であり，重篤な疾患につながるものではないと説明し，不安軽減を図ります。次いで，認知行動療法を検討します。「頭痛」を痛みにともなう「苦痛」と「痛み行動」に分けて考え，「痛み行動」のほうに焦点を当てて治療します。毎日の頭痛と「痛み行動」，そして「痛くてもできたこと」を記録します。これにより，「頭痛がひどいので，何もできない」という誤った認知に気づき，「頭痛は常にあるわけではなく，痛くてもできることはある」「横になるよりも，散歩をしたほうが頭痛は和らいだ」といった方向へ認知の修正を図ります。

ⅲ）摂食障害

食事や体重に対する常軌を逸したこだわり，太ることに対する恐怖感が特徴的な，思春期から青年期にかけた女性に多くみられる疾患です。

摂食障害は神経性食欲不振症と神経性大食症に大別されます。神経性食欲不振症では，やせたいという強い願望や太ることを極端に恐れる気持ち（肥満恐怖）が特徴で，やせていても「太っている」と頑なに思い込み，食事をとらなかったり，食べたものを吐いたり，下剤を乱用したりします。そして，極端にやせているにもかかわらず活動性はむしろ高く，仕事は休まず熱心に残業を続けたりすることがあります。

一方，神経性大食症（いわゆる過食症）では，大量の食べ物を一気に食べ，直後に吐いたり，下剤・利尿剤を乱用することで体重増加を何とか防ごうとします。体重は正常範囲内に維持されていることが多いものの，過食・自己嘔吐後は自己嫌悪に陥り，気分がひどく落ち込むことが少なくありません。

治療は困難で長期化することが少なくありません。なぜなら，神経性食欲不振症では治療への積極的な参加・協力が得にくいこと，神経性大食症では過食・嘔吐行為自体がひとつの習癖として形成されている面があるためです。いずれにせよ，摂食障害では“食べる・食べない”という見かけ上の問題行動の背景にある「本当に困っている問題（対人関係やアイデンティティに関するものなど)」は何か，時間をかけて探索し，じっくりと解決していくことが必要となります。

3）職域における心身症の現れ方と対処

職域においては，心身症は再発を繰り返す消化性潰瘍や気管支喘息，コントロールの悪い糖尿病や高血圧症，慢性的な下痢や腹痛（過敏性腸症候群）もしくは頭痛による欠勤や遅刻などとしてしばしば現れます。また，心筋梗塞など，より重篤な疾患として立ち現れることもあります。その際は，背景となり得る職場要因の有無についての検討が必要となります。

なぜなら，使用者には就業による労働者の健康障害が予見される場合，それを回避すべき義務が安全配慮義務として課せられているからです。そして，結果的に作業関連疾患（複数ある病因のうちのひとつが就業上の要因であるもの：work-related disease, WHO）が生じれば業務上疾病として労災認定され，これとは別に安全配慮義務不履行にともなう過失責任が民事上，問われる可能性が高いためです。実際，病気の成因は多因子であり，必ずしも職域の問題だけで発症するとは限りませんが，健康障害が生じたときは職場因子が重要因子として認定される傾向が，近年顕著に認められています。

③ 職域におけるメンタルヘルス不調の現れ方と対処

メンタルヘルス不調のサインとなる行動としては，パフォーマンス低下，勤務状況の悪化，対人関係の悪化（職場トラブルの増加）などが挙げられます[22)]。管理監督者としては，こういった状態を早めに察知し対処することが大切なため，日頃から部下とコミュニケーションを適切にとり，部下が相談しやすい人間関係を構築しておくことが肝要です。

そして，メンタルヘルス不調のサインが疑われた労働者とは，早目に，時間的余裕のあるときにプライバシーの守られた静かな場所で時間をとって話を聴き，業務に起因するものであれば職場内での調整が必要です。さらに，内容によってはここに紹介したような何らかの疾病が疑われたときは，産業保健スタッフにつなげたり医療機関受診の手はずを整えるなど，“医療につなげる”ところまでは管理監督者の安全配慮義務上の責務と考えられています。すなわち，管理監督者は，部下の疾病の診断をする必要はありませんが，医療につなげる責務はあると考えて対処することが大切です。

④ 社会資源の活用

メンタルヘルス不調は，その病態や対処が原理原則に基づかないことも多く，個別性が極めて高い疾病です。このため，管理監督者として対応に苦慮することが少なくありません。また，産業保健スタッフが充実していない施設では，上司が問題をひとりで抱えてしまいがちです。これは効率的ではなく，さらに上司自身のメンタルヘルス上も多大な負担となりがちです。

対処困難なメンタルヘルス不調事例については，決してひとりで抱えることなくチームで抱えることが原則です。そのような場合は，事業場外資源（社会資源）の活用も一度検討ください（詳細は第６章を参照）。

3 心の健康問題の正しい態度

❶ メンタルヘルス不調は特殊な人の問題であるという誤解

メンタルヘルス不調は気合が足りなかったり心の弱い人の問題である，という考えをとる立場がありますが，果たしてそうでしょうか。現状はそうではありません。例えば，公益財団法人日本生産性本部が2019年７～９月に実施した全国の上場企業226社を対象とした調査結果では，過去３年間に企業内の「心の病」が増加傾向にあると32.0％が回答し，心の病が最も多い年齢層は従来は「30代」とする上場企業が多かったのですが，近年は「10代～20代」が増加し初めて30％を超え，「50代以上」を除く「10代～20代」「30代」「40代」が30％前後で並んでいます。また，2017年度に休職した教職員（公立）の原因疾患では65.1％をうつ病などの精神疾患が占め，精神疾患における休職は2007年度以降5,000人前後で推移しており（文部科学省「病気休職者等の推移」（平成19～29年度）），2016年度に国家公務員がとった１ヵ月以上の長期病欠の原因は１位がうつ病などの精神疾患（65.5％）であり，２位が悪性腫瘍（9.7％）である（人事院「平成28年度国家公務員長期病休者実態調査」），などとなっています。

実際，うつ病の有病率が１～３％であることを考慮すると，例えば1,000人規模の事業所であれば，10～30人がうつ病に罹患していても不思議ではなく，決して珍しい疾病でも，例外的な状態でもないのです。

もちろん，メンタルヘルス不調においても，高血圧や胃潰瘍などの身体疾患と同様に個人的要因の関与もあるでしょう。では，あらかじめ将来的にそうなり得る人（そういう素因をもった人）を採用や昇進の際にスクリーニング（選別）することが現実に可能かといえば，答えは否です。それは，高血圧や胃潰瘍において予測困難であるのと同様です。

なぜなら，第一に人事上の采配を決定するに足る確たる根拠として，個人がメンタルヘルス不調になる可能性を事前に察知することは医学的に困難であること，第二に従来型のうつ病と親和性が高いとされる病前性格に“自分自身に対する以上に周囲に配慮する”，“ものごとの手順や秩序を重視する”という特徴があり，これは組織人という観点からは高い順応性とパフォーマンスの源となり得ること，第三に過労自殺と認定された人の多くが直前まで“仕事ができる人”と評価されており，その７割以上が治療を受けていない労働者であったこと，などが挙げられます。つまり，うつ病などのメンタルヘルス不調は特殊な人の心の病では全くないのです。

したがって，メンタルヘルス対策を考える上では，以下の前提に立つことが必要となります。まず，すべての人，誰もが状況によってはメンタルヘルス不調になる可能性があるということ。このため，特定個人へのアプローチや選別という発想ではなく，むしろ職場環境の改善（特にコミュニケーション）や管理監督者が部下の健康管理に配慮することで対処すること。すなわち，メンタルヘルス不調を“個人の問題”ではなく“職場というシステムの問題”として捉える立場です。

その際の主要なターゲットは，その頻度を考慮するとうつ病と適応障害が中心になります。そして，“よい上司の役割”を管理監督者が個人的に演じるという“個人技”に頼るのではなく，メンタルヘルスに関わるネットワークやキーパーソンを職域で設置し，メンタルヘルス不調者を手遅れにならないうちに医療につなげるシステム構築が肝要と考えられます。

また今後は，現実に精神障害を抱える方々の就業機会が増加すると考えられます。なぜなら，2013年に障害者差別解消法と改正障害者雇用促進法が成立し，障害者，なかでも精神障害者を巡る労働環境が大きく変わったためです。障害者差別解消法では，「不当な差別的取扱い」を禁止し，「合理的配慮の提供」が求められ，障害のあるなしにかかわらず，共に暮らせる社会の実現が目指されています。「不当な差別的取扱い」とは，国・都道府県・市町村などの役所や企業の事業主が，障害のある人を正当な理由なく，障害を理由として差別することです。「合理的配慮の提供」とは，役所や企業の事業主が，障害者から何らかのバリアを取り除くための対応が要望された場合，負担が過重とならない範囲で対応することが求められることです。そして，雇用関係における障害者差別禁止・合理的配慮の提供については，改正障害者雇用促進法に委ねられています。

改正障害者雇用促進法における2018年の改正の概要は以下のようになります[23)]。まず，企業等に雇用が義務づけられている障害者の範囲が，身体障害者・知的障害者から2018年４月以降は，これに精神障害者（発達障害を含む，精神障害者保健福祉手帳の所持者）が加わり，併せて障害者の法定雇用算定率も引き上げられました。

そして，障害者に対する差別の禁止としては，雇用の分野（募集・採用時・雇用後）における障害を理由とする不当な差別的取扱いが禁止されています。例えば，採用時に不利な条件を課したり，低い賃金を設定したり，昇給させないこと，雇用形態の変更を強制すること（または変更を認めないこと）などが挙げられます。

また，事業主には，障害者が職場で働くに際して，障害者と障害者でない者との均等な機会や待遇を確保すること，障害者の能力の有効な発揮に支障となっている事情を改善するための措置を講ずること（合理的配慮の提供）が義務づけられています。合理的配慮を巡っては，2015年に厚生労働省が合理的配慮指針を策定しています。その対応は個別性が高いためさまざまな内容が考えられますが，具体的対応例としては，以下のものが挙げられます[24)]。

【精神障害の場合】

〔募集・採用〕面接時に，就労支援機関の職員等の同席を認めること

〔採用後〕業務指導や相談に関し，担当者を定めること

〔採用後〕業務の優先順位や目標を明確にし，指示をひとつずつ出す，作業手順を分かりやすく示したマニュアルを作成する等の対応を行うこと

〔採用後〕出退勤時刻・休暇・休憩に関し，通院・体調に配慮すること

〔採用後〕できるだけ静かな場所で休憩できるようにすること

〔採用後〕本人の状況を見ながら業務量等を調整すること

〔採用後〕本人のプライバシーに配慮した上で，他の労働者に対し，障害の内容や必要な配慮等を説明すること

【発達障害の場合（上記と重複する内容は割愛）】

〔募集・採用〕面接・採用試験について，文字によるやり取りや試験時間の

延長を行うこと

〔採用後〕業務指示やスケジュールを明確にし，指示をひとつずつ出す，作業手順について図等を活用したマニュアルを作成する等の対応を行うこと

〔採用後〕感覚過敏を緩和するため，サングラスの着用や耳栓の使用を認めるなどの対応を行うこと

さらに，新たに雇用した精神障害者が働きやすい職場づくりとしては，以下の取り組みを行う事業主に対する「障害者職場定着支援奨励金」という雇用支援策があり参考になります。これは，精神障害者の雇用を促進するとともに職場定着を図るため，カウンセリング体制の整備など，精神障害者等が働きやすい職場づくりを行った事業主に対し，奨励金（かかった費用の半額，上限100万円）を支給するものです。

・精神障害者にカウンセリングなどを行う精神保健福祉士などを新たに雇用または委嘱する
・社内の専門人材を育成するために，従業員に精神保健福祉士などの養成課程を履修させる
・社内で精神障害に関する講習を実施する，または従業員に外部機関が実施する精神障害者雇用に資する講習を受講させる
・在職精神障害者をほかの精神障害者に対する相談などを行う担当者として配置する
・新規雇用した精神障害者が体調不良などにより休職した場合に精神障害者の代替要員を確保する

さらに障害者雇用促進法を巡っては，2018年に障害者雇用義務対象となる民間企業が「従業員50名以上」から「従業員45.5名以上」に範囲が拡大され，その法定雇用率も「2.0％」から「2.2％」に，さらに2021年3月以降は「2.3％」に引き上げられています。加えて2020年の同法改正では，①短時間労働の障害者を雇用する企業に対する特例給付金の支給，②中小企業を対象とした障害者雇用に関する優良事業主としての認定制度の創設，が盛り込まれました。後者に認定されるメリットとしては，自社の商品や広告に「障害者雇用優良中小事業主マーク」を使用できること，認定マークによって広告効果が期待できるこ

と，障害の有無に関係ない幅広い人材確保につながることなどが考えられます。逆に，障害者雇用促進法に定められた雇用義務に違反すると，ハローワークからの改善指導（改善命令，障害者の雇入れに関する計画の作成および提出，30万円以下の罰金など）が入ったり，企業名が公表されるなどの罰則が規定されています。

以上のような内容を踏まえると，職域では精神障害者を含めた障害者全般への理解を深め，その受け入れを積極的に検討し，多様な人材が活躍できる職場環境づくりに取り組むことが要請されている現状にあるといえます。

なお，ここでいう合理的配慮・差別禁止の対象となる精神障害とは，統合失調症・気分障害（うつ病，躁うつ病）・発達障害などのさまざまな精神疾患により，長期にわたり職業生活に相当な制限を受ける状態にあるものをいいます。このため，ストレスにともなう強い悩み，不安などといった一時的かつ比較的軽度な状態を含めた精神的・行動上の幅広い概念である「メンタルヘルス不調」とは必ずしも同一のものではありませんので，ご留意ください。

❷ 経営上はあまり関係がないだろうという誤解

“メンタルヘルス対策を講じても企業の経営上は特段プラスにはならない”と考える立場もまれならずみられます。しかし，メンタルヘルス不調が職場に与える影響は，決して少ないものではありません。ひとたび過労自殺や過労死が発生すれば周囲の労働者は動揺し，職場の活性低下につながります。また，損害賠償額も決して小さいものではありません。加えて，メンタルヘルスが不調な状態が継続することは，職域の活性低下を招き，事故・ミスの発生と隠蔽という非常に大きなリスクを企業サイドとして背負うことにもなりかねません。

同時に，メンタルヘルス不調による労働力の損失も決して看過できません。例えば，ワシントン大学保健指標評価研究所（IHME），世界保健機関（WHO），ハーバード大学，東京大学など7つの機関は共同で，2019年における疾病や傷害による日本国内での損失（DALYs；Disability-adjusted life years：疾病や傷害を原因とする平均余命短縮およびQOL《Quality of life：生活の質》低下による損失の合計）を検討し，日本人（15歳～49歳男女）の健康損失の多くが上位10原因により発生していることを明らかにしました（**図表8**）。

これをみると，労働生産性の高い15歳～49歳の年齢層において，精神疾患が第2位，自傷・自殺および暴力が第4位と上位を占めているのが分かります。このように，メンタルヘルス不調による健康損失，これによる労働力損失は決して小さいものとはいえません。

また，上場企業が守るべき行動規範を示したコーポレートガバナンス・コードの基本原則2では，「上場会社は，会社の持続的な成長と中長期的な企業価値の創出は，従業員，顧客，取引先，債権者，地域社会をはじめとする様々なステークホルダーによるリソースの提供や貢献の結果であることを十分に認識し，これらステークホルダーとの適切な協働に努めるべきである。」と明確に記載されています。この観点からもステークホルダーの一員である「従業員」のメンタルヘルスマネジメントは，経営上の最重要テーマのひとつといえます。実際，この基本原則を受けて，従業員が生き生きと働ける職場環境づくり，社内メンタルヘルス推進担当者の設置，メンタルヘルス相談窓口の設置，各種ハラスメントをはじめとした企業倫理に反した行為の通報を受ける内部通報窓口

図表8 日本におけるDALYs損失の上位10原因（15歳～49歳男女）
（Global Burden of Diseases 2019, GBD PROFILE:JAPAN, WHO）

順　位	原　因
1位	筋骨格系疾患（腰痛，頸部痛ほか）
2位	精神疾患
3位	その他の非感染性疾患
4位	自傷・自殺および暴力
5位	悪性新生物（各種がん，悪性腫瘍，白血病ほか）
6位	不慮の事故
7位	脳神経系疾患（脳卒中，アルツハイマー病，パーキンソン病ほか）
8位	虚血性心疾患
9位	皮膚疾患
10位	消化器系疾患

出所：https://vizhub.healthdata.org/gbd-compare/

の設置などが進んでいます。

以上のように，メンタルヘルス不調は主要な課題であり，職場においてメンタルヘルス対策を講じることは，特定の職域における特別な事情によるものではなく，一般論として職場の機能・活動性を守るという「人的資源管理」の観点から，企業にとって最も重要なテーマといえるのです。

❸ その他の誤解とその対策[25) 26)]

心の健康問題に関するその他の誤解としては，「メンタルヘルス不調は治らない」というものがあります。確かに，メンタルヘルス不調は高血圧症や糖尿病と同様，慢性疾患としての側面がありますが，誰でもかかる可能性のある病気であり，決して不治の病ではありません。例えば，統合失調症については，WHO 健康報告2001にも「統合失調症は様々な経過をたどるが約３分の１は医学的にも社会的にも完全に回復する。初発患者の場合，現代の進歩した薬物療法と心理的ケアを受ければ約半数は長期にわたる完全な回復を期待できる」と明記されています。うつ病については，これ以上の治療効果が期待できます。

さらに，一部マスコミの不正確な事件報道などを介して，メンタルヘルス不調などの精神障害者は危険であるという漠然とした残念な誤解もあるようです。しかし，そうでしょうか。例えば，精神障害者の全人口に占める割合は少なくとも２％以上ですが，『平成30年版犯罪白書』（法務省）によると，一般刑法犯の全検挙者に対して精神障害者等（精神障害者もしくはその疑いのある者）が占める比率は僅か1.3％に過ぎません。これを見る限り，精神障害者を危険視する認識が誤解であることが分かります。

加えて，メンタルヘルス不調はいわゆる単純な遺伝性疾患ではありません。なぜなら，メンタルヘルス不調は，その人の病気へのなりやすさ（発症脆弱性）とストレスを引き起こす環境要件が複雑に絡み合って生じてくるからです。これを「脆弱性ストレスモデル」といいます。この発症脆弱性には，その人の素質のみならず，生まれてからの体験や学習などにより獲得されたストレスへの対応力が深く関連してくるため，遺伝のみでは説明できません。統合失調症，うつ病，パニック障害などの不安障害では，こういった脆弱性ストレスモデルによる病態理解が現在では主流となっています。したがって，早期の治療的対処により脆弱性を小さくすること（薬を飲むなど）や，ストレスを軽減すること（職場や家庭でのストレスを少なくする，周囲からの適切なサポートを活用する，ストレス対処法を身につけるなど）が重要となってくるわけです。

このように，メンタルヘルス不調は糖尿病や高血圧症などの生活習慣病と同様に，ライフスタイルを改善したり，ストレスにうまく対処することによりかなりの部分は防ぎ得るものです。そして，早期に発見し，適切な治療・サポートが行われ，ストレスを和らげる環境が職場や家庭で新たに提供されれば，長期的に症状は安定し，従前と同様の社会生活を送ることが可能となります。このためにも，心身の不調が軽いうちにストレスを解消する工夫をしたり，生活を点検したりし，それでも解決できないときは早めに相談することが大切です。

なかでも，サポートが得られるような職場の人間関係づくりは非常に有益です。逆に，周囲の的外れな説教や非難といった過干渉や否定的で感情的な態度は回復や経過にとって大きなマイナス要因となってしまうため，職場としては十分な配慮が不可欠となります。

以上のように，メンタルヘルス不調は，素因があれば軽度のストレスでもなることがある一方で，素因が少なくても強いストレス環境下では生じ得ることから，誰でもなり得る可能性があるという理解が根底に必要といえます。

【参考文献】

1）河野友信・永田頌史他編『ストレス診療ハンドブック（第２版）』メディカル・サイエンス・インターナショナル，2003年

2）リチャード・S・ラザルス，スーザン・フォルクマン著／本明寛・春木豊・織田正美監訳『ストレスの心理学』実務教育出版，1991年

3）産業医科大学産業生態科学研究所精神保健学研究室編『職場のメンタルヘルス対策―最新アプローチとすぐに役立つ実践事例―』中央労働災害防止協会，2009年

4）厚生労働省「労働者の心の健康の保持増進のための指針」（健康保持増進のための指針公示第３号　平成18年３月31日公表）2006年

5）永田頌史「フレッシュマンのメンタルヘルス」『日本医師会雑誌』136巻１号，pp. 45-49，2007年

6）永田頌史「若者のメンタルヘルス問題と心理社会的背景」産業ストレス研究21巻２号，pp. 219-228，2014年

7）高橋美保・森田慎一郎・石津和子「正規雇用・非正規雇用・完全失業者のメンタルヘルスの比較検討―就労状況における自発性とキャリア観に注目して」日本労働研究雑誌No.650，pp. 82-96，2014年

8）厚生労働省「平成30年度労働者安全衛生調査」2019年

9）厚生労働省「職場におけるハラスメント防止のために」2020年
https://www.mhlw.go.jp/stf/seisakunitsuite/bunya/koyou_roudou/koyoukintou/seisaku06/index.html

10) Hurrell, J.J. Jr., McLaney, M.A., "Exposure to job stress：A new psychometric instrument." *Scand. J Work Environ Health 14 (suppl. 1)* 1988 pp. 27-28
11) 内閣府「平成27年度 第８回高齢者の生活と意識に関する国際比較調査結果（全文)」https://www8.cao.go.jp/kourei/ishiki/h27/zentai/index.html
12) 真船浩介・永田頌史「高年齢労働者のメンタルヘルス対策」『安全と健康』59巻12号，中央労働災害防止協会，2008年
13) 山本勲「非正規労働者の希望と現実―不本意型非正規雇用の実態」RIETI Discussion Series 11-J-052, pp. 1-26，2011年
www.rieti.go.jp/jp/publications/dp/11j052.pdf
14) 市橋秀夫「時代と病像の変遷」上島国利・樋口輝彦・野村総一郎他編『気分障害』医学書院，pp. 332-340，2008年
15) 日本不安抑うつ精神科ネットワーク「うつ病再考―中核と周辺―」中村敬『現代のうつ病―環境要因の視点から―』アルタ出版，pp. 37-44，2010年
16) 日本産業精神保健学会編「産業精神保健マニュアル」中村純・行正徹『気分障害』中山書店，pp. 207-311，2007年
17) 大川匡子「睡眠障害の社会的側面」『内科』111（2)，pp. 199-202，2013年
18) 睡眠障害の診断・治療ガイドライン研究会，内山真編『睡眠障害の対応と治療ガイドライン』じほう，pp. 143-203，2002年
19) 上島国利・上別府圭子・平島奈津子編「知っておきたい精神医学の基礎知識」高橋敏治『睡眠障害』誠信書房，pp. 234-241，2007年
20) 田中克俊「職域における発達障害；特集にあたって」『産業精神保健』19(1)，pp. 1-2，2011年
21) 青木省三・村上伸治『大人の発達障害を診るということ』医学書院，pp. 2-32，2015年
22) 上里一郎「メンタルヘルスのアセスメント（総論)」上里一郎・末松弘行・田畑治他監修『メンタルヘルス事典』同朋舎，pp. 575-581，2000年
23) 厚生労働省職業安定局高齢・障害者雇用対策部 障害者雇用対策課地域就労支援室「障害者雇用の現状と課題」『産業精神保健』21，pp. 165-170, 2013年
24) 合理的配慮指針事例集（第三版)，厚生労働省，2015年
25) 厚生労働省ウェブサイト「心の健康問題の正しい理解のための普及啓発検討会報告書～精神疾患を正しく理解し，新しい一歩を踏み出すために～」心の健康問題の正しい理解のための普及啓発検討会，2004年３月
26) 厚生労働省ウェブサイト「精神医学研究連絡会報告　心のバリアフリーを目指して―精神疾患・精神障害の正しい知識の普及のために―」日本学術会議　精神医学研究連絡委員会，2005年８月29日

第3章 職場環境等の評価および改善の方法

第3章では，特に管理監督者がマネジメントする職場の環境を，メンタルヘルスケアの視点から改善する方法を学びます。

1節では，作業方法，内容，職場の物理化学的環境および職場の人間関係など，ストレスの原因となり得る具体的な職場環境を理解し，その評価方法を押えてください。

2節では，職場環境の改善ステップ，利用されるツール，具体的な進め方，改善を行うポイントなどについて学習します。また，管理監督者自身で改善できること，産業保健スタッフや人事労務部門などと連携しながら改善すべきことを識別する視点も習得してください。

3節では，環境改善対策の効果を評価する方法について考えます。効果を判定することの意義を確認し，何をどのように評価するのか，効果はどのように現れるのかを理解してください。

1 職場環境などの評価方法

近年，社会経済は大きく変化しており，高度情報化とグローバル化が進み，組織は事業の再構築や業務の効率化などを積極的に行っています。その結果，仕事は複雑化，高度化，高密度化し，労働者に与える負担も大きくなっています。このような仕事の量や質といった職場環境によるストレスは，労働者個人の力だけで改善することは困難であり，事業場としての取り組みが必要になります。本章では，労働者の心の健康に影響を与える職場環境（職場のストレス要因など）の評価と改善方法について説明します。

❶ ストレスの原因となる職場環境

厚生労働省の「労働者の心の健康の保持増進のための指針」では「職場レイアウト，作業方法，コミュニケーション，職場組織の改善などを通じた職場環境等の改善は，労働者の心の健康の保持増進に効果的である」とされています。特に，近年の労働環境の大きな変化は，個人のみでストレスの問題に対応していくことを難しくしており，同指針にあるように，業務や職場の人間関係などを含めた「広義の職場の環境改善」は，事業場のストレス対策の重要なポイントになっています。ここでは，ストレスと職場環境の関係について説明します。

① ストレスの原因となる職場環境の考え方

厚生労働省が実施している「労働安全衛生調査」の2018年の結果では，「現在の仕事や職業生活に関することで，強いストレスとなっていると感じる事柄がある」労働者の割合は58.0％を占めます。その内容をみますと「仕事の質・量」が59.4％と最も多く，次いで「仕事の失敗，責任の発生等」34.0％，「対人関係（セクハラ・パワハラを含む）」31.3％の順となっています。この結果より，職場環境の中でも，仕事の量や質などの「作業内容及び方法」や，職場の人間関係などの「職場組織」の問題が労働者の主なストレスの原因であることが分かります。

従来のメンタルヘルス対策は，個人向けの対応に重点が置かれる傾向がありましたが，近年では環境と個人の両方への対応が重要となっています。そして，環境としては物理的なもののみならず，労働時間や人事制度，組織風土など幅広く環境を捉え，その改善を図ることが重要なメンタルヘルス対策のひとつとされています[1)]。

職場改善を主体にストレス対策を行う動きは，国際的にも大きな流れになっています。ILO（国際労働機関）が世界各国の職場ストレス対策の成功事例を集めて分析した報告でも，各国事例のうち半数以上が職場改善，組織の再構築など職場環境の改善を通じた対策でした。また，個人向けのアプローチの効果が一時的・限定的であるのに比べ，職場環境などの改善を通じた対策のほうがより効果的であったとILOは強調しています。

このような国内外の経験から，実際にストレス軽減を目指した職場改善に当たっては，現場の管理監督者と労働者が主体的に取り組む仕組みをつくり，産業保健スタッフなどの専門家の支援を受け，自主的な改善を継続的に行っていくことが大切です。

② ストレスの原因となる職場環境の具体的内容

仕事のストレスの原因となる可能性がある要因はさまざまですが，①作業内容及び方法によるもの，②職場組織によるもの，③物理化学的な環境によるもの，とに大きく分類できます（**図表1**）。

職業性ストレスの原因となる第一の「作業内容及び方法」は，主に作業負荷や作業内容，作業にともなう責任や自由度などです。第二は「職場組織」に関連するもので，主に職場の人間関係や職場の意思決定への参画，入手できる情報などについてです。第三は「職場の物理化学的環境」で，主に温熱や有害物質，作業レイアウトなどです。その中でも，特に心の健康と関連が深いものは，仕事の要求度（仕事の負荷，責任など），仕事のコントロール（労働者の裁量権や自由度），そして職場における上司や同僚の支援（職場の人間関係）であり，管理監督者としてもこの３つの原因については十分に把握しておく必要が

図表1　仕事のストレスの原因となる作業内容・職場組織および物理化学的環境

原因となる項目	原因の詳細
作業内容及び方法	①　仕事の負荷が大きすぎる。あるいは少なすぎる。 ②　長時間労働である。あるいはなかなか休憩がとれない。 ③　仕事の役割や責任がはっきりしていない。 ④　従業員の技術や技能が活用されていない。 ⑤　繰り返しの多い単純作業ばかりである。 ⑥　従業員に自由度や裁量権がほとんど与えられていない。
職場組織	①　管理者・同僚からの支援や相互の交流がない。 ②　職場の意思決定に参加する機会がない。 ③　昇進や将来の技術や知識の獲得について情報がない。
職場の物理化学的環境	①　重金属や有機溶剤などへの暴露。 ②　好ましくない換気，照明，騒音，温熱。 ③　好ましくない作業レイアウトや人間工学的環境。

出所：川上憲人・原谷隆史「職場のストレス対策第2回　職業性ストレスの健康影響」『産業医学ジャーナル』22巻5号，p. 51，1999年[2)]

あります。

さらに，「労働安全衛生調査」で強いストレスの内容の中に「会社の将来性」22.2%，「雇用の安定性」13.9%があることを考慮すると，経営状況や職場の文化や風土などを含めた広い意味で職場環境を捉え，労働者のストレスを未然に防ぐ配慮も必要です。

❷ 職場環境のチェックポイントと対応

管理監督者はまず，労働者の健康に，労働時間や仕事の量や質，職場の人間関係などが影響を及ぼしているという知識をもち，働きやすい職場環境をつくる必要性があることを強く認識する必要があります。そのために，日常の管理の中で，労働者を観察し，コミュニケーションをとり，仕事をやりにくくしたり，職場環境を悪くしている原因がないか，具体的な問題を把握するように努めなければなりません。

また現在，労働安全衛生法に基づき，一定の条件を満たす長時間労働者また

図表2 長時間労働者に対する医師の面接指導結果報告書例

[長時間労働者関係] ・ 高ストレス者関係 【該当するものに○】

面接指導結果報告書				
対象者	氏名	**労働　太郎**	所属	**労働部　労働課**
			[男]・女	年齢 **43** 歳
勤務の状況（労働時間，労働時間以外の要因）	**・過去3ヵ月間の月あたり時間外労働が100時間以上。 ・突発案件が多いために，休憩時間が確保しにくい。**			
疲労の蓄積の状況【長時間労働者のみ】	0.（低）　1.　[2.]　3.（高）			
心理的な負担の状況【高ストレス者のみ】	（ストレスチェック結果） A.ストレスの要因 ＿＿点 B.心身の自覚症状 ＿＿点 C.周囲の支援 ＿＿点		（医学的所見に関する特記事項）	
その他の心身の状況	0. 所見なし　[1. 所見あり]（ **血圧及び血糖値が高い** ）			
面接医師判定	本人への指導区分 ※複数選択可	0. 措置不要 1. 要保健指導 2. 要経過観察 [3.] 要再面接（時期： **1ヵ月後** ） [4.] 現病治療継続　又は　医療機関紹介	（その他特記記事） **脳・心臓疾患のリスクが高いため，医療面，就業面の措置が必要。また，措置の効果を確認するため，再面接が必要。**	

就業上の措置に係る意見書			
就業区分		0. 通常勤務　[1. 就業制限・配慮]　2. 要休業	
就業上の措置	労働時間の短縮（考えられるものに○）	0. 特に指示なし	4. 変形労働時間制または裁量労働制の対象からの除外
		[1.] 時間外労働の制限 **20** 時間／月まで	5. 就業の禁止（休暇・休養の指示）
		2. 時間外労働の禁止	[6.] その他 **休憩時間の確保**
		3. 就業時間を制限　時　分 ～　時　分	
	労働時間以外の項目（考えられるものに○を付け，措置の内容を具体的に記述）	主要項目	a. 就業場所の変更　b. 作業の転換　c. 深夜業の回数の減少　d. 昼間勤務への転換　e. その他
		1)	
		2)	
		3)	
	措置期間	**1** ~~日~~・~~週~~・月　又は　年　月　日～　年　月　日	
職場環境の改善に関する意見【高ストレス者のみ】			
医療機関への受診配慮等		**業務多忙のため定期的な受診が困難となっているので，業務量等について配慮が必要。**	
その他（連絡事項等）		**就業上の措置を決定する際には，本人の意見を十分に聴くことが必要。**	

医師の所属先	2015年　12月　10日（実施年月日）		印
○○○○株式会社　健康管理室	医師氏名	**安全　一郎**	

出所：厚生労働省労働基準局安全衛生部「長時間労働者，高ストレス者の面接指導に関する報告書・意見書作成マニュアル」平成27年

図表3 高ストレス者に対する医師の面接指導結果報告書例

長時間労働者関係　・　高ストレス者関係【該当するものに○】

<table>
<tr><th colspan="6">面接指導結果報告書</th></tr>
<tr><td rowspan="2" colspan="2">対象者</td><td rowspan="2">氏名</td><td rowspan="2">**労働　花子**</td><td>所属</td><td>**労働部　労働課**</td></tr>
<tr><td>男・女</td><td>年齢 **28** 歳</td></tr>
<tr><td colspan="2">勤務の状況
（労働時間，
労働時間以外の要因）</td><td colspan="4">**・本年4月の人事異動により業務内容が変わり，外部との折衝業務が増大した。**</td></tr>
<tr><td colspan="2">疲労の蓄積の状況
【長時間労働者のみ】</td><td colspan="4">0.　1.　2.　3.
（低）　　（高）</td></tr>
<tr><td colspan="2">心理的な負担の状況
【高ストレス者のみ】</td><td colspan="2">（ストレスチェック結果）
A.ストレスの要因 **55** 点
B.心身の自覚症状 **81** 点
C.周囲の支援 **30** 点</td><td colspan="2">（医学的所見に関する特記事項）
強いストレス反応が数ヵ月間継続している。</td></tr>
<tr><td colspan="2">その他の心身の状況</td><td colspan="4">0. 所見なし　1. 所見あり（ **体重減少などストレスの影響と思われる所見あり** ）</td></tr>
<tr><td>面接医師判定</td><td>本人への指導区分
※複数選択可</td><td colspan="2">0. 措置不要
1. 要保健指導
2. 要経過観察
3. 要再面接（時期： **3ヵ月後** ）
4. 現病治療継続　又は　医療機関紹介</td><td colspan="2">（その他特記記事）
専門医を受診するとともに，食事，睡眠等について継続的な保健指導が必要。</td></tr>
</table>

<table>
<tr><th colspan="4">就業上の措置に係る意見書</th></tr>
<tr><td colspan="2">就業区分</td><td colspan="2">0. 通常勤務　1. 就業制限・配慮　2. 要休業</td></tr>
<tr><td rowspan="9">就業上の措置</td><td rowspan="4">労働時間の短縮
（考えられるものに○）</td><td>0. 特に指示なし</td><td>4. 変形労働時間制または裁量労働制の対象からの除外</td></tr>
<tr><td>1. 時間外労働の制限　　時間／月まで</td><td>5. 就業の禁止（休暇・休養の指示）</td></tr>
<tr><td>2. 時間外労働の禁止</td><td rowspan="2">6. その他</td></tr>
<tr><td>3. 就業時間を制限
時　分～　時　分</td></tr>
<tr><td rowspan="4">労働時間以外の項目
（考えられるものに○を付け，措置の内容を具体的に記述）</td><td colspan="2">主要項目　a. 就業場所の変更　b. 作業の転換　c. 深夜業の回数の減少　d. 昼間勤務への転換　e. その他</td></tr>
<tr><td colspan="2">1）**外部との折衝業務の負担軽減**</td></tr>
<tr><td colspan="2">2）</td></tr>
<tr><td colspan="2">3）</td></tr>
<tr><td>措置期間</td><td colspan="2">**3** ~~日~~・~~週~~・月　又は　年　月　日～　年　月　日</td></tr>
<tr><td colspan="2">職場環境の改善に関する意見
【高ストレス者のみ】</td><td colspan="2">**仕事上の悩みについて上司や同僚に気軽に相談できる環境をつくるため，一般社員，管理職それぞれに対するメンタルヘルス教育が必要。**</td></tr>
<tr><td colspan="2">医療機関への受診配慮等</td><td colspan="2"></td></tr>
<tr><td colspan="2">その他
（連絡事項等）</td><td colspan="2">**就業上の措置を決定する際には，本人の意見を十分に聴くことが必要。また，必要に応じ，主治医の意見も参考にすること。**</td></tr>
</table>

医師の所属先	**2015**年　**12**月　**20**日（実施年月日）		印
○○○○株式会社　健康管理室	医師氏名	**安全　一郎**	

出所：厚生労働省労働基準局安全衛生部「長時間労働者，高ストレス者の面接指導に関する報告書・意見書作成マニュアル」平成27年

図表 4　労働時間以外の労働に関する負荷要因例

労働時間以外の負荷要因について，下記を参考に人事・労務担当者からの情報収集や労働者からの聞き取りを行います。

就労態様		負荷の程度を評価する視点
不規則な勤務（トラック運転手，警備員，医療スタッフ，記者など）		予定された業務スケジュールの変更の頻度・程度，事前の通知状況，予測の度合，業務内容の変更の程度等
拘束時間の長い勤務		拘束時間数，実労働時間数，労働密度（実作業時間と手待時間との割合等），業務内容，休憩・仮眠時間数，休憩・仮眠施設の状況（広さ，空調，騒音等）等
出張の多い業務		出張中の業務内容，出張（特に時差のある海外出張）頻度，交通手段，移動時間及び移動時間中の状況，宿泊の有無，宿泊施設の状況，出張中における睡眠を含む休憩・休息の状況，出張による疲労の回復状況等
交替制勤務・深夜勤務		勤務シフトの変更の度合，勤務と次の勤務までの時間，交替制勤務における深夜時間帯の頻度等
人間関係のストレスが多い業務		労働者のストレスの内容の中で最も多い回答項目であるが，自分が感じている具体的内容を聞く。
作業環境	温度環境	寒冷の程度，防寒衣類の着用の状況，一連続作業時間中の採暖の状況，暑熱と寒冷との交互のばく露の状況，激しい温度差がある場所への出入りの頻度等
	騒　音	おおむね80dBを超える騒音の程度，そのばく露時間・期間，防音保護具の着用の状況等
	時　差	5時間を超える時差の程度，時差を伴う移動の頻度等
精神的緊張を伴う業務		【日常的に精神的緊張を伴う業務】 業務量，就労期間，経験，適応能力，会社の支援等 【発症に近接した時期における精神的緊張を伴う業務に関連する出来事】 出来事（事故，事件等）の大きさ，損害の程度等

（平成13年　脳・心臓疾患の認定基準に関する専門検討会報告書を改変）

出所：厚生労働省労働基準局安全衛生部「長時間労働者，高ストレス者の面接指導に関する報告書・意見書作成マニュアル」平成27年

は高ストレス者に対して医師による面接指導が実施されており，医師はその結果を報告書にまとめるとともに，事業者が就業上の措置を適切に講じることができるよう，意見を述べることになっています。**図表2**は長時間労働に該当した労働者に関する「面接指導結果報告書」の例，**図表3**は高ストレス者に該当した労働者に対する「面接指導結果報告書」の例（いずれも厚生労働省のマニュアルより引用）です。長時間労働者の場合は，管理監督者は当該労働者が長時間労働を行っていることは承知しているはずですが，具体的な問題点が医師による面接指導で明らかになることも多いでしょう。**図表2**および**図表3**の「面接指導結果報告書」の勤務の状況を確認し，対応策を検討することが管理監督者の役割として重要です。この「勤務の状況」欄には，**図表4**に示されるような労働時間以外で注意を要する負荷要因などについて医師から確認がなされ，記載されます。労働災害の原因ともなりうる重大な要因であることを考慮して，職場環境の改善に取り組むことが求められます。

また，ストレスチェック制度における集団分析の結果を活用することもよい方法です。さらに，「職場環境改善のためのヒント集（メンタルヘルスアクションチェックリスト）」（次節参照）を活用すれば，職場でどのような改善方法を立案し着手していくかイメージし実行に移しやすいでしょう。

❸ ストレスの評価方法

職場のストレス対策として職場環境の改善に取り組もうとする場合，どのようなことが問題となっているのか明らかにしておくこと，すなわち職場ごとのストレス要因を知ることが大切です。しかし，職場のストレスの要因は，職場を観察しても明確にするのは難しいため，質問紙調査やチェックリストがよく利用されます。

① 職業性ストレス簡易調査票を用いた職場のストレス要因の評価

職場でのストレスの評価を行うためには，信頼性の高さや調査の容易さなどの理由で，質問紙調査がよく利用されます。ストレスを把握する質問紙はさまざまな種類がありますので，調査する目的や，調査対象の労働者の特徴を考慮

図表5 職業性ストレス簡易調査票

フリガナ
氏名

社員コード番号	年齢	性別	受診番号
0〜9（10桁）	0〜7（十の位）、0〜9（一の位）	男 / 女	0〜9（5桁）

番号を右ツメで記入してマークしてください

年齢を記入してマークしてください

男女どちらかにマークしてください

番号を右ツメで記入してマークしてください

マークの仕方

良い例	悪い例
●	細い　短い　うすい　はみでる

マーク上の注意
- マークはHBの鉛筆で、はっきりマークしてください。（ボールペン・サインペン等は不可）
- マークを消す時は、消しゴムで完全に消し、消しくずを残さないでください。

あなたの仕事についてうかがいます。
最もあてはまるものをぬりつぶしてください。

	そうだ	まあそうだ	ややちがう	ちがう
1. 非常にたくさんの仕事をしなければならない	①	②	③	④
2. 時間内に仕事が処理しきれない	①	②	③	④
3. 一生懸命働かなければならない	①	②	③	④
4. かなり注意を集中する必要がある	①	②	③	④
5. 高度の知識や技術が必要な難しい仕事だ	①	②	③	④
6. 勤務時間中はいつも仕事のことを考えていなければならない	①	②	③	④
7. からだを大変よく使う仕事だ	①	②	③	④
8. 自分のペースで仕事ができる	①	②	③	④
9. 自分で仕事の順番・やり方を決めることができる	①	②	③	④
10. 職場の仕事の方針に自分の意見を反映できる	①	②	③	④
11. 自分の技能や知識を仕事で使うことが少ない	①	②	③	④
12. 私の部署内で意見のくい違いがある	①	②	③	④
13. 私の部署と他の部署とはうまが合わない	①	②	③	④
14. 私の職場の雰囲気は友好的である	①	②	③	④
15. 私の職場の作業環境（騒音、照明、温度、換気など）はよくない	①	②	③	④
16. 仕事の内容は自分にあっている	①	②	③	④
17. 働きがいのある仕事だ	①	②	③	④

最近1か月間のあなたの状態についてうかがいます。
最もあてはまるものをぬりつぶしてください。

	ほとんどなかった	ときどきあった	しばしばあった	ほとんどいつもあった
1. 活気がわいてくる	①	②	③	④
2. 元気がいっぱいだ	①	②	③	④
3. 生き生きする	①	②	③	④
4. 怒りを感じる	①	②	③	④
5. 内心腹立たしい	①	②	③	④
6. イライラしている	①	②	③	④
7. ひどく疲れた	①	②	③	④
8. へとへとだ	①	②	③	④
9. だるい	①	②	③	④
10. 気がはりつめている	①	②	③	④
11. 不安だ	①	②	③	④
12. 落着かない	①	②	③	④
13. ゆううつだ	①	②	③	④
14. 何をするのも面倒だ	①	②	③	④
15. 物事に集中できない	①	②	③	④
16. 気分が晴れない	①	②	③	④
17. 仕事が手につかない	①	②	③	④
18. 悲しいと感じる	①	②	③	④
19. めまいがする	①	②	③	④
20. 体のふしぶしが痛む	①	②	③	④
21. 頭が重かったり頭痛がする	①	②	③	④
22. 首筋や肩がこる	①	②	③	④
23. 腰が痛い	①	②	③	④
24. 目が疲れる	①	②	③	④
25. 動悸や息切れがする	①	②	③	④
26. 胃腸の具合が悪い	①	②	③	④
27. 食欲がない	①	②	③	④
28. 便秘や下痢をする	①	②	③	④
29. よく眠れない	①	②	③	④

あなたの周りの方々についてうかがいます。
最もあてはまるものをぬりつぶしてください。

次の人たちはどのくらい気軽に話ができますか？	非常に	かなり	多少	全くない
1. 上司	①	②	③	④
2. 職場の同僚	①	②	③	④
3. 配偶者、家族、友人等	①	②	③	④
あなたが困った時、次の人たちはどのくらい頼りになりますか？				
4. 上司	①	②	③	④
5. 職場の同僚	①	②	③	④
6. 配偶者、家族、友人等	①	②	③	④
あなたの個人的な問題を相談したら、次の人たちはどのくらいきいてくれますか？				
7. 上司	①	②	③	④
8. 職場の同僚	①	②	③	④
9. 配偶者、家族、友人等	①	②	③	④

満足度について	満足	まあ満足	やや不満足	不満足
1. 仕事に満足だ	①	②	③	④
2. 家庭生活に満足だ	①	②	③	④

出所：労働省平成11年度「作業関連疾患の予防に関する研究」労働の場におけるストレス及びその健康影響に関する研究報告書，労働省，p. 358，2000年[3)]

して質問紙を選ぶことが重要です。職業性のストレスを把握するために旧労働省の「作業関連疾患の予防に関する研究」班が開発した「職業性ストレス簡易調査票」(**図表5**)を紹介します。

職業性ストレス簡易調査票は，ストレス反応だけでなく職場におけるストレス要因や修飾要因も同時に評価でき，またあらゆる業種で使用でき，職業性のストレスを把握するために便利です。質問は，仕事のストレス要因に関する尺度として17項目（仕事の量的負担，質的負担，身体的負担，仕事のコントロール，技術の活用，対人関係によるストレス，職場環境，仕事の適性度，働きがい)，ストレス反応について29項目（活気，イライラ感，疲労感，不安感，抑うつ感，身体愁訴)，修飾要因（ストレス要因からストレス反応が生じる際に影響するもの）として11項目（上司，同僚，および配偶者・家族・友人からの支援，ならびに満足度)から構成されています。労働者への負担もそれほど大きくありません。調査票とフィードバックのプログラムは，ウェブから無料でダウンロードできます。(https://stresscheck.mhlw.go.jp)(http://www.tmu-ph.ac/topics/stress_table.php)

②「仕事のストレス判定図」による職場環境の評価

「仕事のストレス判定図」(以下，判定図）は，ストレスチェック制度においても使用が推奨されている職業性ストレス簡易調査票の結果から作成できる職場環境を評価する方法です。職業性ストレスのモデルの代表である「仕事の要求度－コントロール－サポートモデル」に基づいて，仕事のストレス要因として，４つの要因（仕事の量的負担，コントロール，上司の支援，同僚の支援）を取り上げ評価するものです。事業場全体，部，課，作業グループなどの集団を単位として，４つの要因の平均点を算出することで，職場の心理社会的なストレス要因が従業員の健康を脅かす危険性について示すことができます。

判定図は２つの図から構成されています（**図表6**)。ひとつは，仕事の量的負担と仕事のコントロールをストレス要因として生じる健康リスクをプロットで表現した「量－コントロール判定図」，もうひとつは同僚の支援と上司の支援から健康リスクを評価する「職場の支援判定図」です。判定図上の斜めの線は，仕事のストレス要因から予想される疾病休業などの健康問題のリスクを標

図表6 「仕事のストレス判定図」の使用方法

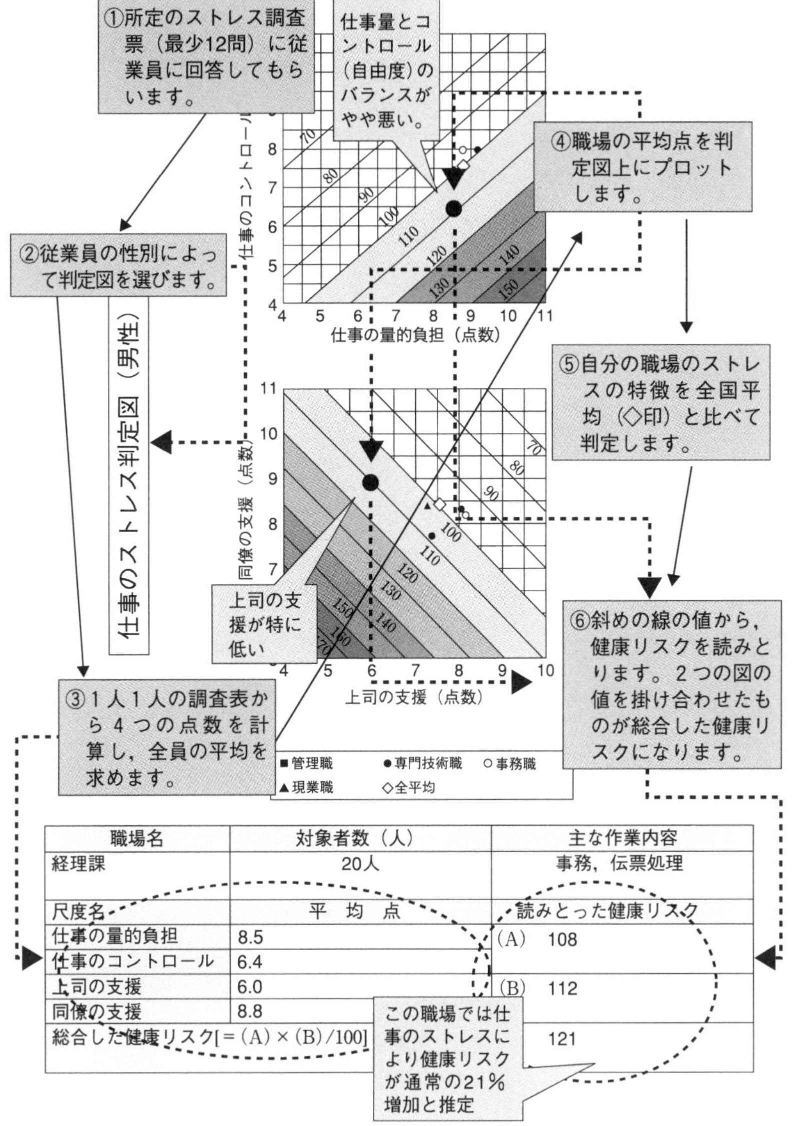

職場名	対象者数（人）	主な作業内容
経理課	20人	事務，伝票処理
尺度名	平　均　点	読みとった健康リスク
仕事の量的負担	8.5	(A)　108
仕事のコントロール	6.4	
上司の支援	6.0	(B)　112
同僚の支援	8.8	
総合した健康リスク[＝(A)×(B)/100]		121

出所：労働省平成11年度「作業関連疾患の予防に関する研究」労働の場におけるストレス及びその健康影響に関する研究報告書，労働省，p. 353，2000年[3)]

図表7　量-コントロール判定図の見方

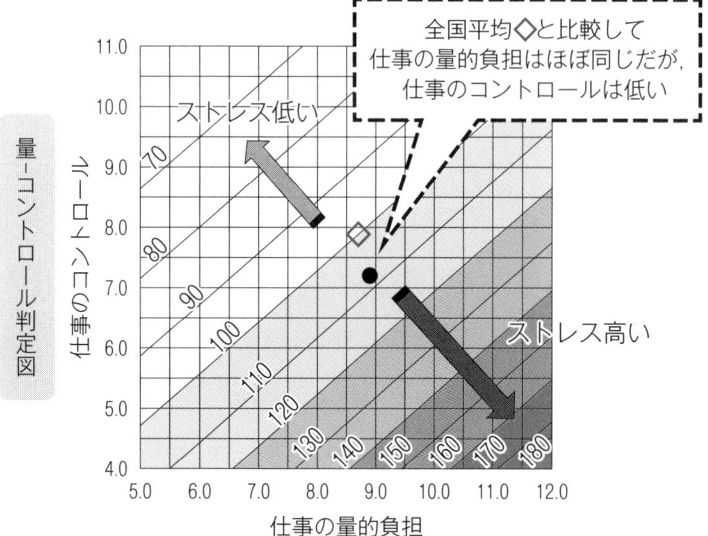

出所：平成29年度厚生労働科学研究補助金，ストレスチェック制度による労働者のメンタルヘルス不調の予防と職場改善効果に関する研究「職場環境改善スタートのための手引き」2017年

図表8　職場の支援判定図の見方

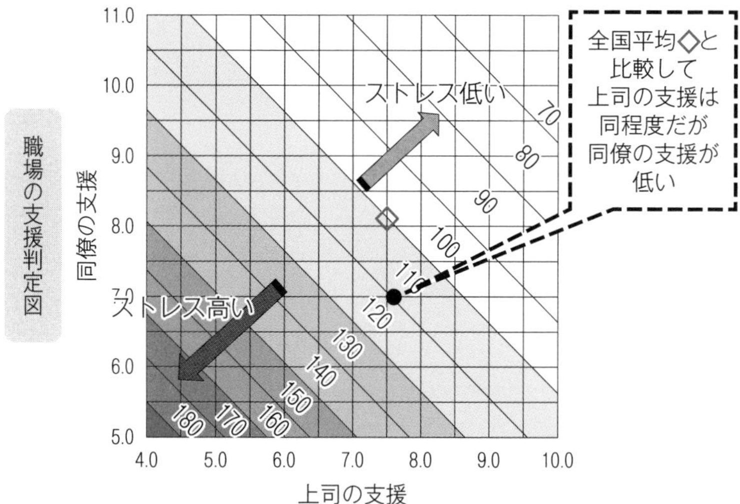

出所：同前

準集団の平均を100として表しているものです。

2種類ある判定図のうち，**図表7**は「量－コントロール判定図」です。量－コントロール判定図では，集団分析を行ったグループのプロット（●）の位置が右下にあるほど健康リスクが高いと判断されます。**図表7**では，仕事の量的負担（横軸）は8.9点で全国平均（◇）の位置とほぼ同程度ですが，仕事のコントロール（縦軸）が7.2点で1点ほど全国平均より低いことが分かります。

一方，「職場の支援判定図」（**図表8**）では，集団分析を行ったグループのプロット（●）の位置が左下にあるほど，ストレスが高い，健康リスクが高いと判断されます。**図表8**では，「上司の支援」（横軸）は全国平均とほぼ同程度ですが，「同僚の支援」（縦軸）の点数が低いことが分かります。

そして「量－コントロール判定図」の健康リスク108と「職場の支援判定図」の健康リスク110から，総合健康リスク118が計算されます（**図表9**）。

総合健康リスクの数字は，2つの判定図から総合的に判断して，現在の職場の仕事のストレス要因がどの程度従業員の健康に影響を与える可能性があるかの目安となるものです。

ここに挙げた例のように総合健康リスクが118であれば，それは従業員の健康への悪影響が平均より18％増しであることを予想するものですので，職場ごとの総合健康リスクが現在よりも低下するように職場の管理，ストレス管理をしていくことが望まれます。例えば，この職場の例では仕事のコントロール度が低めであることから，職場の構成員に裁量権をもってもらう工夫が求められますし，同僚の支援が低めであることから同僚間のコミュニケーションを阻害している原因がないか探り，その解決を図るといったことが考えられます。

図表9 仕事のストレス判定図による健康リスク表

<table>
<tr><td></td><td></td><td>人数</td><td>○○</td><td>名</td></tr>
<tr><td>尺度</td><td>平均点数</td><td colspan="3">健康リスク（全国平均＝100とした場合）</td></tr>
<tr><td>量的負担</td><td>8.9</td><td rowspan="2">量－コントロール判定図
(A) 108</td><td colspan="2" rowspan="4">総合健康リスク
(A)×(B)／100
118</td></tr>
<tr><td>コントロール</td><td>7.2</td></tr>
<tr><td>上司の支援</td><td>7.6</td><td rowspan="2">職場の支援判定図
(B) 110</td></tr>
<tr><td>同僚の支援</td><td>7.0</td></tr>
</table>

出所：同前

図表10 仕事のストレス判定図を構成する４尺度の全国平均点

男性	量的負担	コントロール	上司の支援	同僚の支援	女性	量的負担	コントロール	上司の支援	同僚の支援
全平均	8.7	7.9	7.5	8.1	全平均	7.9	7.2	6.6	8.2

出所：同前

このように，健康リスクの数値から総合的な判断をまず行い，判定図を構成する４つの要因（仕事の量的負担，コントロール，上司の支援，同僚の支援）の部署の平均点と，全国平均（**図表10**）や職場全体の平均との差異を見て特徴を探しましょう。

また，健康リスクが全国平均の100を下回っているので問題がないというわけでは必ずしもありません。判定図に用いられる４つのストレス要因のほかにも，仕事のやりがいがないなど仕事上のストレス要因があり，仕事のストレス判定図の健康リスクがすべてではないことを理解しておきましょう。

また，定期的に仕事のストレス判定図を作成して職場環境を評価していると，経年変化に気づくことがあり，これも大変重要です。**図表11**は，ある職場の仕事のストレス判定図の４年間の変化です。総合健康リスクは50台で推移していましたが，2017年春に「量－コントロール判定図」の健康リスクが85から106へ，「職場の支援判定図」の健康リスクが68から89へそれぞれ高くなり，総合健康リスクは94になりました。特に，量的負担得点の上昇と同僚の支援得点の低下が目立ちました。業務で取り扱う材料の種類が増えて処理の負担が増えたこと，ベテラン事務職社員の異動にともない他の社員への負担が一気に高くなっていたことが職場へのヒアリングで分かりました。このストレスチェックから数ヵ月の間に，50時間以上の長時間残業を行う社員がひとり，２人と増えていき，職場の業務の効率化が課題として浮き彫りになりました。

判定図を作成する部署は，できれば20人以上，少なくとも10人以上の集団で作成するようにします。人数が少ない場合は，個人差の影響が大きくなり職場のストレスを正しく評価できないことがありますし，個人が推定されてしまう可能性もありますので注意が必要です（なお，ストレスチェック制度に基づいて集団分析を行う目的で判定図を作成する場合は，単位が10人を下回る場合はその分析の対象となるすべての労働者の同意を得ることがストレスチェック制

図表11　某社某部署の健康リスクの経年変化

職場名	人数	量的負担（点）	コントロール（点）	上司の支援（点）	同僚の支援（点）	量コントロール	職場の支援	総合
会社全体	750	8.6	8.5	8.3	8.7	94	87	81
2014年	10	8.8	8.5	10.8	10.4	95	58	55
2015年	13	7.4	8.7	10.2	10.3	84	62	52
2016年	10	7.8	8.9	9.5	9.9	85	68	57
2017年	12	8.9	7.4	9.4	7.3	106	89	94

出所：同前

度のマニュアルで求められています)。また，職場メンバーのミーティングを通して，職場のストレス要因とその改善策について，メンバー同士で話し合うためのツールとなる「職場環境改善のためのヒント集（メンタルヘルスアクションチェックリスト)」も活用できます。仕事のストレス判定図を構成する4つの要素である仕事の量，コントロール，同僚からの支援，上司からの支援の各々に関連が深いアクションをとれば，健康リスクの軽減も期待できます。なお，職場環境の評価を行ったり改善計画を立案したい場合は，ストレスや職場環境の知識がある産業保健スタッフと協力して実施すればより効果的です。

③ 新職業性ストレス簡易調査票による職場環境の評価

2012年4月には，職業性ストレス簡易調査票に新しい視点で尺度を追加した新職業性ストレス簡易調査票（以下，「新調査票」という）が開発され公開されています[4)]（事業場のメンタルヘルスサポートページ http://www.jstress.net 参照)。

新調査票では，仕事の負担が健康にネガティブな影響を与えるというこれまでのモデルに加えて，例えば仕事の意義，成長の機会が与えられているか（作業レベル)，上司のリーダーシップが発揮されていたり上司が公正な態度で接してくれるか（部署レベル)，キャリア形成の機会が提供されているか（事業場レベル）など，仕事から得られる心理社会的資源について評価することができます。また，仕事から生じるポジティブな側面としてワーク・エンゲイジメント（仕事から活力を得ていきいきしている状態）や職場の一体感などが測定できることが特徴で，主に事業場や部署などの組織単位での評価を目的としています。

調査結果は2010年時点の全国の標準データと比較して評価することができます。「推奨尺度セット標準版」は42尺度120項目，項目数の少ない「推奨尺度セット短縮版」は従来の職業性ストレス簡易調査票（57項目）と合わせた場合，計80項目で構成されています。

新調査票は，これまでのストレス調査票がネガティブな側面を評価して仕事のストレスへの悪影響を改善したり予防していこうという視点で作成されていたのとは異なり，仕事のポジティブな側面を評価して，よい点や強みをさらに伸ばしていこうという視点に立っています。この新調査票を使用して職場環境の改善を進めることによって，従業員１人ひとりが健康で生き生きとし，職場が活性化し，従業員満足度が高まりイノベーションや社会貢献につながっていくことが期待されています。

今のところ，従来の職業性ストレス簡易調査票のように結果を簡単に出力できる無料のシステムは提供されていませんが，フィードバック例が上記サイトに掲載されており，今後事業場での活用が進むものと思われます。

④ 総合的な職場環境評価の重要性

上記の調査による職場のストレスや資源に関する評価に加え，管理監督者の普段の観察や産業保健スタッフからの意見，また労働者からのヒアリングなどを行うと，職場の抱える問題点や良好な点をより明確化できます。

職場環境などのストレス要因を把握するためには，管理監督者が日常の業務管理の中でストレスの原因や労働者のストレスのサインに気づくことのほかに，小グループ活動や職場の安全衛生委員会等で労働者からの意見を取り上げることなどさまざまな方法があります。職場環境のストレス要因に合わせたかたちで観察やインタビューを行ったり，必要に応じて職場環境に適した独自のチェックリストで，定期的に評価を行うのも有効です。

そして職場環境改善の取り組みによって問題点がどのように改善されたのか必ず評価を行い，良好事例を事業場内で共有していくことが重要です。

2 改善の方法

❶ ラインによるケアとしての職場環境改善

① 成功事例にみる職場環境改善の具体例

日本国内では，さまざまな職場でストレス対策が広範囲に行われていて，職場の経験が豊富に蓄積されています[5)6)]。ストレス対策というと，職場の人間関係や個人のストレス対処方法などが注目されますが，実際にストレスが軽減して働きやすい職場づくりに役立った職場改善は多岐にわたります。「毎朝の定例会議を設けた」「係長クラスへ裁量権を一部移譲し，業務の効率化を図った」「台車を導入して重量物の移動を楽にした」「土・日曜日のメール送信は原則禁止にした」など，とても幅広い領域にまたがって行われています。**図表12**に，全国から集められたストレス対策に役立った具体例の一部を示しました[7)]。

これらのストレス対策に役立った事例は，労働時間や勤務形態，作業方法や職場組織，職場の物理化学的環境の改善，休息・休憩設備の充実，健康相談の窓口の設置など，労働生活全般にわたっていることに特徴があります[8)9)]。このように，「職場環境」には，労働者の心に関係するあらゆる仕事上の要因が含まれます。人事労務管理体制や職場組織なども密接な関係があります。した

図表12 職場環境改善に役立った具体例

- ・テレワーク下でも短時間のウェブ朝会を行って，コミュニケーションをよくする。
- ・係長クラスへ裁量権を一部移譲し，業務の効率化を図る。
- ・営業職が自分で集めた情報（顧客，需要）を共有ファイルで全員がみられるようにする。
- ・週１回ノー残業デーを設ける。
- ・メールの送信は土日は禁止，平日は８時から18時までとするルールをつくった。
- ・クレーム対応を販促部からメンテナンス部に移行する。
- ・管理職にデスクワークの日をつくる。
- ・多能工化を図り，最低２人が同じ業務を担当できるようにする。
- ・１日に２枠のメンタルヘルス相談の枠を設ける。

がって，ストレス対策における職場環境改善は，健康に働きやすい職場の条件づくりであり，日常的に労働者と接する，現場の管理監督者による取り組み（ラインによるケア）が重要な役割をもちます。

② 厚労省指針における職場環境等の評価と改善

前述した「労働者の心の健康の保持増進のための指針（第１章２節❹参照）」では，「職場環境等の評価と問題点の把握」と「職場環境等の改善」に積極的に取り組むよう触れられています。具体的には，「事業者は，衛生委員会等における調査審議や策定した心の健康づくり計画を踏まえ，管理監督者や事業場内産業保健スタッフ等に対し，職場環境等の把握と改善の活動を行いやすい環境を整備するなどの支援を行うものとする」とされています。特に，職場環境の改善を進めるに当たっては，「事業場内産業保健スタッフ等は，職場環境等の評価結果に基づき，管理監督者に対してその改善を助言するとともに，管理監督者と協力しながらその改善を図り，また，管理監督者は，労働者の労働の状況を日常的に把握し，個々の労働者に過度な長時間労働，疲労，ストレス，責任等が生じないようにする等，労働者の能力，適性及び職務内容に合わせた配慮を行うことが重要である」ことが明示されています。職場環境改善の評価と改善は，管理監督者によるラインによるケアとして位置づけられています。

③ 職場環境改善のステップ

職場環境等の改善に取り組むに当たっては，職場の管理監督者による改善や事業場の人事労務部門による改善，産業保健スタッフ，特別に編成されたチームによるものなど，事業場の規模や業種，安全衛生管理方針や体制によって，改善の取り組み方は多様です。ラインによるケアで，効果的に職場環境改善等を進めるには，いくつかのステップを踏むことが重要です。例えば，**図表13**には，「職場環境改善のためのヒント集（メンタルヘルスアクションチェックリスト）」[9)][10)] と職場の話し合い（グループ討議）を活用した職場環境改善の取り組みステップを示しました。ラインによるケアとしての職場環境改善のステップをみてみましょう。

図表13　職場環境改善のためのヒント集（メンタルヘルスアクションチェックリスト）を活用した職場環境改善のすすめ方の例

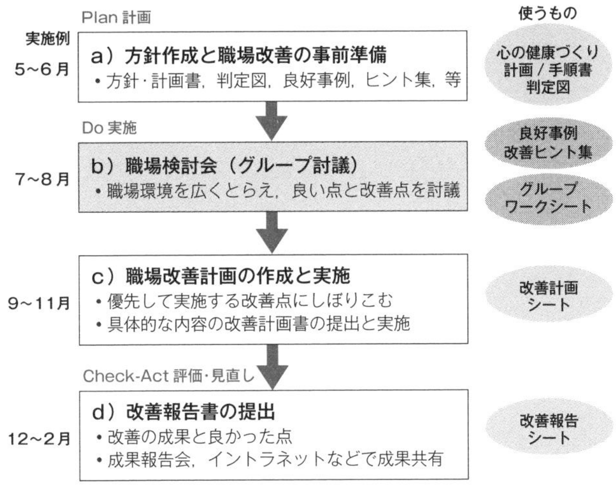

出所：筆者作成

a）方針作成と職場改善の事前準備

キーパーソンとなる職場の管理監督者が，職場環境改善等を進めることがストレス対策として重要であることを理解します。職業性ストレス簡易調査結果や，内外のメンタルヘルス指針や先進企業・職場の取り組みを示して説明しながら，職場のトップにも理解を得ます。事業場の安全衛生方針として取り上げ，メンタルヘルス対策の社内方針設定など，ストレス対策として職場環境等の改善を進めることへの事業場組織内の合意形成を進めます。

また，職場環境等の改善のために，管理監督者による職場環境改善のための実施体制を整備します。衛生委員会等の審議機関が重要な職場改善計画を検討する場ですが，関係者による担当者会議をもつことも有効でしょう。その際，産業医や衛生管理者などの産業保健スタッフ，人事労務管理スタッフ，管理監督者，労働組合など，職場環境改善に関わる多面的な部門が参加し，実施のための役割分担等を検討します。

担当者会議では，事業場でのこれまでの取り組みや，ストレスチェックに基づく集団分析結果などを確認します。高ストレス職場では，職場ストレスの原因について上司や労働者に意見を聴き，ストレス要因について職場内の情報も収集します。職場環境改善を行うための対象職場と，その実施ステップを計画します。必要に応じて，職場環境等の改善を職場集団レベルで取り組むためのグループ討議の場を計画します。この職場改善グループ討議は，業務の一部として勤務時間内に実施されるように企画します。

b）職場集団での討議の実施

職場検討会（グループ討議）などの労働者が参加して職場環境改善を話し合う場を設けます。ここでは，ストレス調査結果や事業場内の良好事例を参考にしながら，ストレス低減のために役立っているよい事例と改善点について討議します。グループ討議のスケジュール例を図表14に示しました。手順の説明と簡潔な講義，ストレス調査の説明，ヒント集によるグループ討議と結果発表，などの手順で進めます。産業保健スタッフ，健康管理担当者などがグループ討議のファシリテーター（助言者，促進者）として参加することが効果的です（図表15）。

c）改善計画の作成と実行

討議終了後は，改善提案のまとめを行い，対策実施がすぐに可能なもの，中期的な課題，長期的な課題などに整理しながら，総合討議を行い，改善計画を

図表14　職場検討会（グループ討議）のスケジュール例

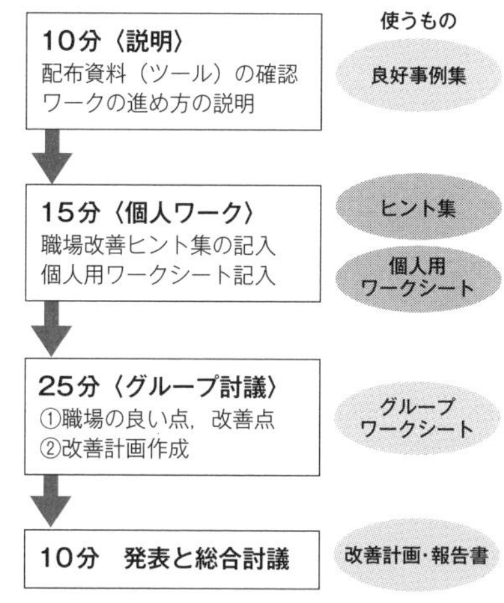

出所：筆者作成

作成します。グループ討議結果は，対策の優先度を決める職場の心理社会的課題のリスクアセスメント実施結果ともいえます。討議結果は社内手続き文書などに従って記録します。職場集団でこのように新たにグループ討議の場を設けるのが困難な場合でも，職場ミーティングなどを有効に活用し，職場改善のアイデアを拾い上げることが重要です。

討議された結果（職場改善のアイデア）を，職場の管理監督者や安全衛生担当者が部署ごとに取りまとめます。具体的な実施の手順，実施期日について社内基準に合わせて実行計画を作成します。

d）改善提案の実施と結果の記録

改善の実施のフォローアップ計画を立て，関係者が共同でフォローアップします。四半期や1年ごとに職場環境改善の実施状況について，ストレス調査を再度実施するなど，次年度への計画へとつなげます。

実施された職場環境改善の効果を評価することは，持続的な職場ストレス対策を進める上で大切です。

図表15 A企業開発部における職場検討会（グループ討議）

それぞれのグループに健康管理スタッフが助言者（ファシリテーター）として参加している。

④ 職場環境改善に利用されるツール

a）注目される良好事例活用

上記のように，職場環境改善を進めるためには，自分たちの職場でストレス対策に役立った事例を集めることが有効です。管理監督者自身の職場にストレス対策に役立った事例がなくても，事業場内の他部門には働きやすい職場づくりに役立った事例が必ずあります（図表12参照）。働きやすい職場づくりのため，良好事例から学んで対策を進めることは，ストレスを軽減する手法として効果的です。

b）職場環境改善のためのヒント集（メンタルヘルスアクションチェックリスト）

これまで「仕事のストレス判定図」などを利用して職場環境等のストレス状態を評価することができるようになっていましたが，職場でどのように改善方法を立案し，実行するかについては具体的な方法が不足していました。職場環境等の改善のためのメンタルヘルスアクションチェックリスト（職場環境改善のためのヒント集）は，職場において，労働者の参加のもとにストレスを減らし，心の健康を増進するための職場環境等の改善方法を提案するために作成されたツールです[9）10)]。このチェックリストは，日本全国から職場のメンタルヘルスやストレス対策のために実施された職場環境等の改善事例を収集し，心理学，人間工学，メンタルヘルス対策の実務家，研究者による討議を経て，現場で利用しやすい６つの領域30項目に集約・整理して作成されたものです。この職場環境改善のためのヒント集の主要項目を図表16に示しました。

c）職場環境改善のためのヒント集の特徴

職場環境改善ヒント集は，「現場ですぐに，既存の資源を活用しながら低コストで改善できる優先対策をチェックできる」ことに大きな特徴があります。対策フレーズが改善形式となっていることから「アクションチェックリスト」と呼ばれています。このチェックリストを使って職場の管理者と労働者がグループ討議を通して参加型で利用することで，①自分たちの職場の経験から始めることができる，②職場環境等の改善が必要な点に気づくとともに，改善のためのヒントを得ることができる，③優先して改善すべきポイントを明確にすることができる，④職場で既に実施されているよい活動事例を見つけ出し，収集

図表16 職場環境改善のためのヒント集（アクションチェックリスト）の項目[9)10)]

6つの改善技術領域	具体的な改善視点（抜粋）
A. 作業計画への参加と情報の共有	少人数単位の裁量範囲，過大な作業量の調整，情報の共有
B. 勤務時間と作業編成	ノー残業日などの目標，ピーク作業時の作業変更，交代制，休日
C. 円滑な作業手順	物品の取り扱い，情報入手，反復作業の改善，作業ミス防止
D. 作業場環境	温熱・音環境，有害物質対応，受動喫煙の防止，休養設備，緊急時対応
E. 職場内の相互支援	上司・同僚の支援，チームワークづくり，仕事の評価，職場間の相互支援
F. 安心できる職場のしくみ	訴えへの対処，自己管理の研修，仕事の見通し，昇格機会の公平化

することにも役立つ，⑤職場を多面的にみることにより，ストレスとなる職場環境等に関心をもつことができます。

具体的な職場環境改善ヒント集の記入方法を**図表17**に示しました。このアクションチェックリストは，従来の「危険箇所点検リスト」や「確認リスト」など，合否判定に利用されている一般的なチェックリストとは異なります。従来のチェックリストは，例えば車の車検の点検リスト，慢性疲労のチェックリストなど，点検や確認，診断など，合否判定に利用するものです。**図表17**で示した職場環境改善ヒント集は，どのような対策を講じるかをグループで提案するために開発されました。また，新職業性ストレス簡易調査票に対応した「ポジティブ版アクションチェックリスト（新職業性ストレス簡易調査票アクションリスト2012）」や，中小職場向けにコンパクトにまとめられた「いきいき職場づくりのための参加型職場環境改善の手引き〔2018改訂版〕」など，さまざまなバージョンが開発されています。

d）職場環境改善ヒント集で取り上げるメンタルヘルス改善技術領域

この職場環境改善ヒント集の一覧表を**図表18**に示しました。この一覧表は，実際のグループワークなどで利用できる書き込み用のチェックリストから作成しました。ヒント集，使用マニュアルは，ウェブから無料でダウンロードできます（厚生労働省「こころの耳」https://kokoro.mhlw.go.jp/manual/）。

e）対策指向の参加型職場改善手法とグループ討議方式

日本では多くの職場で生産性向上や品質改善を目的に小集団活動（小グルー

図表17 職場環境改善のためのヒント集（メンタルヘルスアクションチェックリスト）の記入方法[16)]

職場環境改善のためのヒント集では，項目ごとにそのアクション（対策）を，この職場で提案するかどうかを選ぶ構成となっています。

<職場環境改善のためのヒント集の項目の例>

（作業の日程作成に参加する手順を定める） 1. 作業の分担や日程についての計画作成に，作業者と管理監督者が参加する機会を設ける。	このような対策を提案しますか？ □ 提案しない □ 提案する → □ 優先する メモ ＿＿＿＿＿＿
この選択肢の使い方は，以下の３つの手順によります。 **（1）「提案する」か「提案しない」かを選ぶ** すでにこの項目に関する対策を実施していて十分できている，あるいはこの対策が職場にあてはまらない場合には「提案しない」を選択する。この対策を職場でこれから実施した方がいいと考えた場合には「提案する」を選ぶ。	（記入例） ☑ 提案しない □ 提案する → □ 優先する メモ ＿＿＿＿＿＿
（2）メモ欄を活用する すでにこの対策を実施しているために「提案しない」を選んだ場合には，メモ欄に具体的な実施内容を記入する。これは職場の良好事例にあたる。「提案する」を選んだ場合には，具体的には職場で何をどう実施するのがいいか，アイデアをメモ欄に記入する。この具体的なメモはグループ討議に役立つ。	（記入例） □ 提案しない ☑ 提案する → □ 優先する メモ １週間に１回は短時間でも顔を合わせてのミーティングを持つ
（3）優先するかどうか決める 「提案する」を選んだアクションを他のアクションと比較して優先順位が高いかどうか考え，優先順位が高ければ「優先する」欄にチェックする。重要度が高いもの，あるいは実行可能性の高いものを優先するとよい。これはグループ討議の最後に改善提案を３つにしぼりこむ時に役立つ。	（記入例） □ 提案しない ☑ 提案する → ☑ 優先する メモ １週間に１回は短時間でも顔を合わせてのミーティングを持つ

※職場環境改善のためのヒント集の使用上の注意

1. このチェックリストは，問題点の把握や点数化などによる職場のランク付けが目的ではありません。
2. 職場環境等を抜け落ちなく点検することが目的ではありません。重要なポイントを中心に点検し，その後の職場の話し合い（グループ討議）で利用するための，参加者のアイデアを膨らませるためのチェックリストです。

図表18 職場環境改善のためのヒント集（メンタルヘルスアクションチェックリスト）項目一覧表

※「職場環境改善のためのヒント集（メンタルヘルスアクションチェックリスト）」は，職場環境等のストレスを評価したあとの職場環境等の対策を考えるのに参考となる項目をまとめたものです。

領域		アクション項目	「仕事のストレス判定図」との対応			
			仕事の量的負担	仕事のコントロール	上司の支援	同僚の支援
A	作業計画への参加と情報の共有	1．作業の日程作成に参加する手順を定める 作業の分担や日程についての計画作成に，作業者と管理監督者が参加する機会を設ける。		◎		
		2．少人数単位の裁量範囲を増やす 具体的な進め方や作業順序について，少人数単位または作業担当者ごとに決定できる範囲を増やしたり再調整する。		◎		
		3．個人あたりの過大な作業量があれば見直す 特定のチーム，または特定の個人あたりの作業量が過大になる場合があるかどうかを点検して，必要な改善を行う。	◎	○	○	○
		4．各自の分担作業を達成感あるものにする 分担範囲の拡大や多能化などにより，単調な作業ではなく，個人の技量を生かした達成感が得られる作業にする。		◎	○	
		5．必要な情報が全員に正しく伝わるようにする 朝の短時間ミーティングなどの情報交換の場を設け，作業目標や手順が各人に伝わり，チーム作業が円滑に行われるように，必要な情報が職場の全員に正しく伝わり，共有できるようにする。		◎	○	○
B	勤務時間と作業編成	6．労働時間の目標値を定め残業の恒常化をなくす 1日，1週，1ヵ月ごとの労働時間に目標値を設け，ノー残業デーなどを運用することで，長時間労働が当たり前である状態を避ける。	◎	○		
		7．繁忙期やピーク時の作業方法を改善する 繁忙期やピーク時などの特定時期に個人やチームに作業が集中せず作業の負荷や配分を公平に扱えるように，人員の見直しや業務量の調整を行う。	◎	○		
		8．休日・休暇が十分取れるようにする 定められた休日日数がきちんと取れ，年次有給休暇や，リフレッシュ休暇などが計画的に，また必要に応じて取れるようにする。	◎	○		
		9．勤務体制，交代制を改善する 勤務体制を見直し，十分な休養時間が確保でき，深夜・早朝勤務や不規則勤務による過重負担を避けるようにする。	◎	○	○	
		10．個人の生活条件に合わせて勤務調整ができるようにする 個人の生活条件やニーズに応じて，チーム編成や勤務条件などが柔軟に調整できるようにする。（例：教育研修，学校，介護，育児）	◎	○	○	○
C	円滑な作業手順	11．物品と資材の取り扱い方法を改善する 物品と資材，書類などの保管・運搬方法を工夫して負担を軽減する。 （例：取り出しやすい保管場所，台車の利用，不要物の除去や整理整頓など）	◎	○		
		12．個人ごとの作業場所を仕事しやすくする 各自の作業場のレイアウト，姿勢，操作方法を改善して仕事しやすくする。 （例：作業台の配置，肘の高さでの作業，パソコン操作方法の改善など）	◎	○		
		13．作業の指示や表示内容をわかりやすくする 作業のための指示内容や情報が作業中にいつでも容易に入手し，確認できるようにする。（例：見やすい指示書，表示・ラベルの色分け，標識の活用など）	○	◎	○	
		14．反復・過密・単調作業を改善する 心身に大きな負担となる反復作業や過密作業，単調作業がないかを点検して，適正な負担となるよう改善する。	◎	○		
		15．作業ミス防止策を多面に講じる 作業者が安心して作業できるように，作業ミスや事故を防ぎ，もし起こしても重大な結果に至らないように対策を講じる。 （例：作業手順の標準化，マニュアルの作成，チェック方法の見直し，安全装置，警報など）	◎	○		

D	作業場環境	16. **温熱環境や視環境，音環境を快適化する** 冷暖房設備などの空調環境，照明などの視環境を整え，うるさい音環境などを，個々の作業者にとって快適なものにする。	○	○	○	○
		17. **有害環境源を隔離する** 健康を障害するおそれのある，粉じん，化学物質など，人体への有害環境源を隔離するか，適切な防護対策を講じる。	○			
		18. **職場の受動喫煙を防止する** 職場における受動喫煙による健康障害やストレスを防止するため，話し合いに基づいて職場の受動喫煙防止対策をすすめる。			◎	◎
		19. **衛生設備と休養設備を改善する** 快適で衛生的なトイレ，更衣室を確保し，ゆっくりとくつろげる休憩場所，飲料設備，食事場所や福利厚生施設を備える。	◎		○	○
		20. **緊急時対応の手順を改善する** 災害発生時や火災などの緊急時に適切に対応できるように，設備の改善，通路の確保，全員による対応策と分担手順をあらかじめ定め，必要な訓練を行うなど，日頃から準備を整えておく。	○	○	○	
E	職場内の相互支援	21. **上司に相談しやすい環境を整備する** 従業員が必要な時に上司や責任者に問題点を報告し，また相談しやすいように普段から職場環境を整えておくようにする。 （例：上司に相談する機会を確保する，サブリーダーの設置，相談しやすいよう職場のレイアウトを工夫するなど）			◎	○
		22. **同僚に相談でき，コミュニケーションがとりやすい環境を整備する** 同僚間でさまざまな問題点を報告しあい，また相談しあえるようにする。 （例：作業グループ単位で定期的な会合を持つ，日報やメーリングリストを活用するなど）			○	◎
		23. **チームワークづくりを進める** グループ同士でお互いを理解し支えあい相互に助け合う雰囲気が生まれるように，メンバーで懇親の場を設けたり研修の機会を持つなどの工夫をする。			◎	◎
		24. **仕事に対する適切な評価を受け取ることができる** 作業者が自分の仕事のできや能力についての評価を，実績に基づいて，納得できる形で，タイミングよく受け取ることができるようにする。			◎	○
		25. **職場間の相互支援を推進する** 職場や作業グループ間で，それぞれの作業がしやすくなるように情報を共有したり，連絡調整を行ったりするなど，相互支援を推進する。	○	○	○	○
F	安心できる職場のしくみ	26. **個人の健康や職場内の健康問題について相談できる窓口を設置する** 心の健康や悩み，ストレス，あるいは職場内の人間関係などについて，気兼ねなく相談できる窓口または体制を確保する。（例：社内のメンタルヘルス相談窓口の設置）	○	○	○	○
		27. **セルフケアについて学ぶ機会を設ける** セルフケア（自己健康管理）に役立つ情報を提供し，研修を実施する。 （例：ストレスへの気づき，保健指導，ストレスへの上手な対処法など）	○	○	○	○
		28. **職場の将来計画や見通しについて，いつも周知されているようにする** 組織や作業編成の変更など職場の将来計画や見通しについて，普段から周知されているようにする。	○	○	○	○
		29. **昇進・昇格，資格取得の機会を明確にし，チャンスを公平に確保する** 昇進・昇格のモデル例や，キャリア開発のための資格取得機会の有無や時期が明確にされ，また従業員に公平にチャンスが与えられることが従業員に伝えられているようにする。		○	◎	○
		30. **緊急の心のケア** 突発的な事故が生じた時に，緊急処置や緊急の心のケアが受けられるように，あらかじめ職場内の責任者や産業保健スタッフ，あるいは社外の専門家との連絡体制や手順を整えておく。	○		○	

注） ◎＝特に関係あり　○＝関係あり

プによる改善活動）を行ってきた経験があります。働く人の健康と安全を確保することに主眼が置かれたグループチェック方式（グループ討議で改善提案するスタイル）は，対策指向の参加型職場改善手法とも呼ばれ，働きやすい職場づくりを改善指向のニーズ把握をもとにして，参加型で職場を点検する労働衛生技術として確立してきました[11)]。

これらの対策指向の職場改善手法が広く普及してきた背景には，労働生活の場における健康な働き方は，包括的な自主改善を基盤にして，職場に合わせた健康リスクマネジメントを視野に入れることが重要だと認識されてきたからといえます。例えば，生産技術変化と組織改革の同時進行，労働時間制の変更と職務内容の相互作用，作業環境と人間工学をともに取り上げての優先策の選定，などです。これらの職場の課題を参加型職場改善で支援するためには，専門家による職場改善の方法に関する知識の伝達だけでは十分ではありません。労働者の自主改善を促進するツール（良好事例，アクションチェックリスト，グループ討議手法等）の利用によって，現場の労働者自身による改善提案を効果的に吸い上げることができ，ラインケアによる職場環境改善においても，その手法を応用できます。

⑤ 職場環境改善を成功させるポイント

職場改善に有効なツールには，広く健康リスク対策に役立つ自律的な職場改善支援への共通点がみられます[12) 13)]。

第一に，「自分たちの職場に目を向ける」点です。日常の実践経験の上にさらに積み上げるように職場改善ステップを計画することが有用です。

第二に，「良好事例に学ぶスタイルをつくる」点です。自分たちの職場や同じ職種・系列企業ですでに行われて，ストレス対策に役立った職場改善に役立った成果を積極的に掘り起こして，それに習って改善し，また次の改善につなげる視点です。現状の不備を批判したり，他者を非難したりする姿勢は好まれません。

第三に，「具体的な働きやすさを目指す」点です。幅広い改善領域から，多面継続改善に結びつけていく上で重要です。特に広い意味での健康リスクを取り上げつつ，活力ある働きやすさを同時に目指す掘り下げ方をとります。

第四に，「実行して習うステップを踏む」点です。参加型職場改善のプロセスは，職場改善のツールとしての職場環境改善ヒント集の利用方法などを自分たちの職場条件に合わせて再設計して，改善実施，評価までの全ステップを体験します。管理監督者・産業保健スタッフには，この参加型職場改善プロセス支援を進める促進者（ファシリテーター）としての役割が期待されています。

ラインによるケアとしての職場環境改善には，具体的にファシリテーターとしての機能も求められる場合が少なくないと予想されます。

❷ ラインによる職場環境改善の具体的な進め方

① 管理監督者が行う職場環境の改善

ストレスチェック制度の導入を受けて改正された厚生労働省の指針では，「事業者は，メンタルヘルス不調の未然防止を図る観点から職場環境等の改善に積極的に取り組むものとする」とされ，管理監督者および産業保健スタッフがそれぞれの立場から職場環境等の改善を通じたメンタルヘルス対策を推進することが求められています。指針でのべられている管理監督者の役割は，①職場環境等の評価と問題点の把握と，②職場環境等の改善の２点の視点から，図表19に示すようなポイントに留意します。

管理監督者が行う職場環境改善は，作業環境，作業方法，労働者の心身の疲労の回復を図るための施設および設備等，職場生活で必要となる施設および設備等，労働時間，仕事の量と質，パワーハラスメントやセクシュアルハラスメント等職場内のハラスメントを含む職場の人間関係，職場の組織および人事労務管理体制，職場の文化や風土等，などがあります。また，職場環境改善は計画をもって進めることが肝要ですから，前項で紹介されたステップを，産業保健スタッフや人事労務管理スタッフと協力し合って進めます。

図表19 職場環境等の改善におけるラインによるケアのポイント

1. 職場環境等の評価と問題点の把握
   - 日常の職場管理等によって，職場環境等の具体的問題点を把握する
2. 職場環境等の改善
   - 事業場内産業保健スタッフ等から，ストレスチェックの集団分析結果等を含む職場環境等の評価結果に基づき，その改善の助言を受ける
   - 労働者の労働の状況を日常的に把握し，個々の労働者に過度な長時間労働，疲労，ストレス，責任等が生じないようにする等，労働者の能力，適性および職務内容に合わせた配慮を行う
   - その改善の効果を定期的に評価し対策の効果を定期的に評価し，効果が不十分な場合は，計画を見直し，継続的な取り組みに努める
   - 職場環境等の改善に当たっては，労働者の意見を踏まえ，労働者が参加して行う職場環境等の改善手法等を活用する
   - 必要に応じて，事業場外資源の助言および協力を求める

② 産業医・産業保健スタッフとの連携による職場環境改善

事業場内産業保健スタッフ等は，職場巡視による観察，職場上司および労働者からの聴き取り調査，ストレスに関する調査等により，定期的または必要に応じて，職場内のストレス要因を把握し，評価することとされています。その評価結果に基づき，管理監督者に対して，その改善を助言するとともに，管理監督者と協力しながら，その改善を図るように努める必要があります。**図表20**には，さまざまな職場集団レベルでの職場環境改善の取り組みアプローチをまとめました。産業医・産業保健スタッフは，各事業場に合わせた連携体制の組み立てが重要です。

③ 人事労務管理スタッフとの連携による職場環境改善

人事労務管理スタッフは，管理監督者だけでは解決できない職場配置，人事異動，職場の組織等の人事労務管理上のシステムが健康に及ぼしている具体的な影響を把握し，労働時間等の労働条件の具体的改善および適正配置に配慮する必要があります。例えば，職場環境改善のためのヒント集で取り上げている改善方法としては，以下のようなものがあります。

・仕事に対する適切な評価を受け取ることができる（ポイント24）

図表20 ラインによるケアと関連のある職場の話し合い場面の組織化，企画の例

	対象	ねらい
職種集団	管理監督者，職員を含めた職場全員	組織的，全社的に取り組む職場環境改善
	管理監督者	特定の職能集団，専門職のタスク支援を通じた職場環境改善支援（インタラクティブ・タスク・フォース）
	人事労務管理スタッフ	
	産業保健スタッフ（産業医，産業看護職，衛生管理者）や衛生委員会メンバー	
利用場面	既存の生産活動（TQMやQC活動）や社内システム利用のグループ作業	職場単位の改善グループ，一定期間で答えを出す
	労使合同安全衛生研修での利用	メンタルヘルス研修
	社内，社外の健康サークル	内発的行動支援
	自助グループ	社外からの改善支援

出所：筆者作成

・職場の将来計画や見通しについて，いつも周知されているようにする（ポイント28）
・昇進・昇格，資格取得の機会を明確にし，チャンスを公平に確保する（ポイント29）

これらの取り組みは，現場の意見を聴きながら，人事労務主導で進めることができます。また，近年人事労務からみたメンタルヘルス対策などでは，労働時間と生産性などに関連して，多くの知見が集積されています[14]。組織や労働時間など，人事労務部門と協働したラインによるケアも注目されます。

④ 衛生委員会等の社内組織の活用

労働安全衛生法では，事業者に衛生管理体制の整備を義務づけています。衛生管理体制は，調査機関である「衛生委員会」と，衛生管理を担う人材で構成されています。衛生委員会の役割は，衛生管理に関するさまざまな対策について調査審議することとされていて，常時50人以上の労働者を使用する事業場においては，その設置が義務づけられています。メンタルヘルスに重点を置いた職場環境改善を進めるためには，衛生委員会を有効に活用して，ストレス調査の実施に関すること，職場ミーティングの開催やグループ討議の場の設定，改善提案の集約や進捗状況の把握などを行うことができます。

⑤ 職場環境改善の取り組み事例

メンタルヘルス一次予防のための参加型職場環境改善を簡便に実施する手法として開発された「職場ドック」は，公務職場を中心に全国に広がっています[15) 16)]。良好事例の活用，改善のための簡便な手順を示したマニュアルの作成などが現場の負担感を少なくし，改善の取り組みが進んでいます。

また，職場組織のストレス評価と同時に，職場改善ニーズを評価して職場環境改善につなげるツール「MIRROR」を用いた取り組みもあります[17]。MIRRORを用いた職場環境改善では，ハイリスク職場を同定し，さらにそこに所属する労働者がどのような職場改善の希望をもっているかを知り，データをもとにした職場改善を進めます。

最近，ポジティブ心理学を用いた職場環境改善の取り組みも進んでいます[18][19]。ワーク・エンゲイジメント（仕事に関して肯定的で充実した感情および態度）に注目し，仕事の資源（自律性，上司のコーチング，パフォーマンスのフィードバックなど）や個人の資源（楽観性，自己効力感，自尊心など）の状態によって，心身の健康，組織行動，パフォーマンスを予測できるという理論を用いて，組織と個人の活性化の方策について，ストレスチェック制度の戦略的活用の取り組みが進んでいます。

3 対策の評価

❶ 改善対策の評価

① 対策評価の進め方

職場環境改善が実施された後，その効果評価を行うことは，継続的な職場環境改善を進める次の改善ステップを検討する際に重要です。評価に当たっては計画されたものが適切に実施されたか実行プロセスを評価するものと，実施によって行われた結果を評価する方法などがあります[13)]。

a）計画実施状況の評価（プロセスの評価）

計画された改善提案がどの程度実施されたか，改善実行レベルで評価する方法です。社内組織の中で，職場環境改善等の取り組みを評価する方法です。職場環境改善の取り組みが役に立ったか職場への訪問やヒアリング調査を通じ，職場環境改善の検討委員会，あるいは衛生委員会などで，実際に行われた改善について報告します。また，ストレス対策に重点を置いた職場環境改善は，直接的な成果がみえにくい場合もあるため，職場がストレス対策に取り組む組織づくりの状態を評価することもできます。「事業場における心の健康づくり実施状況チェックリスト」の職場環境改善等の項目が利用できます[20)]。

b）取り組みによる効果評価（アウトカムの評価）

改善前後の労働者の健康状態を評価する方法です。例えば，職業性ストレス簡易調査票を用いた仕事のストレス判定図では，仕事の量的負担や仕事のコントロール（裁量権や自由度）がどの程度改善したか，ストレスレベルの変化が定量的に評価できます（本章１節参照)。これらは，産業保健スタッフなどの専門家の助言を得る必要があるでしょう。事業場内の産業保健スタッフと事業場外の専門家が協力して，中堅建機メーカーで2003～2004年度に実施した努力－報酬不均衡理論に沿った職場環境改善の効果判定研究では，６ヵ月後のストレス反応の変化を対照群と比較したところ，労働者のストレス反応については期待された介入効果は得られませんでしたが，業務量の平準化を目指したミーティングなどが対人葛藤の低下に寄与していることが分かりました[21]。そのほか，生産性の向上，欠勤率の減少，休業日数の変化などを記録して評価することもできます。なお，職場環境改善は個人向けのメンタルヘルス対策と同じく，便益は費用を上回り，これらの対策が事業者にとって経済的な利点がある可能性が示唆されています[22]。

② 労働安全衛生マネジメントシステム（OSHMS）における評価方法

最近では，労働安全衛生マネジメントシステム（OSHMS）を導入して，安全衛生に関して事業場全体の方針のもと，情報共有を進め，リスクアセスメントの結果を改善に結びつけている事業場も増えてきています[23) 24)]。ラインによるケアによる職場環境改善の評価は，職場単位でのストレスチェック結果の評価をリスクアセスメントと位置づけ，安全衛生マネジメントシステムにおける監査のステップで実施することができます[23) 24)]。

また，OSHMSの国際規格として，2018年にISO45001が発行されています。国際的には，リスクアセスメントを核とした労働安全衛生の仕組みや評価，認証制度が進んでいます[25]。既存のマネジメントシステムに取り組んでいる組織は，労働安全衛生を含む統合マネジメントシステムとして運用することも可能となります。なお，職場における精神的な安全衛生指針（ISO45003）の準備が進められており，今後公開される予定です。

【参考文献】

1）川上憲人・原谷隆史「職場のストレス対策第４回　職場環境の改善」『産業医学ジャーナル』23巻１号，pp. 45-49，2000年

2）川上憲人・原谷隆史「職場のストレス対策第２回　職業性ストレスの健康影響」『産業医学ジャーナル』22巻５号，pp. 51-55，1999年

3）労働省平成11年度「作業関連疾患の予防に関する研究」労働の場におけるストレス及びその健康影響に関する研究報告書，労働省，pp. 341-409，2000年

4）川上憲人・下光輝一・原谷隆史・堤明純・島津明人・吉川徹・小田切優子・井上彰臣：２．新職業性ストレス簡易調査票の開発１）新職業性ストレス簡易調査票の完成，主任研究者 川上憲人，厚生労働省厚生労働科学研究費補助金労働安全衛生総合研究事業「労働者のメンタルヘルス不調の第一次予防の浸透手法に関する調査研究」平成23年度総括・分担研究報告書，pp. 266-316，2012年

5）川上憲人・島津明人・土屋政雄「産業ストレスの第一次予防対策—科学的根拠の現状とその応用」『産業医学レビュー』20巻４号，pp. 175-196，2008年

6）吉川徹・小木和「ストレス対策を目的とした職場環境へのアプローチのコツ ストレス予防における職場環境

改善良好実践と改善支援ツールの役割」『産業ストレス研究』17巻4号，pp. 267-274，2010年

7) 下光輝一「厚生労働科学研究費補助金（労働安全衛生総合事業）職場環境等の改善等によるメンタルヘルス対策に関する研究」平成14～16年度総括研究報告書，2005年

8) Montano, D., Hoven, H., Siegrist, J. "Effects of organisational-level interventions at work on employees' health: a systematic review." Bmc Public Health. 2014; 14(1): 135.

9) 吉川徹・川上憲人・小木和孝・堤明純・島津美由紀・長見まき子，et al.「職場環境改善のためのメンタルヘルスアクションチェックリストの開発」『産業衛生学雑誌』49巻4号，pp. 127-142，2007年

10) 中央労働災害防止協会編『メンタルヘルスのための職場環境改善―職場環境改善のためのヒント集ですすめるチェックポイント30―』東京：中央労働災害防止協会，2010年

11) 川上剛・小木和孝「産業における安全・健康リスクと自主対応参加型改善」『思想』963号，pp. 183-198，2004年

12) 吉川徹・吉川悦子・土屋政雄・小林由佳・島津明人・堤明純，et al.「職場のメンタルヘルスのための職場環境改善の評価と改善のためのガイドライン」『産業ストレス研究』20巻2号，pp. 135-145，2013年

13) 小林由佳「職場環境改善についての実践を通じたポイントや考え方」『人事院月報』2014年10月号，pp. 6-9.

14) 黒田祥子・山本勲「従業員のメンタルヘルスと労働時間-従業員パネルデータを用いた検証」RIETI Discussion Paper Series 14-J-020，2014年

15) 杉原由紀「高知県庁発［職場ドック］事業の取り組みと持続する活動の成果（特集［職場ドック］のちから：新しいメンタルヘルス改善プログラム）」『労働の科学』69巻10号，pp. 586-590，2014年

16) 吉川徹・小木和孝編著『メンタルヘルスに役立つ：職場ドック』川崎：労働科学研究所出版，2015年

17) 真船浩介「職場のニーズに応じた職場環境改善の展開」『産業ストレス研究』17巻4号，pp. 275-280，2010年

18) 島津明人「ポジティブメンタルヘルスとワーク・エンゲイジメント― ストレスチェック制度の戦略的活用に向けて―」『総合健診』43巻2号，pp. 320-325，2016年

19) 島津明人・川上憲人「これからの職場のメンタルヘルス：産業保健心理学からの二つの提言」『学術の動向』19巻1号，pp. 1_60-1_65，2014年

20) 川上憲人・堤明純・小林由佳・廣川空美・島津明人・長見まき子，et al.「事業場における心の健康づくりの実施状況チェックリストの開発」『産業衛生学雑誌』47巻1号，pp. 11-32，2005年

21) 堤明純・島津明人・入交洋彦・吉川徹・川上憲人「職業性ストレス調査票と職場環境改善のためのヒント集を活用した職場環境改善」『産業ストレス研究＝Job stress research』13巻4号，pp. 211-217，2006年

22) 吉村健佑・川上憲人・堤明純・井上彰臣・小林由佳・竹内文乃，et al.「日本における職場でのメンタルヘルスの第一次予防対策に関する費用便益分析」『産業衛生学雑誌』55巻1号，pp. 11-24，2013年

23) 彌冨美奈子「リスクアセスメント実例：株式会社 SUMCO 佐賀，伊万里事業所 メンタルヘルスとリスクアセスメント（特集 産業保健活動とマネジメントシステム・リスクアセスメント）」『産業保健』16巻1号，pp. 6-9，2010年

24) 渡辺裕晃・甲田茂樹・佐々木毅・鶴田由紀子・伊藤昭好・原邦夫，et al.「自治体職場への OSHMS 導入―導入途上の状況と今後の展望―：―導入途上の状況と今後の展望」『労働安全衛生研究』3巻1号，pp.11-16，2010年

25) 淀川亮，三柴丈典「リスクアセスメントを核とした諸外国の労働安全衛生法制度の背景・特徴・効果とわが国への適応可能性に関する調査研究の紹介」『労働安全衛生研究』13巻2号，pp.173-180，2020年

第4章 個々の労働者への配慮

第4章では，部下のストレスに気づく方法やストレスへの対処・軽減方法について学習します。また，管理監督者自身のストレス対策についても考えます。

1節では，長時間労働やハラスメント，自信喪失，孤立無援の状況など，注意すべき部下のリスク要因について理解を深めてください。仕事以外のストレスに留意することも重要です。

2節では，休養や睡眠，運動などストレス予防の基本を理解した上で，健康への影響が大きい過重労働の防止について考えます。さらに，ストレス対処行動や職場によるサポートの種類と効果についても学習します。

3節では，メンタルヘルスに関する健康情報の取扱い，労働者のプライバシー配慮における注意点について，正しく理解してください。

4節では，管理監督者自身にみられるストレスの特徴を紹介した上で，その予防と対策について学びます。管理監督者は部下のケアとともに，自分自身のケアについても留意することが大切です。

1 部下のストレスへの気づき

❶ 注意すべきリスク要因

① 労災認定において精神障害発病との関連が認められる心理的負荷

1996年，鉄鋼メーカー社員（25歳）の自殺を労災と認めなかった労働基準監督署の判断を神戸地裁が覆したのをはじめとして，自殺の業務起因性を認めなかった行政の判断が，司法において覆される事案がいくつか発生しました。そこで，1999年，労働省（当時）は自殺を含む精神障害の労災認定基準を見直しました（「心理的負荷による精神障害等に係る業務上外の判断指針」，2009年一部改正）。また，2011年には同指針に代えて労災認定のための審査の迅速化・効率化を図るとともに，ストレスの評価基準をより分かりやすく具体的に示すなどした「心理的負荷による精神障害の認定基準」を策定しました。さらに，2020年には，同年６月より施行されるパワーハラスメント防止対策の法制化にともない，職場における「パワーハラスメント」の定義が法律上規定されたことを踏まえた改正が行われました。

労災認定においては，業務による心理的負荷と業務以外の心理的負荷の強度を評価する基準等を設定し，業務上外を判断する手順を示しています。この中では，業務上の疾病とされる要件である「業務による強い心理的負荷」となる出来事は，「特別な出来事」と「特別な出来事以外」に分けられています。そして「特別な出来事」には，**図表１**に示す「心理的負荷が極度のもの」と「極度の長時間労働」があり，それぞれ「心理的負荷の総合評価を『強』とするもの」が，例えば月160時間を超えるような時間外労働などと，具体的に明示されています。

一方，「特別な出来事以外」は，①事故や災害の体験，②仕事の失敗，過重な責任の発生等，③仕事の量・質，④役割・地位の変化等，⑤パワーハラスメント，⑥対人関係，⑦セクシュアルハラスメント，の７つの類型についてそれ

図表1 特別な出来事（業務による心理的負荷評価表より）

特別な出来事の類型	心理的負荷の総合評価を「強」とするもの
心理的負荷が極度のもの	●生死にかかわる，極度の苦痛を伴う，又は永久労働不能となる後遺障害を残す業務上の病気やケガをした（業務上の傷病により6か月を超えて療養中に症状が急変し極度の苦痛を伴った場合を含む） ●業務に関連し，他人を死亡させ，又は生死にかかわる重大なケガを負わせた（故意によるものを除く） ●強姦や，本人の意思を抑圧して行われたわいせつ行為などのセクシュアルハラスメントを受けた ●その他，上記に準ずる程度の心理的負荷が極度と認められるもの
極度の長時間労働	●発病直前の１か月におおむね160時間を超えるような，又はこれに満たない期間にこれと同程度の（例えば３週間におおむね120時間以上の）時間外労働を行った（休憩時間は少ないが手待時間が多い場合等，労働密度が特に低い場合を除く）

出所：厚生労働省「心理的負荷による精神障害の認定基準」の別表１「業務による心理的負荷評価表」（心理的負荷による精神障害の認定基準の改正について）2020年より一部抜粋

ぞれ「心理的負荷の強度を『弱』『中』『強』と判断する具体例」が示されています。例えば，③仕事の量・質に関しては，時間外労働が，１月当たり80時間未満が「弱」，80時間以上が「中」であり，発病直前の連続した２ヵ月間に１月当たり約120時間以上の場合や，発病直前の３ヵ月間に１月当たり約100時間以上の場合は「強」とされています。また，単独の出来事の心理的負荷が「中」である出来事が複数生じている場合には，全体評価は「強」となる場合もあります。「特別な出来事以外」で心理的負荷の強度が「強」とされる出来事を，**図表２**に示します。

管理監督者としては，**図表１**と**図表２**に挙げた業務による心理的負荷が「強」とされる出来事の発生を防止するよう努めるとともに，それらの出来事を体験した従業員に対しては，精神健康状態を十分確認しておく必要があります。

② 長時間労働

長時間労働はうつ病などのメンタルヘルス不調の有力な要因と考えられるだけでなく，脳・心臓疾患の発症との関連が強いという医学的知見が得られていることから，厚生労働省は時間外労働を削減し健康障害を防止するため，さま

図表2 「特別な出来事以外」で心理的負荷の強度を「強」と判断する具体例

① 事故や災害の体験

○（重度の）病気やケガをした

- 長期間（おおむね2か月以上）の入院を要する，又は労災の障害年金に該当する若しくは原職への復帰ができなくなる後遺障害を残すような業務上の病気やケガをした
- 業務上の傷病により6か月を超えて療養中の者について，当該傷病により社会復帰が困難な状況にあった，死の恐怖や強い苦痛が生じた

○悲惨な事故や災害の体験，目撃をした

- 業務に関連し，本人の負傷は軽度・無傷であったが，自らの死を予感させる程度の事故等を体験した
- 業務に関連し，被災者が死亡する事故，多量の出血を伴うような事故等特に悲惨な事故であって，本人が巻き込まれる可能性がある状況や，本人が被災者を救助することができたかもしれない状況を伴う事故を目撃した（傍観者的な立場での目撃は，「強」になることはまれ）

② 仕事の失敗，過重な責任の発生等

○業務に関連し，重大な人身事故，重大事故を起こした

- 業務に関連し，他人に重度の病気やケガ（長期間（おおむね2か月以上）の入院を要する，又は労災の障害年金に該当する若しくは原職への復帰ができなくなる後遺障害を残すような病気やケガ）を負わせ，事後対応にも当たった
- 他人に負わせたケガの程度は重度ではないが，事後対応に多大な労力を費した（減給，降格等の重いペナルティを課された，職場の人間関係が著しく悪化した等を含む）

○会社の経営に影響するなどの重大な仕事上のミスをし，事後対応にも当たった

- 会社の経営に影響するなどの重大な仕事上のミス（倒産を招きかねないミス，大幅な業績悪化に繋がるミス，会社の信用を著しく傷つけるミス等）をし，事後対応にも当たった
- 「会社の経営に影響するなどの重大な仕事上のミス」とまでは言えないが，その事後対応に多大な労力を費した（懲戒処分，降格，月給額を超える賠償責任の追及等重いペナルティを課された，職場の人間関係が著しく悪化した等を含む）

○会社で起きた事故，事件について，責任を問われた

- 重大な事故，事件（倒産を招きかねない事態や大幅な業績悪化に繋がる事態，会社の信用を著しく傷つける事態，他人を死亡させ，又は生死に関わるケガを負わせる事態等）の責任（監督責任等）を問われ，事後対応に多大な労力を費した
- 重大とまではいえない事故，事件ではあるが，その責任（監督責任等）を問われ，立場や職責を大きく上回る事後対応を行った（減給，降格等の重いペナルティが課された等を含む）

○自分の関係する仕事で多額の損失等が生じた

- 会社の経営に影響するなどの特に多額の損失（倒産を招きかねない損失，大幅な業績悪化に繋がる損失等）が生じ，倒産を回避するための金融機関や取引先への対応等の事後対応に多大な労力を費した

○業務に関連し，違法行為を強要された

- 業務に関連し，重大な違法行為（人の生命に関わる違法行為，発覚した場合に会社の信用を著しく傷つける違法行為）を命じられた

- 業務に関連し，反対したにもかかわらず，違法行為を執拗に命じられ，やむなくそれに従った
- 業務に関連し，重大な違法行為を命じられ，何度もそれに従った
- 業務に関連し，強要された違法行為が発覚し，事後対応に多大な労力を費した（重いペナルティを課された等を含む）

○達成困難なノルマが課された

- 客観的に，相当な努力があっても達成困難なノルマが課され，達成できない場合には重いペナルティがあると予告された

○ノルマが達成できなかった

- 経営に影響するようなノルマ（達成できなかったことにより倒産を招きかねないもの，大幅な業績悪化につながるもの，会社の信用を著しく傷つけるもの等）が達成できず，そのため，事後対応に多大な労力を費した（懲戒処分，降格，左遷，賠償責任の追及等重いペナルティを課された等を含む）

○新規事業の担当になった，会社の建て直しの担当になった

- 経営に重大な影響のある新規事業等（失敗した場合に倒産を招きかねないもの，大幅な業績悪化につながるもの，会社の信用を著しく傷つけるもの，成功した場合に会社の新たな主要事業になるもの等）の担当であって，事業の成否に重大な責任のある立場に就き，当該業務に当たった

○顧客や取引先から無理な注文を受けた

- 通常なら拒むことが明らかな注文（業績の著しい悪化が予想される注文，違法行為を内包する注文等）ではあるが，重要な顧客や取引先からのものであるためこれを受け，他部門や別の取引先と困難な調整に当たった

○顧客や取引先からクレームを受けた

- 顧客や取引先から重大なクレーム（大口の顧客等の喪失を招きかねないもの，会社の信用を著しく傷つけるもの等）を受け，その解消のために他部門や別の取引先と困難な調整に当たった

③　仕事の量・質

○仕事内容・仕事量の（大きな）変化を生じさせる出来事があった

- 仕事量が著しく増加して時間外労働も大幅に増える（倍以上に増加し，1月当たりおおむね 100 時間以上となる）などの状況になり，その後の業務に多大な労力を費やした（休憩・休日を確保するのが困難なほどの状態となった等を含む）
- 過去に経験したことがない仕事内容に変更となり，常時緊張を強いられる状態となった

○１か月に 80 時間以上の時間外労働を行った

- 発病直前の連続した２か月間に，１月当たりおおむね 120 時間以上の時間外労働を行い，その業務内容が通常その程度の労働時間を要するものであった
- 発病直前の連続した３か月間に，１月当たりおおむね 100 時間以上の時間外労働を行い，その業務内容が通常その程度の労働時間を要するものであった

○2 週間以上にわたって連続勤務を行った

- １か月以上にわたって連続勤務を行った
- ２週間（12日）以上にわたって連続勤務を行い，その間，連日，深夜時間帯に及ぶ時間外労働を行った（いずれも，１日あたりの労働時間が特に短い場合，手待ち時間が多い等の労働密度が特に低い場合を除く）

④　役割・地位の変化等

○退職を強要された

- 退職の意思のないことを表明しているにもかかわらず，執拗に退職を求められた
- 恐怖感を抱かせる方法を用いて退職勧奨された
- 突然解雇の通知を受け，何ら理由が説明されることなく，説明を求めても応じられず，撤回されることもなかった

○配置転換があった

- 過去に経験した業務と全く異なる質の業務に従事することとなったため，配置転換後の業務に対応するのに多大な労力を費した
- 配置転換後の地位が，過去の経験からみて異例なほど重い責任が課されるものであった
- 左遷された（明らかな降格であって配置転換としては異例なものであり，職場内で孤立した状況になった）

○転勤をした

- 転勤先は初めて赴任する外国であって現地の職員との会話が不能，治安状況が不安といったような事情から，転勤後の業務遂行に著しい困難を伴った

○複数名で担当していた業務を１人で担当するようになった

- 業務を一人で担当するようになったため，業務量が著しく増加し時間外労働が大幅に増えるなどの状況になり，かつ，必要な休憩・休日も取れない等常時緊張を強いられるような状態となった

○非正規社員であるとの理由等により，仕事上の差別，不利益取扱いを受けた

- 仕事上の差別，不利益取扱いの程度が著しく大きく，人格を否定するようなものであって，かつこれが継続した

⑤　パワーハラスメント

○上司等から，身体的攻撃，精神的攻撃等のパワーハラスメントを受けた

- 上司等から，治療を要する程度の暴行等の身体的攻撃を受けた場合
- 上司等から，暴行等の身体的攻撃を執拗に受けた場合
- 上司等による次のような精神的攻撃が執拗に行われた場合
  ⇒人格や人間性を否定するような，業務上明らかに必要性がない又は業務の目的を大きく逸脱した精神的攻撃
  ⇒必要以上に長時間にわたる厳しい叱責，他の労働者の面前における大声での威圧的な叱責など，態様や手段が社会通念に照らして許容される範囲を超える精神的攻撃
- 心理的負荷としては「中」程度の身体的攻撃，精神的攻撃等を受けた場合であって，会社に相談しても適切な対応がなく，改善されなかった場合

⑥　対人関係

○同僚等から，暴行又は（ひどい）いじめ・嫌がらせを受けた

- 同僚等から，治療を要する程度の暴行等を受けた場合
- 同僚等から，暴行等を執拗に受けた場合
- 同僚等から，人格や人間性を否定するような言動を執拗に受けた場合
- 心理的負荷としては「中」程度の暴行又はいじめ・嫌がらせを受けた場合であって，会社に相談しても適切な対応がなく，改善されなかった場合

⑦　セクシュアルハラスメント

○セクシュアルハラスメントを受けた

- 胸や腰等への身体接触を含むセクシュアルハラスメントであって，継続して行われた場合
- 胸や腰等への身体接触を含むセクシュアルハラスメントであって，行為は継続していないが，会社に相談しても適切な対応がなく，改善されなかった又は会社への相談等の後に職場の人間関係が悪化した場合
- 身体接触のない性的な発言のみのセクシュアルハラスメントであって，発言の中に人格を否定するようなものを含み，かつ継続してなされた場合
- 身体接触のない性的な発言のみのセクシュアルハラスメントであって，性的な発言が継続してなされ，かつ会社がセクシュアルハラスメントがあると把握していても適切な対応がなく，改善がなされなかった場合

出所：厚生労働省「心理的負荷による精神障害の認定基準」の別表１「業務による心理的負荷評価表」（心理的負荷による精神障害の認定基準の改正について）2020年より一部抜粋

ざまな対策を講じています。

労働時間については労働基準法（以下，「労基法」という）の定めにより，「１週間について40時間を超えて，労働させてはならない」（労基法第32条）のですが，「労働者の過半数で組織する労働組合」または「労働者の過半数を代表する者」と「書面による協定をし，これを行政官庁に届け出た場合においては」，第32条の労働時間等に関する規定にかかわらず，「その協定で定めるところによって労働時間を延長し，又は休日に労働させることができ」ます（労基法第36条第１項）。この労基法第36条の規定に基づく労使協定（いわゆる「36（サブロク）協定」）によって，時間外労働（残業や休日出勤）が可能となります。

かといって，36協定で労働時間を自由に延長できるものではなく，厚生労働大臣が労働時間延長の限度などを定めることができるとされ（労基法第36条第２項），現在，一般的な労働では原則として**図表３**の上段に示す期間について，下段に示す限度時間を超える協定を結ぶことはできません（「労働基準法第36条第１項の協定で定める労働時間の延長の限度等に関する基準」2003（平成15）年10月22日付け厚生労働省告示第355号）。例えば，１ヵ月単位の時間外労働協定を結ぶ場合には，45時間が限度です。ただし，限度時間を超えて労働時間を延長しなければならない特別の事情が生じたときは，その都度，労使間で定める手続き（例えば労使協議）を経て労働時間を延長することが可能です。

しかし，いわゆる「過労死」「過労自殺」に関するいくつかの裁判例で，会

図表3　労働時間延長の限度

期間	1週間	2週間	4週間	1カ月	2カ月	3カ月	1年間
限度時間	15時間	27時間	43時間	45時間	81時間	120時間	360時間

社側の主張と異なる限度時間を超えた長時間労働があったと認定されています。そのような状況の中，厚生労働省は，「労働時間の把握に係る自己申告制（労働者が自己の労働時間を自主的に申告することにより労働時間を把握するもの）の不適正な運用にともない，割増賃金の未払いや過重な長時間労働といった問題が生じているなど，使用者が労働時間を適切に管理していない状況も見られる」との認識に基づき，「労働時間の適正な把握のために使用者が講ずべき措置に関する基準について」(2001(平成13)年4月6日付け基発第339号）を出し，労働基準監督署による時間管理に関する指導を強化しました。その結果，大企業や大学でもいわゆる「サービス残業」が発覚し，過去に遡って残業代を支払うといった事態が発生しています。また，2018（平成30）年に労働基準法が改正され，36協定で定める時間外労働に，罰則付きの上限が設けられています（第1章2節❺参照)。

そして，厚生労働省は，過重労働による脳血管疾患および虚血性心疾患などを防止するため，「過重労働による健康障害防止のための総合対策について」(2002(平成14)年2月12日付け基発第0212001号）を出し，さらに「長時間労働に伴う健康障害の増加など労働者の生命や生活に関わる問題が深刻化しており，これに的確に対処するため」労働安全衛生法の改正と併せて新たな「総合対策」(2006(平成18)年3月17日付け基発第0317008号，一部改正2008(平成20)年3月7日付け基発第0307006号，2011(平成23)年2月16日付け基発0216第3号，2016(平成28)年4月1日付け基発0401第72号，2019（平成31）年4月1日付け基発0401第41号／雇均発0401第36号，2020（令和2）年4月1日付け基発0401第1号／雇均発0401第4号）を出しました（第1章2節❺参照)。

「総合対策」では，過重労働による健康障害を防止するために事業者が講ずべき措置として，

① 時間外・休日労働時間等の削減

② 年次有給休暇の取得促進

③ 労働時間等の設定の改善

④ 労働者の健康管理に係る措置の徹底

が挙げられています。

そして，「労働者の健康管理に係る措置」には，「健康管理体制の整備，健康診断の実施等」「長時間にわたる時間外・休日労働を行った労働者に対する面接指導等」「過重労働による業務上の疾病を発生させた場合の措置（原因の究明と再発防止)」が含まれています。

長時間労働を行った労働者に対する面接指導について，2019年４月に改正された労働安全衛生法では，長時間労働者に対する面接指導がさらに強化され，時間外・休日労働が月80時間を超え，疲労の蓄積が認められる者のうち，面接指導を申し出た者に対し，医師による面接指導を行うことが義務づけられています。「総合対策」では以下のごとく，面接指導等（医師による面接指導および面接指導に準ずる措置）の対象を，さらに拡大するよう努めることなどが求められています。併せて，研究開発業務従事者や高度プロフェッショナル制度対象労働者に対する面接指導のルールも明確化されました。

① 時間外・休日労働時間が１月当たり80時間を超える労働者であって，申出を行ったものについては，医師による面接指導を確実に実施するものとする。

② 時間外・休日労働時間が１月当たり80時間を超える労働者（①に該当する労働者を除く）については，申出がない場合であっても面接指導等をするよう努めるものとする。

③ 時間外・休日労働時間が１月当たり45時間を超える労働者で，健康への配慮が必要と認めた者については，面接指導等の措置を講ずることが望ましいものとする。

そして，①の医師による面接指導を実施した場合は，医師から意見を聴取し，必要があると認めるときは，労働時間の短縮などの適切な事後措置を講じるものとし，②から③の面接指導等を実施した場合は，それに準じた措置の実施に努めるものとされています。また，面接指導等により，労働者のメンタルヘルス不調が把握された場合は，必要に応じ精神科医などと連携を図りつつ対応するものとされています。

③ パワーハラスメント

2019年（令和元年）に「労働施策総合推進法」（旧・雇用対策法）が改正され，職場におけるパワーハラスメント防止のために，雇用管理上必要な措置を講じることが事業主の義務となりました（施行日は2020年６月１日。ただし，中小企業については2022年４月１日）。

職場のパワーハラスメントやセクシュアルハラスメント等のさまざまなハラスメントは，働く人が能力を十分に発揮することの妨げになることはもちろん，個人としての尊厳や人格を不当に傷つけるなどの人権に関わる許されない行為です。また，個人のメンタルヘルス，心身の健康にとっても多大な影響を与える可能性があり，十分に配慮することが求められます。

職場におけるパワーハラスメントの状況は多様ですが，代表的な言動の類型として次の６類型が挙げられます。

① 身体的な攻撃（暴行・傷害）
② 精神的な攻撃（脅迫・名誉棄損・侮辱・ひどい暴言）
③ 人間関係からの切り離し（隔離・仲間外し・無視）
④ 過大な要求（業務上明らかに不要なことや遂行不可能なことの強制・仕事の妨害）
⑤ 過小な要求（業務上の合理性なく能力や経験とかけ離れた程度の低い仕事を命じることや仕事を与えないこと）
⑥ 個の侵害（私的なことに過度に立ち入ること）

また，パワーハラスメントは個別の状況によっても判断が異なる可能性も大きいことから，パワーハラスメントを未然に防ぐための対策を講じることはもちろんのこと，職場におけるパワーハラスメントに該当する可能性がありそうな場合には，広く相談対応を行うことなどが求められます。

④ ストレスチェックで高ストレスと判定されること

2015年12月からの実施が義務化された（50人未満の事業場は当分の間努力義務）ストレスチェック制度で，高ストレスと判定された従業員に対しては，ストレスチェックの実施者である医師等から，個人結果の通知と併せて医師による面接指導を受けるよう勧奨がなされます。面接指導は，本人から事業者への申し出（申出窓口などは事業場が設定）によって，原則として就業時間内に行われ，面接指導の結果によっては時間外労働の制限や配置転換などの就業上の措置につながる可能性があります。

管理監督者としては，従業員がストレスチェックの結果に基づく面接指導を受けることを妨げないこと，面接指導を行った医師の意見を尊重して就業上の措置を講じること，ストレスチェックの結果を知った場合はその扱いに注意すること，面接指導の結果を理由とする不利益な取扱い（解雇，雇用契約更新の拒否，退職勧奨，不当な動機・目的によると判断されるような配置転換や職位の変更など）を行わないこと，が大切です。

また，就業上の措置の実施あるいは変更に当たっては，産業保健スタッフや健康管理部門・人事労務部門と連携すべきです。そして，当該従業員の勤務状況や言動を注意深く見守り，ストレス状態の改善がみられた場合には通常の勤務に戻すなど，変化に応じて産業医等の意見を聴いた上で，しかるべき措置を講じてください。

⑤ ストレスチェックで職場のストレス要因とされるもの

ストレスチェックで利用されることが多いと考えられる「職業性ストレス簡易調査票」において，職場のストレス要因とされるものは，第３章１節❶を参照してください。そこに示されたストレス要因が多く該当する従業員は，精神の健康を害しやすいと考えて注意深く見守るとともに，ストレス要因の軽減を図るべきです。

⑥ ストレスによる心身の不調

長時間労働による精神的疲労から生じるメンタルヘルス不調で最も多いもののひとつに，うつ病が挙げられます。元気がない，気弱なことをいうなど，第５章３節の**図表15**に示すような変化がみられたら，問いかけを行い，うつ病の症状の有無を確認すべきです。うつ病の症状が半分も当てはまるようであれば，専門医への受診を促さなければなりません。

また，**図表４**には厚生労働省が発表した「家族による労働者の疲労蓄積度チェックリスト」を示します。これは，精神的疲労に限定したものではありませ

図表4　家族による労働者の疲労蓄積度チェックリスト

1. 最近1ヵ月の疲労・ストレス症状

1. イライラしているようだ	ほとんどない	時々ある	よくある
2. 不安そうだ	ほとんどない	時々ある	よくある
3. 落ち着かないようだ	ほとんどない	時々ある	よくある
4. ゆううつそうだ	ほとんどない	時々ある	よくある
5. 体の調子が悪そうだ	ほとんどない	時々ある	よくある
6. 物事に集中できないようだ	ほとんどない	時々ある	よくある
7. することに間違いが多いようだ	ほとんどない	時々ある	よくある
8. 強い眠気に襲われるようだ	ほとんどない	時々ある	よくある
9. やる気が出ないようだ	ほとんどない	時々ある	よくある
10. へとへとのようだ（運動後を除く）	ほとんどない	時々ある	よくある
11. 朝起きた時，疲れが残っているようだ	ほとんどない	時々ある	よくある
12. 以前とくらべて，疲れやすいようだ	ほとんどない	時々ある	よくある

ほとんどない＝0点，時々ある＝1点，よくある＝2点で，合計点を出す。

2. 最近1ヵ月の働き方と休養

1. ほとんど毎晩，午後10時以降に帰宅する（★1）
2. 休日も仕事に出掛けることが多い
3. 家に仕事を持ち帰ることが多い
4. 宿泊を伴う出張が多い
5. 仕事のことで悩んでいるようだ
6. 睡眠時間が不足しているようにみえる
7. 寝つきが悪かったり，夜中に目覚めたりすることが多いようだ
8. 家でも仕事のことが気にかかって仕方ないようだ
9. 家でゆっくりくつろいでいることはほとんどない

★1：夜勤等の勤務形態の方は，仕事のため家を出てから帰るまでの時間が14時間以上であることを目安にしてください。
該当する項目の数を出す。

＊次ページに続く

3. 総合判定

次の表を用い，疲労・ストレス症状，働き方と休養のチェック結果から，対象者の仕事による疲労の蓄積度の点数（0～2）を求めてください。

		「働き方と休養」項目の該当数	
		3個未満	3個以上
「疲労・ストレス症状」の質問に対する該当項目の合計点数	10点未満	0	1
	10点以上	1	2

※糖尿病や高血圧症等の疾病がある方の場合は判定が正しく行われない可能性があります。

	点　数	仕事による疲労蓄積度
判定	0	低いと考えられる
	1	やや高いと考えられる
	2	高いと考えられる

出所：厚生労働省「家族による労働者の疲労蓄積度チェックリスト」2004年

んが，周囲からみて心身の疲労度を判定する目安になると思われます。

さらに，職業性ストレス簡易調査票で心身のストレス反応としてチェックする項目は，以下のとおりです。これらの不調が多く該当し，そして強く認められる従業員は，ストレスによる不調が強く表れていることを疑うべきでしょう。

① 活気（活気がわいてくる，元気がいっぱいだ，生き生きする）のなさ
② イライラ感（怒りを感じる，内心腹立たしい，イライラしている）
③ 疲労感（ひどく疲れた，へとへとだ，だるい）
④ 不安感（気がはりつめている，不安だ，落ち着かない）
⑤ 抑うつ感（憂うつだ，何をするのも面倒だ，気分が晴れない，物事に集中できない，仕事が手につかない，悲しいと感じる）
⑥ 身体愁訴（めまいがする，体のふしぶしが痛む，頭が重かったり頭痛がする，首筋や肩がこる，腰が痛い，目が疲れる，動悸や息切れがする，胃腸の具合が悪い，便秘や下痢をする，食欲がない，よく眠れない）

⑦ メンタルヘルス不調を起こすその他のストレス要因

長時間労働などによる精神的疲労以外に，メンタルヘルス不調が発症するき

っかけとしてよくみられる職場のストレス要因は，以下のとおりです。

a）自信を失う体験

人事異動（昇進を含む）や担当業務の変更により新たな担当業務が思うようにできない場合のほか，仕事上の大きな失敗をする，上司から勤務成績を悪く査定される，昇進が遅れたり左遷と考えられる人事異動を命じられるなど，自信を失うような出来事があった直後からうつ病などを発症することがあります。また，上司から能力がないといった叱責を繰り返し受けることも，自信喪失からうつ病などに至る誘因となることがあります。

b）社会的に糾弾される立場に追い込まれる

業務遂行に関連する行為によって罪に問われる，社会的に重大な事件や事故の責任を追及される，世間の厳しい批判にさらされるなどといった状況に置かれた場合，うつ病などのメンタルヘルス不調だけでなく，自殺に至る場合もあります。

さらに，在宅勤務などのテレワークが続き，周囲との連絡が希薄になった状況などでは，孤立感を生じやすいことから，まめなコミュニケーションを心がけるなどの周囲の対応も必要です。

なお，自殺のおそれがある場合の兆候とその対処法については，第５章を参照してください。

c）孤立無援の状況

単身で海外などの遠隔地で困難な業務を遂行する場合や，長期間客先に常駐しひとりで業務を遂行する場合のほか，本人の性格や人間関係のトラブルなどから職場で孤立している場合など，容易には相談も援助も求められない状況の中で業務上厳しい事態が生じたときにも，うつ病などのメンタルヘルス不調が発生する可能性があります。

❷ 仕事以外でのストレス

① 喪失体験

職場以外で比較的よくみられるメンタルヘルス不調の誘因となり得るストレスは，喪失体験です。喪失体験とは，自分にとって大切なものや慣れ親しんだ

図表5 「心理的負荷による精神障害の認定基準」において心理的負荷が「Ⅲ」（3段階で最も強い）とされる業務以外の出来事

出来事の類型	具体的出来事
①自分の出来事	離婚または夫婦が別居した
	自分が重い病気やケガをした
②自分以外の家族・親族の出来事	配偶者や子供，親または兄弟が死亡した
	配偶者や子供が重い病気やケガをした
	親類の誰かで世間的にまずいことをした人が出た
③金銭関係	多額の財産を損失したまたは突然大きな支出があった
④事件，事故，災害の体験	天災や火災などにあったまたは犯罪に巻き込まれた

出所：厚生労働省「心理的負荷による精神障害の認定基準」の別表2「業務以外の心理的負荷評価表」2011年より一部抜粋

ものを失うという体験であり，引っ越し，家族の死，子供の独立，離婚・失恋，体力や能力の衰えといった出来事があります。喪失体験をきっかけとして発病するメンタルヘルス不調の多くはうつ病です。

なお，喪失体験をきっかけとしてうつ病などのメンタルヘルス不調を発症した者は，不思議なことに，自分にとって大切なものを失ったという自覚をもっていないことも少なくないようです。

② 悩みの種・責任の増大など

先に述べた「心理的負荷による精神障害の認定基準」では，業務以外の出来事の心理的負荷の強度も3段階で示されています。そのうち心理的負荷強度が3段階の最も強いとされる出来事は，図表5に挙げたとおり，自身の離婚・別居，自身の重い病気・ケガ，家族の死亡・重い病気・ケガ，多額の財産の損失などとなっています。

また，自身の結婚，自身または配偶者の出産など，家庭での責任の増大もメンタルヘルス不調の誘因となり得ます。

❸ 管理監督者が注意すべき部下のストレス要因

以上述べたストレス要因は，メンタルヘルス不調の誘因となり得るものですから，それらのストレス要因を抱えている部下に対しては，注意深く見守り，ときどき声をかけて心身の状態を確認すべきであるといえます。しかし，極端にいえば数多くの出来事もメンタルヘルス不調の誘因となり得ることから，職場や私生活でのちょっとした変化を体験した部下に１つひとつ声をかけて心身の状態を確認することは，現実には困難です。また，部下のプライベートな問題に職場の上司が立ち入り過ぎると，かえって問題となることもあります。

そこで，現実には以下のような対応をとるべきだと考えられます。

・うつ病などのメンタルヘルス不調の発病との関連が認められる可能性の高いストレス要因は，可能な限り，除外または軽減する

・そのような職場のストレス要因を抱えている部下に対しては，注意深く様子を観察し，しばしば声をかけて心身の健康状態を確認するとともに，必要に応じて医師などによる健康状態のチェックを受けさせる

・それ以外の職場のストレス要因および私生活での変化や出来事を体験した部下に対しては，さりげなく心身の状態を尋ねるなど，無理のない範囲で注意を向ける

・ストレス要因が認められなくても，勤務態度や言動に変化がみられた部下に対しては，必ず声をかけ，心身の状態を確認する

2 ストレスへの対処，軽減の方法

❶ 予防の基本

① 休　養

休養とは文字どおり，「休む」ことと「養う」ことを意味しています。「休む」は心身の疲労をとりエネルギーを充電することで，一方，「養う」は趣味や楽しみなどを通して豊かで余裕のある心持ちにすることです。十分休養がとれない働き方は，心身の健康問題につながるばかりか，仕事の効率や質を低下させます。日頃の職場管理において，休養が十分とれるような配慮が必要です。

② 睡　眠

睡眠には疲労を回復し，ストレスを解消する働きがあります。睡眠不足や睡眠障害などの問題があると，疲労感がもたらされ，日中に眠気が生じ，それが作業効率の低下，情緒不安定，行動や判断のミスにつながります。実際に，労働災害や交通事故の背景に睡眠の問題があることが多いことなどから，社会問題化しています。さらに，睡眠不足が長期にわたると，交感神経系優位が持続されるため疲労の蓄積や心循環器系への負担増をもたらし，高血圧，糖尿病，心臓病，脳卒中など生活習慣病のリスクを高めます。また，うつ病のリスクを高めることも分かっています。

快適な睡眠のためには，①光，②体温，③自律神経系，④寝室環境の条件を整えることがポイントです。具体的には以下のような工夫をしてください。

① **光**：眠気を生じさせるホルモンであるメラトニンは朝の光を浴びることで生成されます。身体に分泌されるのは，朝に光を浴びてから14～16時間後になるので，例えば朝８時に起床して光を浴びると，14時間後の22時頃に眠気が生じることになります。毎日同じ時刻に起床し，光を浴びることで睡眠の条件を整えます。朝寝坊は寝つきを悪くするばかりか，

身体のリズムの乱れを招き，さまざまな不調のもとになりますので注意してください。

② **体温**：人は眠りに入る過程で体温が約１度低下し，この体温変化の過程で深い眠りに入っていきます。ぬるいお風呂にゆったりつかって入眠前の体温を高めに保つと，入眠時の体温変化が急になり，眠気を強く感じることになります。夕食で温かい食事をとることも，入眠前の体温を高めに保つのに効果的です。

③ **自律神経系**：昼間は活動のために交感神経系が優位となり，夜は休息するよう副交感神経系が優位となります。夜には，交感神経系のたかぶりを抑え副交感神経系優位の状態にするため，明るすぎない静かな環境で過ごします。夜遅くまでパソコンに向かったり，ゲームをしたりすることは控えましょう。

④ **寝室環境**：寝室が明るすぎたり，暑すぎたり，騒音があったりすると入眠の妨げになります。寝室は間接照明などで暗めにし，カーテンも遮光のものにするとよいでしょう。アロマテラピーや音楽などを工夫すると，さらにリラックスできます。

以上のような工夫については，2014年に厚生労働省から公表された「健康づくりのための睡眠指針2014」（以下，「睡眠指針」という，**図表６**参照）に具体的に示されていますので参考にしてください。睡眠指針によると，睡眠時間や睡眠パターンは個人差が大きいので，８時間睡眠にこだわらないことが大切とされています。何時間寝たかではなく，日中しっかり目覚めて過ごせているかを目安に，快適な睡眠が確保されているかどうかを評価しましょう。

しかし，交替制勤務などで本来眠る夜間に働き，昼間に眠らなければならない方は，人間が本来もっている自然なリズムに反しているため，不眠が生じやすくなります。そこで，睡眠指針の健康法（**図表６**）に加え，次のような健康法も併せて心がけてください。

① 夜勤の時間帯はできるだけ職場の照明を明るくする
② 夜勤シフトに入る２日前から遅くまで起きておくようにし，遅く寝る
③ 夜勤明けの帰宅時には，サングラスで眼に強い光が入らないようにする
④ 寝室は雨戸や遮光カーテンなどで，できるだけ暗くする

図表6　健康づくりのための睡眠指針

1. 適度な運動，しっかり朝食，ねむりとめざめのメリハリを
- ①　定期的な運動が効果的，激しい運動はかえって睡眠を妨げる
- ②　朝食はからだと心のめざめに重要
- ③　「睡眠薬代わりの寝酒」は睡眠を悪くする
- ④　就床前の喫煙やカフェイン摂取を避ける

2. 睡眠による休養感は，こころの健康に重要
- ①　眠れない，睡眠による休養感がない場合は，こころのSOSの場合あり
- ②　睡眠による休養感がなく，日中も辛い場合，うつ病の可能性も

3. 年齢や季節に応じて，昼間の眠気で困らない程度の睡眠を
- ①　自分にあった睡眠時間があり，8時間にこだわらない
- ②　年齢を重ねると睡眠時間は短くなるのが普通
- ③　日中の眠気で困らない程度の自然な睡眠が一番

4. 良い睡眠のためには，環境づくりも重要
- ①　自分にあったリラックス法が眠りへの心身の準備となる
- ②　不快な音や光を防ぐ環境づくり，寝具の工夫

5. 目が覚めたら日光を浴びる
- ①　目が覚めたら光を浴びて体内時計をスイッチオン
- ②　夜更かしは睡眠を悪くする

6. 疲労回復・能率アップに，毎日十分な睡眠を
- ①　日中の眠気が睡眠不足のサイン
- ②　睡眠不足は結果的に仕事の能率を低下させる
- ③　睡眠不足が蓄積すると回復に時間がかかる
- ④　午後の短い昼寝でリフレッシュ

7. 眠くなってからふとんに入り，起きる時刻は遅らせない
- ①　眠たくなってから寝床に就く，就床時刻にこだわりすぎない
- ②　眠ろうとする意気込みが頭を冴えさせ寝つきを悪くする
- ③　眠りが浅いときは，むしろ積極的に遅寝・早起きに

8. いつもと違う睡眠には要注意
- ①　睡眠中の激しいいびき・呼吸停止，手足のぴくつき・むずむず感や歯ぎしりは要注意
- ②　眠っても日中の眠気や居眠りで困っている場合は専門家に相談

出所：厚生労働省「健康づくりのための睡眠指針2014」2014年3月より一部改変

⑤ 夜勤明け当日の帰宅してすぐの睡眠は2～3時間にとどめ，明るいうちに起きて活動的に過ごす

睡眠健康法を実行してもどうしても寝つけない，熟眠感がない，十分な時間寝ているのに日中に強い眠気がある，睡眠中に激しいいびきをかくなどのようなときは，心や身体の病気の可能性もあります。ひとりで悩まず，早めに事業場内の産業保健スタッフや事業場外の専門家に相談してください。例えば，う

つ病では，早朝に目が覚めてしまいそれっきり眠れない，熟眠感がないなどの睡眠障害を必ずともないます。こうした症状がある場合は，専門家に相談する必要があります。

③ 運　　動

身体の健康の維持のため，あるいは生活習慣病の改善のために運動が重要であるということは，よく知られています。さらに，運動は心の健康にも大切な役割を果たすことが分かっています。ストレスがたまってきたときに，職場で簡単な肩や腰のストレッチをして身体を動かしただけでも，気持ちが軽くなって再び仕事に集中できるといったように，運動がストレス解消や気分転換に役立つことは，多くの人が経験的に分かっているはずです。

さらに，運動はストレス解消だけでなく，うつ病などの精神疾患の症状改善に効果があるという研究成果が多く報告されています。エンドルフィンなどの脳内物質が運動によって増えて，症状が改善しているのではないかと考えられています。

また，特に定期的な運動習慣は熟眠を促進する効果が認められています。ただし，寝る前に強い運動をすることはかえって逆効果になりますので，気をつけましょう。

運動が心身の健康のためによいことは誰しも分かっていますが，なかなか運動する時間が見つけられない，運動が続けられないという大変さがあります。エレベーターなどを使わないでなるべく階段を使うなど，ちょっとした工夫をして，日常生活の中で身体を動かすように心がけたり，散歩などの軽い運動を習慣化したりしてみましょう。

④ 食　　事

仕事が忙しいと食事の時間が不規則になったり，外食の機会が増えるなど，食事がおろそかになりやすいのですが，食事は身体の健康のみならず心の健康にも大きく影響しているので，食事を見直す必要があります。

ストレスが加わると，体内ではストレスに対抗するため，アドレナリンやコルチゾールなどの抗ストレスホルモンを分泌する仕組みになっています。抗ストレスホルモンの合成にはビタミンB・C群が必要なため，ストレスがかかったときにはこれらのビタミンが消耗します。したがって，ストレス下ではビタミンB・C群の補給が必要になります。ビタミンB群を多く含む食品としては，豚肉，乳製品，レバー，納豆など，ビタミンCは野菜，くだものがあります。また，ストレスがかかるとタバコやお酒の量が増えますが，これによってビタミンCが失われますので，意識的に補うことが大切です。

また，カルシウム，マグネシウムは精神安定に効果があり，特にカルシウムはこの効果が大きく，不足するとイライラすることが知られています。カルシウムは小魚，海藻類，乳製品に，マグネシウムはナッツ類，大豆などに多く含まれています。

ストレスによってホルモン分泌が盛んになると，たんぱく質の代謝を亢進させますので，たんぱく質を食事で補うことも必要です。たんぱく質は肉類，魚類などに多く含まれています。

しかし，強いストレス下では食欲も低下し，必要な栄養素の補給を食事でとることが難しくなるので，ふだん以上に栄養に気を配ってください。

⑤ リラクセーション

日常生活では，程度の差はあっても，何かしらのストレスを感じているはずです。ストレスを感じた後は，そこから自分を解放し，十分リラックスした状態におくことがストレスによる悪影響を予防するためには大事です。

心身をリラックスした状態へと導く実際的な方法（リラクセーション法）には種々の方法がありますが，代表的な方法として呼吸法，漸進的筋弛緩法，自律訓練法などがあります。その他，音楽，ヨガ，アロマテラピーなどもリラクセーションのための方法として用いられています。

これらの方法に共通するポイントとしては，

① 楽な姿勢，服装で行う

② 静かな環境で行う

③ 心を向ける対象をつくる（「落ち着いている」などの言葉，音楽，イメージ，身体感覚など）

④ 受動的態度（身体の状態にそっと目を向ける）

が挙げられます。

a）呼 吸 法

呼吸には，胸部のみによる浅く速い胸式呼吸と，横隔膜を上下させる規則的で長くゆっくりとした腹式呼吸があります。緊張したときや不安なときは胸式呼吸となっていますので，意識的に深くゆっくりとした腹式呼吸をすることで心身をリラックスさせることができます。

意識を呼吸に集中させながら，以下のように行います（図表７）。

① 息を吐く（お腹の動きを感じるために，両手を重ねてお腹の前に当て，少し背中を丸める）

② ゆっくり息を吸う（４拍数えながら）⇒ お腹が膨らむ

③ ゆっくり息を吐く（８拍数えながら）⇒ お腹がへこむ

④ ②と③を繰り返す

最初は３分間続けられることを目標にし，徐々に長くできるように練習しましょう。

b）漸進的筋弛緩法

不安や緊張と筋緊張は密接に関係していますので，緊張すると自然と身体がこわばります。緊張した会議などの後に肩が凝ったりした経験は誰にでもあるでしょう。心の緊張をいきなり解いてリラックスするのは難しいので，逆に緊

図表７ 呼吸法

① 息を吐く

③ ゆっくり息を吐く

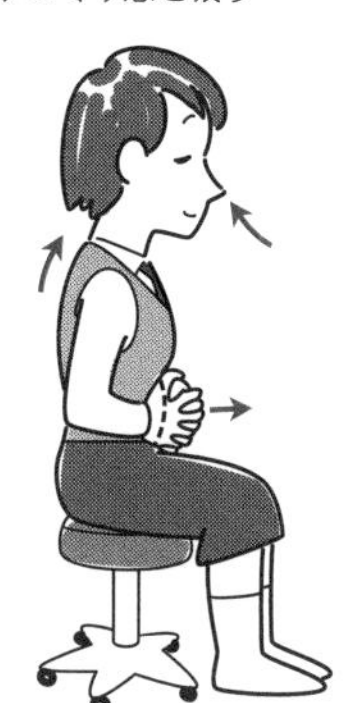

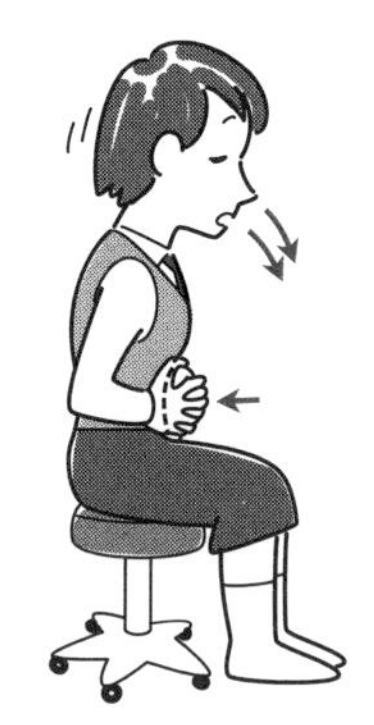

出所：中央労働災害防止協会「心とからだのオアシス」2008年秋号を参考に作成

張した筋肉のこわばりを解きほぐすことで心をリラックスさせます。

職場でもできるような簡単な方法で，「腕」と「肩」の筋肉をゆるめる手順を紹介します（図表8）。

腕：① 力を入れて両腕を前に伸ばしていき，拳を握り前腕部を力むようにする
② 力を入れたまま肘から腕を曲げ，上腕に力を入れる
③ 力を入れたまま，再び腕を前に伸ばしていき，手指もしっかり伸ばして力を入れた後で，両腕を脱力していく
④ リラックスする

肩：① 肩をすぼめ，約10秒間両肩に力を入れたままにする
② その後，ストンと肩を落とし，脱力する
③ リラックスする

図表8 漸進的筋弛緩法

●「腕」

① 力を入れて両腕を前に伸ばしていき，拳を握り前腕部を力むようにする

② 力を入れたまま肘から腕を曲げ，上腕に力を入れる

③ 力を入れたまま，再び腕を前に伸ばしていき，手指もしっかり伸ばして力を入れた後で，両腕を脱力していく

④ リラックスする

●「肩」

① 肩をすぼめ，約10秒間両肩に力を入れたままにする

② その後，ストンと肩を落とし，脱力する

③ リラックスする

出所：中央労働災害防止協会「心理相談専門研修テキスト」2006年を参考に作成

筋肉に力を入れたときの感覚と筋肉を弛緩させたときの感覚を交互に感じますが，筋肉の緊張と弛緩の感覚の差を大きくすることで，リラックスした状態を感じやすくなります。

c）自律訓練法

自律訓練法は，自己暗示の練習によって不安や緊張を軽減させ，筋肉を弛緩させ自律神経系の働きのバランスを整えます。ストレスに由来する身体症状の治療法として用いられていますが，リラクセーション法としても広く利用されています。治療法として実施される場合は専門家の指導のもとに実施されるのですが，リラクセーション法としては標準練習の部分を取り出して行われます。全部の公式を実施しなくても重感練習と温感練習だけでも十分とされています。

自律訓練法の標準練習手順を以下に示します（図表9）。

① 背景公式（安静練習）……「気持ちが落ち着いている」と暗示する
② 第1公式（重感練習）……「両手両脚が重たい」と暗示する
③ 第2公式（温感練習）……「両手両脚が温かい」と暗示する
④ 消去動作……………………両手の開閉運動，両肘の屈伸運動を数回行い，続いて背伸びしながら息を吐いて最後に目を開ける。

これらの練習はなるべく静かなところで，椅子にゆったり座るか，仰向けに寝て実施します。練習が終わったら必ず消去動作をします。両手でこぶしをつくって力を入れた後，ゆっくり開きます。両肘の屈伸運動をしたあと大きく背伸びをしてけだるい感じをとります。

なお，背景公式および重・温感練習中や練習後に不安感やイライラ感があったり，不快感をともなう胸痛や頻脈が出現する場合は練習を中止してください。

⑥ 認知行動療法など

a）認知行動療法

認知行動療法の認知はcognition，行動はbehavior，療法はtherapyでCognitive Behavioral Therapyとなり，頭文字を取ってCBTと呼ばれることがよくあります。この名前のとおり，認知行動療法は認知と行動の両面からの働きかけによりセルフコントロール力を高めて，ストレス，抑うつ，不安など

図表9　自律訓練法

・自律訓練を行うときの姿勢（3種類）

・自律訓練の標準練習

出所：中央労働災害防止協会「管理監督者・産業保健スタッフ等のためのメンタルヘルス指針基礎研修テキスト」2004年度版を参考に作成

さまざまな問題の改善を図る心理療法の技法の総称です。もとは行動に焦点を当てた行動療法と，思考など認知に焦点を当てた認知療法が1960年代に米国の精神科医であるBeck A.T.により統合され，理論的にも実務的にも認知行動療法と呼ばれるようになりました。

認知行動療法の基本モデルでは，ストレスを個人を取り巻く環境におけるストレス状況と，そのストレス状況から生じるストレス反応に分けて捉え，さらにストレス反応をもう少し細かくして，認知（思考），気分（感情），行動，身体反応の４領域に分けて理解します（**図表10**）。ストレス状況（環境），認知，気分，行動，身体反応の状態は互いに影響し合っており，ストレス状況をどう捉えるかという認知が変われば，気分，行動，身体反応は変化します。

落ち込みやすい人は，ちょっとした失敗を取り返しのつかない失敗だと考えたりする独特の認知のゆがみがあり，その認知が気分（憂うつ），行動（活動の低下），身体反応（頭痛，倦怠感）に悪影響を与え，これらがさらに非合理的，悲観的な認知を誘発し，ぐるぐると悪循環が生じて抜け出せなくなってしまうのです。その悪循環を，認知を修正し，行動パターンを変えることで断ち切るのが認知行動療法です。

図表10 認知行動療法の基本モデル

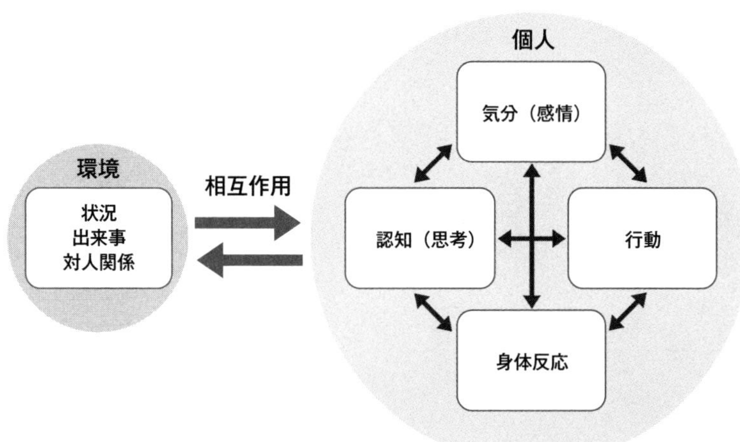

出所：伊藤絵美『ケアする人も楽になる認知行動療法入門 book 1』医学書院，2011年「認知行動療法の基本モデル」を改変

認知行動療法はうつ病，パニック障害・強迫性障害・社会不安障害などの不安障害をはじめ不眠などに適用され，科学的根拠に基づいて有効性が報告されています。認知行動療法は今や心理療法の世界標準となっており，イギリスやアメリカではうつ病と不安障害の治療ガイドラインで第一選択肢になるなど，その活用が広く推奨されています。

b）マインドフルネス

1）マインドフルネスとは

世界的な大企業が，社員の健康や生産性の向上のためにマインドフルネス瞑想を取り入れているといった事例もあるなど，近年，マインドフルネスへの関心が高まっています。マインドフルネスについての定義はいろいろありますが，その定義からマインドフルネスの本質を知的に理解するのはとても難しく，マインドフルネスの技法である瞑想を実践することで体験的に理解することが求められます。

そもそもMindfulnessとは2,500年以上前の原始仏教で用いられていたsatiという「心をとどめておくこと」「注意」などの意味をもつ仏教用語の英語訳です。日本語では「気づき」と訳されていますが，「今，ここ」の現実をあるがままに知覚し，感情や思考にとらわれない意識のもち方を指します。仏教では瞑想を通じてこのような意識のありようを求めてきました。

宗教的なマインドフルネスから派生して，1970年代に米国のJon Kabat-Zinnが慢性疼痛患者を対象としたグループ療法としてマインドフルネスストレス低減法（Mindfulness-Based Stress Reduction：MBSR）を開発し，それ以降マインドフルネスは心身医学の分野で活用されるようになりました。その後，MBSRを再発性うつ病に適用したマインドフルネス認知療法やアクセプタンス＆コミットメント・セラピーなどの介入法が精神医学や臨床心理学の分野で活用されるようになっています。

2）マインドフルネスの目指すこと

マインドフルネスでは「今」に注意を向け，「あんなことを言わなければよかった（過去）」「また，失敗したらどうしよう（未来）」といった否定的な考えを頭の中で反芻しているような状態において，否定的な思考や感情と距離をとり，これは自分の思考がつくり出した頭の中だけの世界であり「今，自分は『また失敗したらどうしよう』と考えているな」というように思考や感情を俯瞰できるようになることを目指します。そうなれば否定的な思考や感情にも冷静に対処し行動できるようになります。マインドフルネスではこのことを瞑想を通じて実践していきます（マインドフルネス瞑想）。

3）マインドフルネス実践での2つの瞑想

マインドフルネス実践においては２つの瞑想技法があります。ひとつ目は集中瞑想で，「今，ここ」に注意をとどめるための集中力を育むための瞑想です。特定の対象を用いて，そこに意図的に注意を集中します。特定の対象としては何でもよいのですが，呼吸を対象とすることが多いです。呼吸に注意を集中していても，『お腹がすいた』とか，『こんなことして何になるんだろう』とか，集中が妨げられますが，呼吸から注意が逸れていることに気づいたら，また呼吸に注意を戻すということを繰り返すことで，特定の対象に注意をとどめることができるようになります。

２つ目は洞察瞑想で，今この瞬間に生じている経験に気づいているための平静さを育む瞑想です。洞察瞑想では特定の対象を用いずに，今この瞬間に生じている思考や感覚などの経験が，現れては消えていくさまに“気づいている”ということを訓練します。これによりどんな体験であっても穏やかで落ち着いた心の状態でいることのできる平静さを育みます。

この２つの瞑想技法を実践することで，マインドフルな意識のありようを身につけることができるのです。

❷ 過重労働の防止

① 過重労働がメンタルヘルスに与える影響

過重労働（長時間労働）は，結果として睡眠不足をもたらします。睡眠が十分とれないと心身の疲労は回復する機会のないまま体調の不良が続くことになり，徐々にストレスへの対処能力が低下していくことになります。生理的な脳の疲労回復がなされないと，睡眠の質もますます悪化し，それは精神面の不調（うつ病など）の発症につながっていくことになります。このような背景と，近年の多くの臨床事例や疫学調査から，長時間労働それ自体が精神障害発症の誘因になり得るとの見解が認められるようになりました。

「精神障害の労災認定の基準に関する専門検討会：2011年11月（以下，「専門検討会」という）」は，長時間労働とメンタルヘルス不調との因果関係を認め，「極度の長時間労働，例えば数週間にわたる生理的に必要な最小限度の睡眠時間を確保できないほどの長時間労働は，心身の極度の疲弊，消耗をきたし，うつ病等の原因となると考える」という見解を表明しました。その基本的な指標として，「発病直前の１ヵ月におおむね160時間を超えるような時間外労働を行っている場合や，発病直前の３週間におおむね120時間以上の時間外労働を行っているような場合」には，精神障害との関連性において因果関係が成立するとしています。

その他にも，「長時間労働が続く中で発生した出来事への心理的負荷はより強くなることから，出来事自体の心理的負荷と恒常的な長時間労働（月100時間程度となる時間外労働）を関連させて総合評価を行うこと。具体的には，「中」程度と判断される出来事の後に恒常的な長時間労働が認められる場合などには，心理的負荷の総合評価を「強」とする。なお，出来事の前の恒常的な長時間労働の評価期間は，発病前おおむね６ヵ月の間とする」との見解も示しています。

また近年は，職場ストレスとして関係者間におけるハラスメントの増加状況が見られることから，2020年６月には改正労働施策総合推進法（旧・雇用対策法）が施行され，パワーハラスメントの定義が法律上規定されました。これを受け，精神障害の労災認定基準としても「業務による心理的負荷評価表」の中に「パワーハラスメント」の項目が加えられました。

景気の停滞や，企業再編成など労働者を取り巻く経済環境の厳しさが続く中で，今後も労働者の過重労働の増加やストレスの高まりが懸念されています。しかし傾向を見ると，精神障害の請求件数は増加傾向にあるものの認定件数は横ばい状態にあり（**図表11**），「自殺」に関しては請求件数は増加傾向ではなく，認定件数も横ばいか，むしろ減少傾向も見られます（**図表12**）。

図表11 精神障害の労災請求・認定件数の推移

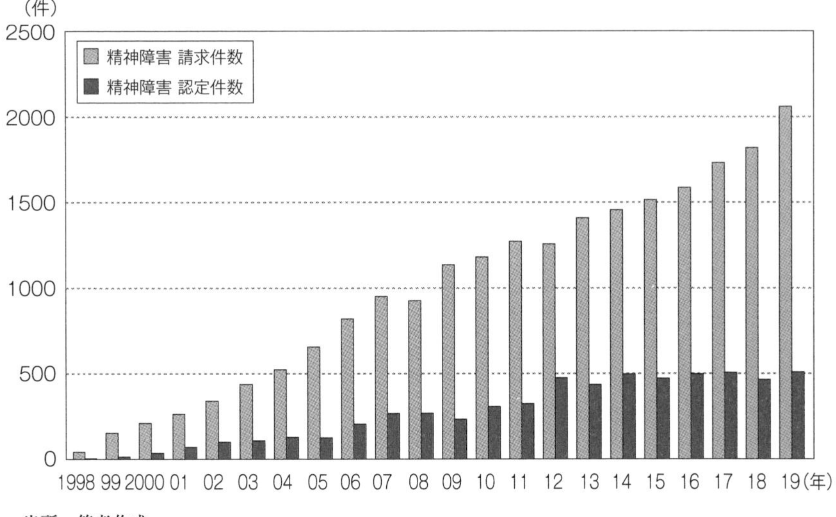

出所：筆者作成

図表12 自殺（未遂を含む）の労災補償状況

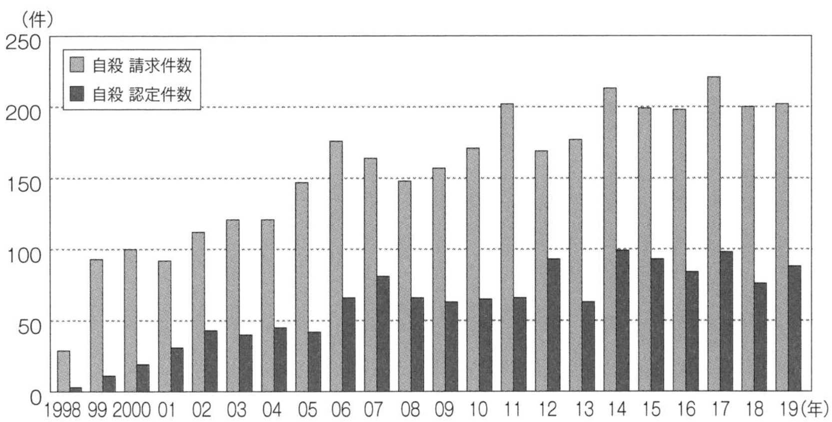

出所：筆者作成

② 過重労働防止対策の実際

a）過重労働対策のプライオリティ

職場には労働者自身ではコントロールできない職場特有の健康障害因子が存在します。その代表的な因子のひとつとして挙げられるのが過重労働の問題です。厚生労働省では，１ヵ月の時間外労働，休日労働時間が45時間以内であれば健康障害のリスクが低く，１ヵ月で100時間を超えること，または２～６ヵ月の平均で月80時間を超える過重労働になると，健康障害のリスクが非常に高くなると報告しています。そのため，行政指針として事業者の行うべき対策として以下の４点を挙げています（「過重労働による健康障害を防止するため事業者が講ずべき措置」2006（平成18）年３月）。

① 時間外・休日労働時間等の削減

② 年次有給休暇の取得促進

③ 労働時間等の設定の改善

④ 労働者の健康管理に係る措置の徹底

これは事業者が過重労働防止に取り組む上での対策プライオリティ（実施順序）を示しているということができます。川でたとえれば，まずは源流対策に取り組むべきであり，それが困難な場合に，次策として支流・末流への対策を展開すべきということです。

つまり，事業者は，源流である過重労働（長時間労働）の実態に対して，そもそも職場からなくす努力に取り組むべきであり（①時間外・休日労働時間等の削減），その施策の徹底こそが，本質的な解決策であることは誰の目にも明らかです。①を実際的に実行できる方法として，年次有給休暇の取得促進は大変有効です。休みが増えれば自ずと労働時間は減ります（②年次有給休暇の取得促進）。事業者は休暇取得を推進し，休日および年次有給休暇を与える時季を設定します。また，労働者のワーク・ライフ・バランスが整うよう多様な働き方の導入に積極的に取り組む必要があります（③労働時間等の設定の改善）。やむなく過重労働を行った労働者に対しては，事業者はタイミングを逸することなく医師による面接指導を行い，医師の意見を遅滞なく聴取した上で，必要な措置を講じなければなりません（④労働者の健康管理に係る措置の徹底）。

b）衛生委員会の活用と地域窓口（通称：地域産業保健センター）の活用

事業場全体の活動として，過重労働の抑制とメンタルヘルス不調などの健康対策に取り組んでいく際に最も重要なことは，事業者が強い意志をもって対策を進めていくという姿勢を全労働者に伝えることです。そして事業者は，その意志を実現させるための方法として，第一に事業場内において運営組織を構成し，現実的な対策を計画的に進める必要があります。この目的を達成させるための最適な組織が，衛生委員会（または安全衛生委員会）です。

同委員会は，職場の安全衛生問題を具体的に把握しており，組織を通して計画的に解決していく意味において最も活動的であり信頼できる組織でなければなりません。同委員会において，毎回，過重労働（長時間労働）に関する議題を取り上げ，前月の部門別時間外労働時間や，医師による面接指導の結果などを報告させます。部門間において時間外労働者の発生に大きな違いがあったり，管理監督者間での状況に対する理解の違い，深刻な健康障害の可能性などの報告を受けた場合，同委員会は組織として解決に向けた対策を計画しなければなりません。また，個人情報の取扱い問題が出てくるようであれば，プライバシー保護の観点からも，情報は産業医を中心として管理するというルールを取り決めておくことが必要です（労働安全衛生法第104条第１項，第２項）。

なお，小規模事業場（常時50人未満の労働者を使用する事業者）においては，産業医もおらず衛生管理者の選任義務もないなど（衛生推進者の指名は必要），自力にて十分な安全衛生体制が整備できないことが少なくありません。小規模事業場における面接指導については，全国の労働基準監督署単位で設置され，労働者の健康管理に関する相談などに応じる産業保健総合支援センターの地域窓口（通称：地域産業保健センター）を活用することで，医師による面接指導のサービスを受けることができます。

ただし，地域産業保健センターでの面接指導を，事業者指示にて当該労働者が受ける場合には，労働安全衛生法第66条の８第２項に規定されている事業者が指定した医師が行う面接指導に該当することとなりますので，この場合，事業者は，対象となる労働者の勤務の状況（例えば，直近１ヵ月の総労働時間，時間外・休日労働時間，業務内容など）を記した書面を当該医師に提出するとともに，労働安全衛生規則第52条の６に基づき当該面接指導の結果を記録し保存しておくことが求められます。

③ 過重労働とライフスタイル

a）過重労働による生活習慣の悪化

過重労働は，疲労の蓄積をもたらす有害な要因です。特に，過重労働と脳・心臓疾患の発症との関連性が強いという医学的知見が得られていることから，時間外労働時間（休憩時間を除き１週間当たり40時間を超えて労働させた場合におけるその超えた時間をいう）が月45時間を超えて長くなればなるほど，それらの発症リスクは上昇すると理解されています。過重労働を背景とする健康障害の発症メカニズムについては**図表13**で理解することができます。

「長時間労働」が長く続くことでストレスとなり，自律神経系と内分泌系が刺激されます。「長時間労働」は生体にとっては，健康安定の危機（ホメオスターシスへの危険）を感じさせるものであるため，それへ対抗するために交感神経系が活性化されます。すると，アドレナリンやノルアドレナリンの分泌が高まるので，血圧上昇，血中脂質の上昇，血糖値上昇などを引き起こします。長期間にわたってこのような状態が続くと，高血圧症，脂質異常症，糖尿病の状態となり，これらは動脈硬化を促進しますので全身の循環が悪化し，特に脳・心臓循環器疾患（心筋梗塞や脳梗塞など）の発症リスクを高めます。

一方で「長時間労働」は，労働者の帰宅時間を遅くさせ，労働者は十分な睡

図表13 ストレス，長時間労働と循環器疾患の発症のメカニズム

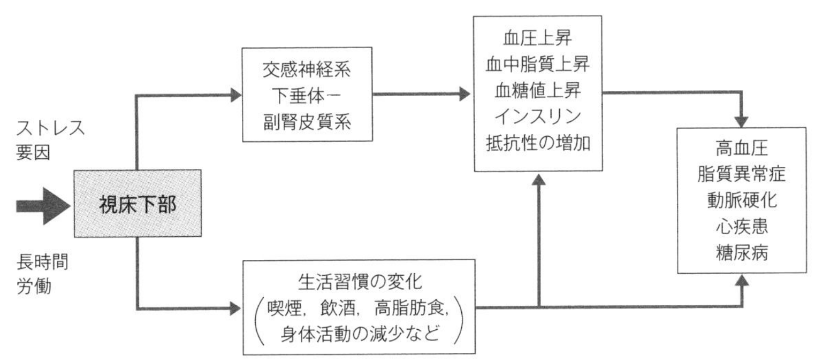

出所：㈶産業医学振興財団『産業医のための過重労働による健康障害防止マニュアル』より改変

眠時間を確保できなくなります。この状態が続くと疲労の回復は遅れ，体力は低下するとともに自律神経系がさらに不安定な状態となります。いわゆる自律神経失調状態となり，症状として，微熱，頭痛，肩こり，生理不順，動悸や消化器症状，不定愁訴が出てくることになります。多くの場合，同時に，気分の不調感，気分の抑うつ，不安感やイライラ感も発現してきますので，メンタルヘルス不調が前面に出ることもあります。

メンタルヘルス不調は人の行動に影響しますので，生活習慣が乱れ，不健康な生活になりがちです（喫煙の増加，飲酒の増加，食行動の変化，運動不足など）。これら不健康な生活習慣は直接的または間接的に，高血圧，脂質異常症，糖尿病を増悪させることになるため，ますます循環器疾患の発症率を高めてしまうことになります。

b）メタボリックシンドロームという視点

脳・心臓血管事故を起こす原因である動脈硬化を促進させないために，「メタボリックシンドローム（メタボ）」という概念が政府によって社会に展開されました（2008年４月，特定健康診査・特定保健指導事業と同時進行）。全国民を対象に施策を展開することで，ポピュレーションアプローチを図り（一次予防），同時に保険者による地域での健診や職場での健康診断において早期発見をするという戦略です（二次予防）。

労働者全体の脳・心臓疾患リスクが上昇しつつある現状においては，産業保健の立場からもメタボリックシンドロームの概念を職場に持ち込んで，動脈硬化抑制を目的として必要な健康情報の提供や保健指導の実施をすることは大変意義があります。ちなみに，医学的なメタボリックシンドロームの診断基準は，第一に，腹囲（へその高さ）が，男性で85cm 以上，女性で90cm 以上，であること。第二に，①血清脂質異常（トリグリセリド値150mg/dL 以上かつ／またはHDLコレステロール値40mg/dL 未満），②血圧高値（最高血圧130mmHg 以上かつ／または最低血圧85mmHg 以上），③高血糖（空腹時血糖値110mg/dL 以上）の３項目（①②③）のうちでどれか２つ以上に当てはまる場合をいいます（図表14，後述の特定保健指導における対象者判断には「血糖値100mg/dl 以上または HbA1c5.6% 以上」が採用されています）。

さて，全国の労働者の健康診断結果を見てみると，ほぼすべての項目におい

図表14 メタボリックシンドロームの診断基準

必須項目	内臓脂肪蓄積 ウエスト周囲径　男性≧85cm 女性≧90cm （内臓脂肪面積　男女とも≧100cm^{2}に相当）
	＋
選択項目 これらの項目のうち２項目以上	高トリグリセリド血症　≧150mg/dL かつ／または 低 HDL コレステロール血症 ＜40mg/dL
	収縮期（最大）血圧　≧130mmHg かつ／または 拡張期（最小）血圧　≧85mmHg
	空腹時高血糖　≧110mg/dL

＊ CT スキャンなどで内臓脂肪量測定を行うことが望ましい。
＊ ウエスト周囲径は立ったまま，軽く息を吐いた状態でへそまわりを測定する。
＊ 高トリグリセリド血症，低 HDL コレステロール血症，高血圧，糖尿病に対する薬剤治療を受けている場合は，それぞれの項目に含める。

て毎年有所見率が増加しています。すでに何らかの所見をもつ労働者の率は57.0％（厚生労働省「令和元年定期健康診断結果」より）にまで上昇しています。職場のストレスもあって，過食傾向⇒肥満⇒メタボ，となっていく労働者もいます。職場の健康管理として注意しなければならないのは脳・心臓疾患の労働災害事例の発生です。脳・心臓疾患の発症を高めるような項目群（体重，血圧，血糖，脂質異常，心電図，喫煙習慣など）に関する有所見者が増えているため，これらに所見をもつ労働者に対しては，メタボに注目した保健指導を徹底するとともに，治療が必要と思われる労働者に対しては医療受診への誘導をするなど，個人の状況に合わせたきめ細かい指導を行う必要があります。

④ 特定健診・特定保健指導

a）特定健診（特定健康診査の略）・特定保健指導の背景と狙い

高齢化の急速な進展にともない，国民の疾病全体に占めるがん，虚血性心疾患，脳血管疾患，糖尿病などの生活習慣病の割合が増加し，死亡原因でも生活習慣病が約６割を占め，全医療費に占める生活習慣病の割合も国民医療費の約３割となっています。国民の生涯にわたる生活の質の維持・向上のためには，これら生活習慣病の発症予防と重症化や合併症への進行を予防することが必要です。そこで，高齢者医療確保法の施行によって2008年４月から医療保険者（国保・健保組合等の被用者保険）に対し，40～74歳の加入者（被保険者・被扶養者）を対象として，メタボリックシンドロームに着目した生活習慣病予防のための特定健診および特定保健指導の実施が義務づけられました。

この特定健診事業のターゲットとゴールは明確です。ターゲットはメタボリックシンドローム該当者もしくはその予備群，そしてゴールは，このターゲットに対して特定保健指導を実施することで生活習慣を改善させ，メタボリックシンドローム該当者を減らすことであり，結果として生活習慣病への罹患を抑制することです。

つまり，特定健診は特定保健指導の対象者（ターゲット）を絞り込むためのスクリーニング作業であり，その後の特定保健指導こそが事業の核心部分ということになります。特定保健指導の的確な運営ができれば（有所見者を「動機付け支援」と「積極的支援」に分けて階層化し，それぞれに決められた保健指導サービスを提供します。特に所見のない方は「情報提供レベル」になります），自ずとその成果はついてくるという考えです。特定保健指導は，保険者は毎年，本事業による改善効果を評価し，政府に報告しなければならないとされています。

b）事業者健診と保険者健診の違い

特定健診・特定保健指導は，労働安全衛生法に準拠している事業者健診（定期健診のこと）・保健指導と比較することで，その目的と意味の違いをさらによく理解することができます。

事業者が行う定期健診は，労働者の健康を維持管理し適正管理するためのものであり，安全配慮義務を履行する一環として事業者に義務づけられています。健診を通して，①労働者ごとに個別の健康影響を検討し，②就業の適正を判定し，③作業関連疾患を防止すること，などが目的です。「健康診断結果に基づき事業者が講ずべき措置に関する指針（2017年４月改正）」には，保健指導の実施について事業者は，「一般健康診断の結果，特に健康の保持に努める必要があると認める労働者に対して，医師又は保健師による保健指導を受けさせるよう努めなければならない。この場合，保健指導として必要に応じ日常生活面での指導，健康管理に関する情報の提供，健康診断に基づく再検査又は精密検査，治療のための受診の勧奨等を行うほか，その円滑な実施に向けて，健康保険組合その他の健康増進事業実施者（健康増進法（平成 14 年法律第 103 号）第 6 条に規定する健康増進事業実施者をいう）等との連携を図ること。深夜業に従事する労働者については，昼間業務に従事する者とは異なる生活様式を求められていることに配慮し，睡眠指導や食生活指導等を一層重視した保健指導を行うよう努めることが必要である」とされています。また職場で行う保健指導全般においては，産業医が職場の内容に詳しいので，産業医が中心となって取り進めることが適当であるとも記載されています。

事業者が行う健診と保健指導は，「就業に関する適正管理」を目的としたものであるのに対し，保険者が行う特定健診・特定保健指導は，医療費の適正化が目的であるため，メタボリックシンドローム対策以外の視点は含まれていません。保険者による保健指導は，産業保健から見れば労働者の脳・心臓循環器疾患を予防することにつながるものであり，事業者と保険者がもつ互いの強みを協業させれば，効率的で総合的な保健活動とすることができると考えられます。

c）メタボリックシンドロームの予防（生活習慣の改善）

メタボリックシンドロームを形成し，かつ病態を促進させる本質は内臓脂肪の蓄積ですので，根本的な予防対策は，肥満の予防，肥満の改善です。そのため，食事，運動，飲酒などによる過剰な内臓脂肪蓄積が起こらないような生活スタイルの確立が求められます。特に，職域においては定期健康診断がありますので，きちんと毎回受診をしてウエスト周囲径や，血圧，血中脂質，血糖値をチェックすることが健康的な生活習慣への第一歩です。

食事に関するアドバイスのポイントは，規則正しい食事の時間，腹八分目にして食べ過ぎないこと，よく噛むこと（ひと口30回），睡眠前の食事はなるべく控える，夜食はできるだけ避けるか，軽くして消化のいいものに工夫すること，肉類ばかりの食事は飽和脂肪酸が多くなり体によくないので副菜の中心を魚類（不飽和脂肪酸が多い）にすることです。食物繊維は急激な血糖上昇を避

図表15 生活習慣の修正

修正項目	具体的な内容
減塩	食塩摂取量6g/日未満
肥満の予防や改善	体格指数（BMI）[*1]25.0kg/m²未満
節酒	アルコール量で男性20～30mL/日以下[*2]，女性10～20mL/日以下
運動	毎日30分以上または週180分以上の運動
食事パターン	野菜や果物[*3]，多価不飽和脂肪酸[*4]を積極的に摂取，飽和脂肪酸・コレステロールを避ける
禁煙	喫煙のほか間接喫煙（受動喫煙）も避ける
その他	防寒，情動ストレスのコントロール

[*1]体格指数：「体重(kg)÷{身長(m)}²」で算出
[*2]おおよそ日本酒１合，ビール中瓶１本，焼酎半合，ウィスキー・ブランデーはダブルで１杯，ワインは２杯
[*3]肥満者や糖尿病患者では果物の過剰摂取に注意。野菜や果物の摂取については腎障害のある患者では医師に相談が必要
[*4]多価不飽和脂肪酸は魚などに多く含まれる
出所：日本高血圧学会「高血圧治療ガイドライン2019」より

けることができますので野菜類，キノコ類，海草類をたっぷりとり，間食（お菓子やジュース類）は控える，塩分の摂り過ぎは血圧を上昇させるので薄味にする，アルコールを適量にする（１日せいぜい日本酒換算で１～２合まで）など，本来の日本人の食文化である，米主食，豊富な野菜を含むいろいろな種類のおかずを食べるという食生活にしましょう。これらは自然と，低脂肪，低カロリー，高食物繊維となります。この食生活は体重を徐々に減少させますし，動脈硬化の速度を遅らせることになります。**図表15**には，高血圧予防のための生活習慣全般にわたるガイドラインを参考までに掲載しておきます。食事の重要性がここでもよく分かります。

運動のポイントは，定期的に軽度な有酸素運動（ウォーキング，ジョギング，サイクリング，水泳など）を行うことです。少し息が乱れ，ややきついと感じるくらいの強さの運動を20～30分継続できると脂肪の燃焼に効率がいいのですが，週末にまとめての運動でも結構ですし，もちろん毎日の通勤などを利用して長めの歩行でも効果はあります。１日１万歩を心がけている人もいます。運動により循環器機能は向上しますし，体重の減少にも効果があります。特に，糖尿病治療にとっては運動療法はとても重要で，血糖の安定化にともない循環

器疾患の予防にもなります。また，運動は気分転換にもなりますので，ストレス対処としても効果があります。

喫煙は，脳・心臓循環器疾患発症の明確なリスクファクターですので，メタボリックシンドロームの方は特に禁煙が必要です。節煙ではなく禁煙が大切です。喫煙は直接的に血管を傷つけて動脈硬化を促進させますし，血圧も上昇させ，糖尿病があればさらに血管障害を決定的に進行させます。また，喫煙は動脈硬化に抑制的に働く善玉のHDLコレステロールも減少させ，発ガンにも関与します。あらゆる面で喫煙の害は証明されていますので，喫煙者はぜひ禁煙をすべきです。また，職域においては，物理的に間接喫煙の状況が発生しないように喫煙場所を屋外にするか，屋内の場合には，喫煙場所を設けて分煙室として分離することが必要です。

❸ ストレスへの対処

① ストレス対処行動の定義と役割

ストレスに対処するための行動をコーピング（coping）といいます。コーピングはストレス反応の発生を抑えたり，反応の程度を低減したりすることを目的とした行動です。例えば，プレゼンテーション前の不安を抑えるために音楽を聴いたりスポーツで汗を流したりして気分転換を図る，苦手意識をなくすために「そもそも生まれながらに苦手なものというのはない」と考えて自分を励ますといった行動がコーピングです。飲酒で嫌なことを忘れるという行動もコーピングのひとつです。これらの例から分かるように，コーピングには身体の活動をともなったものと，思考としての精神作業の2種が含まれます。

コーピングにはさまざまな種類があります。ストレスマネジメントで有名なリラクセーション（relaxation）は，ストレス反応のひとつである情動の興奮を下げるコーピングです。情動の興奮を下げることで，怒り，不安，恐怖といった情緒不安定を解消することに役立ちます。また，騒音によるイライラを減らすために引っ越しをすることは，イライラのもとであるストレッサーを直接に取り除く有効な方法です。この場合，リラクセーションでイライラや怒りを抑えようとしても根本解決にはなりません。1つひとつのコーピングにはスト

図表16　ストレス対処の効果の違い

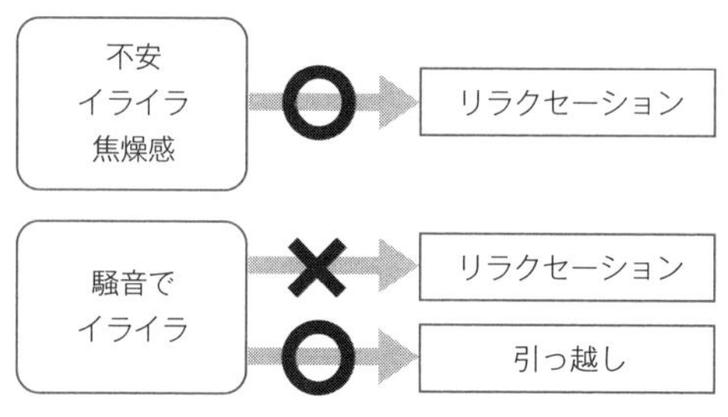

ストレス対処にはそのときに有効な方法がある

レス反応抑制に対して得意とするアプローチがあるのです（図表16）。

先に「根本解決」という言葉が出ましたが，ストレッサーが存在する場合は，私たちが何らかの課題解決を迫られているときなのです。仕事が思うようにはかどらないというストレッサーに悩んでいるとき，どうにかして仕事の進捗状況を改善していこうと考え活動します。この考えや活動がコーピングであり，課題解決行動になります。

まとめると，ストレッサーは解決されるべき課題であり，コーピングはその課題を解決するための行動です。そして，適切なコーピングを行うことによって，ストレス反応の発生が抑えられたり反応の程度が軽減されたりすることになります。

② ストレス対処行動のタイプと対応の仕方

a）問題焦点型コーピングと情動焦点型コーピング

課題解決行動であるコーピングはたくさんありますが，一定のタイプ分けが可能です。

まず，コーピングは問題解決を目的とした問題焦点型コーピングと情動興奮の低減を目的とした情動焦点型コーピングに分けることができます。問題焦点型コーピングは，ストレッサーを取り除くことを目的とし，情動焦点型コーピングはストレッサーによって引き起こされた怒りや不安などの情緒不安定を低減させることを目的としたコーピングです。

友だちとけんかをしてギスギスした関係になったときに，自分から謝って以前のような良好な関係を取り戻そうとする行動は，不仲という問題を直接的に解決するための問題焦点型コーピングを行ったことになります。先の騒音に悩んだときの引っ越しという行動も同様です。一方，友人関係におけるイライラを忘れるために酒を飲む，遊びや仕事に没頭するといった気分や感情の変化を目的とした行動は情動焦点型コーピングに該当します。そして，リラクセーションは最も有名な情動焦点型コーピングです。

一般的には，問題焦点型コーピングは課題解決に直結することから好ましいコーピングといわれています。しかし，どうしても解決できないストレッサーも存在します。残業の多い仕事は嫌なものですが，だからといって仕事から逃げることはなかなかできません。このようなときには，仕事への嫌悪感を少なくするためにリラックスできる時間を設ける，ゆっくり休んでイライラをなくすというコーピングを採用することのほうが現実的です。また，重大な商談の直前に自分を落ち着かせようと深呼吸をしたり，信心する神様などに祈ったりする場合は，商談を行う前に情動焦点型コーピングを行っていることになります。私たちは２つの型のコーピングを適宜選択して行っています。

b）ストレス発生に対する「くさび」としての分類

ストレス発生の道筋を基準にコーピングを分ける方法もあります。ストレス発生には図表17のような道筋が考えられています。まず，ストレッサーとなり得る刺激（出来事）が発生します（刺激の発生）。この刺激を，自分にとっては問題のないものであるとか重要でないと認知（認識）すれば，刺激はストレッサーとはなりません。重要でないということは，別段困った状況にはならないからです。しかし，「嫌だな」とか「つらいな」と認知したなら，その刺激はストレッサーとなって後のストレス発生の道筋を進むことになります（認知的評価）。そうなると，まず怒り，焦燥感，不安，恐怖といった情緒不安定状態が生じます（情動的興奮）。次に，交感神経系と副腎皮質の働きによって筋肉の硬直，心拍数の上昇と血流量の増加，発汗といった身体現象が生じます（身体的興奮）。このような心身の興奮が慢性的に続くと，精神不安定，高血圧，血栓，免疫力の低下という好ましくない症状が現れます。

さまざまなコーピングは，刺激の発生から身体的興奮までの一連の流れのどこかに「くさび」を打ち，ストレスの流れを中断するように働く役割を担って

図表17 ストレスの発生に対応した対処の種類

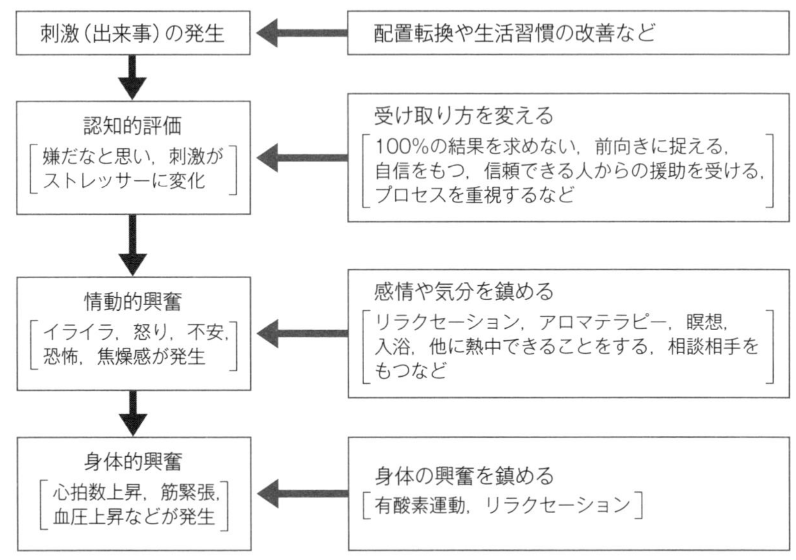

ストレスの発生段階に応じた対処がある

います。次に，各段階に有効なコーピングを示します。

＜刺激の発生を阻止する＞

ストレッサーとなりやすい刺激を生み出さないようにするためのコーピングです。人づきあいが苦手な人をひとりでもできる作業に配置することは，対人関係のストレッサーを生み出さないコーピングを行ったことになります。また，生活管理をしっかりと行い，少々の出来事には心身ともに影響を受けないという予防的措置も同様です。

＜認知的評価によりストレッサー発生を阻止する＞

刺激をストレスフルと認知しない方法です。上司からの注意（刺激）を素直に受け取り以後の行動指針にすれば，その刺激はストレッサーにはなりません。しかし，「注意されるような人間は駄目だ」とか「自分は完璧でなければならない」といった考えをもっていたなら，上司からの注意は不快であり認めがたい出来事となってしまいます。新しいプロジェクトのプレゼンテーションを行うとき，「失敗したらどうしよう」と不安ばかりが先立てば処理しがたいストレッサーに変わりますが，「新たな体験を楽しもう」と思えば成長のための適度なストレッサーとなります。このように物事への受け取り方（認知）を変えることで，ストレス発生を阻止したり，ストレスの程度を少なくしたりできます。100％完全主義的な考えをやめる，悲観的にならずに前向きに考える，解決に向けた自信をもつ，信頼できる人からの援助を確保する，結果ではなくプロセスを重視するという考え方も有効です。

＜情動的興奮を鎮める＞

この段階へのコーピングでは，情動的興奮を鎮めるためのリラクセーションが有効です。リラックスすることで気分を安定させ，情緒不安定を改善するコーピングです。他にはアロマテラピー，腹式呼吸，瞑想といったテクニックがありますが，ちょっとした休憩を入れるとかお茶を楽しむといった簡便な方法も有効です。

＜身体的興奮を鎮める＞

副腎皮質ホルモンのコルチゾールは身体的興奮を発生させる物質です。筋肉の緊張を促すために交感神経系の興奮を生じさせますが，自律神経のバランス調整を行うセロトニンの分泌を抑制することがあります。心身の安定のためには，分泌されたコルチゾールを適度に消費する必要があります。コルチゾール消費に有効な方法が有酸素運動です。ゆっくり息をしながら続けられる運動であり，ウォーキング，サイクリング，ゆったりとした水泳などが効果的です。

また，リラクセーションも筋緊張を低減するため，身体的興奮の低下に役立ちます。

③ ストレス対処行動スキルの向上

メンタルヘルスへの関心が乏しい人に，あれこれ教育や指示を与えても従ってはくれません。しかし，放っておくとストレスに負けてしまうことになりかねません。ストレス対処行動すなわちコーピングのスキルを高めるには，個人のストレスへの関心度やストレス低減のための努力度の違いによって，指導のアプローチを変えなければいけません[3)]。

a）自分のメンタルヘルスやストレスに関心がない段階

この段階の人は，例えば喫煙や暴飲暴食をやめることの不利益を重視し，逆に利益を軽視します。そのため，いかにしてメンタルヘルスやストレスの弊害についての関心を高めるかが鍵となります。適切なコーピングについての利点を数多く伝えて練習できる機会をもつことが課題となり，メンタルヘルスに関する講演会や個人面接を積極的にもつようにしましょう。今までよりもメンタルヘルスやストレスについての関心や気づきが強まったなら，個人面接でさらに強化するように働きかけます。

b）自分のメンタルヘルスやストレスに関心はあるが，何も実行しようとしない段階

この段階の人は，メンタルヘルスやストレスの弊害について関心はありますが，取り組むのは大変だと考え，二の足を踏んでいる状態にあります。取り組めばよい結果が待っていることは知っていますが，利益を得るまでの苦労が大変と思っているため，時間や労力の損失よりも恩恵のほうが大きいことを教える必要があります。そのためには個人面接を多く行いますが，面接者は相手の述べることを繰り返しながら傾聴し，相手自身がこれまでよりも変わりたいと思えるような動機づけを高めるようにします。また，今のままでいることによる家族など他者への悪影響についても理解を深めるようにしたり，実際にストレス低減に励むようになった人の例を示したりすることも有効です。

c）自分のメンタルヘルスやストレスに関心があり，実際に何か実行をし始めた段階

メンタルヘルスの重要性を認識し，ストレス低減のための工夫を行い始めた段階にある人には，個人面接などを通して実行をさらに強化するように働きかけます。個人で得た知識の誤りを修正して正しい知識を伝え，より効率的な方法を行えるようにします。また，すぐに実行できるように環境を整えることも重要です。例えば，運動やリラクセーションのための道具を近くに置くようにして継続を促すように努めます。個人面接を通して健康増進や不快な気分の低減などに気づき，個人自身が健康行動を強化していくようにもします。

d）自分のメンタルヘルスやストレスに関心があり，少なくとも6ヵ月以上実際にストレス低減に努めている段階

運動やリラックスするといったコーピングを積極的に行い，6ヵ月以上の間，心身の健康維持に努めている人が該当します。この場合，ストレス対処に努めていない状態に逆戻りすることを予防することが課題となります。逆戻りの原因は，多忙な業務や苦境などつらい出来事に遭遇することが挙げられます。個人面接を通して，逆戻りしないことを意識した生活，同じようにストレス低減に努める人たちとの交流，そして6ヵ月以上継続してきた自信を深め，今後もやり続けられる見通しをもつことなどについて話し合うことが必要です。

これまで個人のストレスへの関心度やストレス低減のための努力度の違いをもとに指導するポイントを述べてきましたが，どのような段階においても共通したアプローチがあります。すなわち，管理監督者は絶えずストレスについての正しい知識をもつように努めること，ストレス対処行動スキルの向上は誰にも可能なことであり，個人のQOL（Quality of Life：生活の質）の向上にも役立つという認識を常にもつこと，そして対処行動の実行ペースには波があるため，一喜一憂しないことを指導するようにしなければいけません。

4 職場によるサポート

① 職場によるサポートの内容

個人のストレスを弱めたりなくしたりするためには，周囲からのサポートが欠かせません。周囲からのサポートをソーシャルサポート（social support：社会的支援）といいます。私たちは生まれてから現在まで，さまざまなソーシャルサポートを受けています。一般的に，ソーシャルサポート源は配偶者（恋人），家族，友人，医師や看護師などの健康管理のプロの順に重要とされていますが，仕事上のストレスはサポートする上司や同僚が配偶者たちより重要という考えもあります[4)]。

ソーシャルサポートはストレス低減に直接的に効果を及ぼしたり，他の対処行動の効果を強めたりすることができ，私たちのストレス予防の重要な要因です。そして職場におけるサポートの目的は，社員のメンタルヘルスを維持して組織の利益を確保するということだけでなく，メンタルヘルスの向上を支援し，仕事を通して個人が自己実現に向かえるように働きかける積極的な役割も担っています。そのため，サポートの内容は多岐にわたります。しかし，ソーシャルサポートは大きく分けて次の4種にまとめることができます（図表18）。

a）情緒的サポート

「やる気」を起こさせ情緒的に安定させることを目的としたサポートです。声をかける，慰める，励ます，笑顔で対応する，真摯に受け答えをする，丁寧に対応するという態度が情緒的サポートに役立ちます。

b）情報的サポート

問題解決に役立つ情報を与えるサポートです。悩みや困難な立場にあることなどについて，上司や同僚によるアドバイスによって的確な指示や解決法を与えることは，ストレス要因を取り除くために必要なサポートといえます。情報的サポートは問題が生じた後だけでなく，あらかじめ問題が生じないように忠告する予期的状況でも行われます。アドバイスは経験豊かな人が行えるものですが，情報的サポートは会社の先輩だからできる大切な情報資源です。

c）道具的サポート

実際に手助けをするサポートです。多量の仕事を一緒になって片づける，処理効率を上げるために新たな機械を導入する，人員を増やすといったことが該当します。

図表18　4種のソーシャルサポートの内容

	効　果	サポートの具体的内容
1 情緒的サポート	周囲の者が受容的であることで，情緒が安定しやる気が起こる。	傾聴する，励ます（「大丈夫」，「なんとかなるさ」，「もう少しの辛抱」，「みんながサポートする」など），慰める，うなずく，笑顔で対応する，見守るといった共感的な対応。
2 情報的サポート	問題解決を間接的に進める。	相手が知りたいことを理解し必要な知識を与える，助言する，処理すべき事柄を整理し提示する，困難を予期する，研修を行う，専門家（業務上だけでなく医療上も含めて）を紹介する。
3 道具的サポート	問題解決を直接的に進める。	共同で処理する（グループづくり），金銭的サポートをする，効率化のための処置をする。
4 評価的サポート	自信が深まる，今後のことについて積極的になる。	努力を評価する，ほめる，処理できた仕事をフィードバックする，適切な人事考査（昇進や報奨金など）。

d) 評価的サポート

仕事ぶりや業績などを適切に評価するサポートです。自分の行ったことについて周囲から認められれば，誰しも自己評価が高まり心理的に安定します。やる気も出てきます。メンタルヘルスにとって，適切な人事考課は評価的サポートとしての働きを担います。

ソーシャルサポートが与えられている場面は数多くみることができます。部下への指示や仕事へのほめ言葉あるいは慰め，同僚との共同作業，研修，昇進などです。もっと身近なこととしては，うなずきや相づちでさえソーシャルサポートになります。なぜなら相手に安心感を与えて情緒的な安定に役立つからです。逆に，仏頂面をしたり命令口調ばかりであったりすると，いくら直接に道具的サポートを多く与えたとしても，個人のメンタルヘルスによい影響を与えないことが多いでしょう。サポートする立場にある人は，基本的に，情緒的サポートを行いつつ，情報的あるいは道具的サポートを提供し，その経過や結果において評価的サポートを行うという包括的なサポートに努めることが必要です。

他者にサポートを与えるに当たって注意する点をつけ加えておきます。ソーシャルサポートの目的は，サポートを受ける個人のメンタルヘルスを維持させたり向上させたりすることです。しかし，いつでもどこでも即座にサポートを提供することは，個人が主体的に問題解決に向かう動機づけを失うことにつながる場合があります。ソーシャルサポートは個人が努力している中で，その努力がより効果を発揮できるようにする支えであり，個人がメンタルヘルスを自律的に管理できるようにするためのバックアップであることを忘れてはなりません。また，サポートは一方的なものではないことも覚えておく必要があります。サポートされる人が他の人のサポート源として機能し，2人がお互いにサポートし合うという双方向のサポートシステムが成立している場合が多くあります。「私がサポートの提供者であなたは受益者」という役割意識が強い場合，貸し借りのような上位・下位の関係ができてしまい，サポートは長く続かないでしょう。たとえ上司として部下をサポートする責務があるとしても，部下もまた上司を盛り立てるようにサポートしていることを忘れてはなりません。部下からのサポートいかんによって，上司は胃に穴を開けることもあるわけですから。

② 労働者の適性に合わせたサポート

メンタルヘルスが損なわれないようにサポートする場合，やみくもに行っては効果的ではありません。サポートが必要な個人の仕事上の適性を考慮して的確にサポートする必要があります。適性とは，現在の仕事において，処理のムラが少なく一定の効率のよい状態を保てる才能や技術の程度のことです。才能は生まれつきの知的能力に加えて生活経験による知識の蓄えであり，技術は仕事を遂行するために必要な対人関係スキルや，興味や志向を含んだ価値観に基づいた活動性といえます。ただし，適性という言葉はかなり幅広い意味をもっており，ある職場では適応できなくても他の職場ではそうではないということも数多く見受けられるように，一概にあの人は適性があるとかないとかの判断はしがたいものです。そのため，適性を測る方法として，現状に対する適応状態の善し悪しとして理解することがおおむね妥当と考えられます。

そこで個人の適応状態とサポートの仕方について考えてみます。

a）適応状態が好ましく，現在の仕事に適性があると判断される場合

通常はサポートの必要はないように思えます。確かに現状に問題なく適応できるだけの適性をもっているはずです。しかし，心理学用語で「過剰適応」という言葉があります。現在の状況に適応するために無理をして（過度に）適応を図っている状態をいいます。親や教師の前で常に優等生であろうとしている子供がそうですが，大人も職場で同様の著しい努力を傾け続ける人がいます。

Selyeの汎適応症候群[5)]というものがあります。新たな刺激に対して身体生理は適応へと向かいます。一時は頑張って適応状態を保ちますが，その状態が長く続くと最後は疲弊して死に至ります。職場適応も同じことです。バリバリ頑張って職務に専念している人は，過剰適応状態になっているかもしれません。また，ストレスの特徴として，本人がストレスをためていることに気づかずにいる場合が少なくありません。そして最悪の場合，突然死ということもあり得ます。

サポートする者としては，絶好調にみえる人でも無理をしていないかという

視点で見直すことが必要です。例えば，連日終業・帰宅時間が遅くないか，自分のペースで物事を運び過ぎて周りから孤立していないか，同僚との会話が少なくないか，といったことに注意してみましょう。このような人は頑張ることへの評価的サポートをしつつ，仕事を他者に分担するという実体的なサポートを考えたほうがよいかもしれません。情緒的サポートはソーシャルサポートの基本ですが，過剰適応者には励ましばかりを与えることは逆効果になる場合があります。適応性が高い人でも仕事で無理をしがちであり，頑張る力がある人だけに注意が必要といえます。

b）職場への適応に関する大きな問題はないものの，最近元気がなく俊敏な反応が減少してきている場合

明らかに不適応状態に向かいつつあると判断できるでしょう。一時的な状態であればよいのですが，１週間以上続くようであれば要注意です。過剰適応の力が効かなくなってきたときの特徴でもあります。この場合は，受容と傾聴による情緒的サポートを与え，安心できる状況を確保しましょう。そして，仕事のペースを落とすことの必要性を情報として与え，他者との協力で処理できるように道具的サポートを提供することが望ましいでしょう。また，その人の頑張りについては評価することも忘れてはなりませんが，評価されることが強化因子となって，調子が悪いにもかかわらずもっと頑張ろうとすることもあるので注意が必要です。

c）職場への適応が悪い場合

今までの適応状態を考慮する必要があります。以前はそうでもなかったと思える人なら，いよいよ燃え尽きてきた可能性があります。強力なサポートが必要な対象です。最初から適応できない人には，例えば配置転換という具体性をもった道具的サポートを考えてみることになります。その際，本人は新たな環境に向かうことに挫折感や恐れを抱くかもしれません。また，適応度が悪く孤立傾向が認められる場合も多くあります。そのため，情緒的なサポートを最大限に提供すべきです。適応できなかった（適性が乏しかった）としても，適応しようという考えはあったはずですから，本人の適応努力についてはぜひとも肯定的な評価を与えるべきです。もし，配置転換あるいは心理的不安定などで休職することがあるなら，それらの措置の必要性と妥当性について理解できるように情報的サポートを多く与えましょう。

③ 職務内容に合わせたサポート

どの職務がハードでストレスフルなのかという質問には意味がありません。先の適性の話において，個人の職場適応について述べたのは，職務内容はどうであれ，ストレスの強さは個人の適応力に影響されるところが大きいということを示しているのです。しかしながら，職務内容に違いがある以上，サポートの仕方にも差異があるという考えも出てきます。効率上，職務は生産，事務，営業という単位に分かれます。生産部門は品質管理や製品生産などに心血を注ぎますし，事務は人員管理や他の庶務業務に，そして営業は売上向上のためにあらゆる努力を傾けます。これらの大ざっぱな分類をもとにすると，生産分野に従事する人には評価的サポートが重視されるかもしれません。事務分野では道具的サポート，対人関係が影響する営業分野では情報的サポートの必要度が高いと予想することができます。

しかし，やはり個人の適応力の違いがサポートの種類を決定することが多いと思われます。ソーシャルサポートで職務内容を考える場合，適性を考えた配置転換といった道具的サポートに必要な情報源としてみるほうが妥当と考えられます。

3 プライバシーへの配慮

❶ プライバシーへの配慮

① メンタルヘルスに関する健康情報とプライバシーへの配慮

一般に労働者の健康情報は，個人情報の中でも特に機微な情報であり，厳格に保護されるべきものです。その中でも，とりわけメンタルヘルスに関する情報は慎重な取扱いが必要になります。なぜならば，客観的な評価が難しく，誤解や偏見などが起きやすいためです。

事業場内でメンタルヘルスケアを進めるに当たっては，労働者のプライバシーの保護や労働者の意思の尊重に留意することが重要です。個人のプライバシーなどへの配慮がなされないと，労働者が安心してメンタルヘルスケアに参加しなくなりますし，労働者が産業保健スタッフなどに相談するのが遅れて，心の健康問題の早期発見が困難になります。

② プライバシーへの配慮を要請される関係者

心の健康問題により配慮が必要になった労働者に関わり合いをもつ関係者は，事業者，管理監督者，事業場内産業保健スタッフ等になります。

事業場内産業保健スタッフ等には産業医等，衛生管理者等，保健師等の産業保健スタッフや人事労務管理スタッフ，心の健康づくり専門スタッフが含まれます。これら以外にも，事業場内の同僚労働者も含まれることになります。配慮が必要になった際に理解・協力してもらう必要があったり，心の健康問題に気づいた場合に，管理監督者や産業保健スタッフ等に相談することもあり得るからです。

❷ 個人情報保護法と安全配慮義務

① 安全配慮義務と守秘義務

a）安全（健康）配慮義務

事業者には労働者に対して安全（健康）配慮義務があり，それに違反したことを根拠とする損害賠償が認められる判例もあります。例えば，うつ病になっている労働者に適切な配慮をせずに長時間残業をさせていた結果，自殺してしまった場合などです。

安全（健康）配慮義務とは，労働契約に基づいて労働者に指揮命令している以上，労働者が安全で健康に就業できるように可能な対策を講じなければならないという労働契約に付随する義務です。従来，信義則上の義務とされ，民法などの規定からは明らかになっていませんでしたが，2008年３月に施行された労働契約法第５条で明文化されました。

具体的には労働者を就業させる際に，就業に関係する健康障害の発生や悪化する可能性が高いかどうか予見する義務（危険予知義務）と，可能性が高いのであれば，それを避けるべき義務（結果回避義務）があります。労働契約法第５条では，労働安全衛生関係法令で規定された具体的措置を講ずるだけではなく，労働者の職種，労務内容，労務提供場所などの具体的な状況に応じて，必要な配慮をすることが求められています。

b）守秘義務

一方，産業医をはじめとする産業保健スタッフには守秘義務があります。医師については刑法第134条第１項で「医師（中略）又はこれらの職にあった者が，正当な理由がないのに，その業務上取り扱ったことについて知り得た人の秘密を漏らしたときは，６月以下の懲役又は10万円以下の罰金に処する」となっていますし，保健師・看護師については，保健師助産師看護師法第42条の２および第44条の４が秘密保持義務およびその罰則を規定しています。さらに，健康診断の事務担当者については，労働安全衛生法第105条で「第65条の２第１項及び第66条第１項から第４項までに規定する健康診断（中略）の実施の事務に従事した者は，その実施に関して知り得た労働者の秘密を漏らしてはならない」とされ，健康診断に関する秘密の保持が定められています。

これらの規定の適用がない者であっても，勝手に他人のプライバシー情報を第三者に教えた場合には，民法第709条で「故意又は過失によって他人の権利又は法律上保護される利益を侵害した者は，これによって生じた損害を賠償する責任を負う」とされており，プライバシーを侵害された者から損害賠償責任を追及される可能性があります。

しかし，十分な安全配慮を行うためには，労働者の健康情報をある程度開示する必要が出てくるため，医療職等の守秘義務や個人情報保護法などの法令が求める内容との両立が問題になります。

② 健康情報の適切な取扱い指針

「労働者の心身の状態に関する情報の適正な取扱いのために事業者が講ずべき措置に関する指針」が2019（平成31）年４月１日に適用になりました。

本指針の目的には，「①労働者が，不利益な取扱いを受けるという不安を抱くことなく，安心して産業医等による健康相談等を受けられるようにする」，「②事業者が，必要な情報を取得して，労働者の健康確保措置を十全に行えるようにする」の２つがあります。

事業者は，衛生委員会などで協議した上で，健康情報等に関する取扱規程を策定し，その内容を掲示やイントラネット掲載などの方法で労働者に広く周知する必要があります。策定の際には「事業場における労働者の健康情報等の取扱規程を策定するための手引き」を参照します。

取扱規程では，健康情報等を取り扱う者およびその権限ならびに取り扱う健康情報等の範囲を，あらかじめ定めておく必要があります。特に法令上，守秘義務が課されていない健康情報取扱者については，取扱規程の中で守秘義務について取り決めることが望ましいとされています。

③ 事例（どのように両立させるか）

安全（健康）配慮義務を果たすためには，適切な就業上の措置を実施することが必要となり，職場の上司や同僚の理解と協力が必要になります。産業保健専門職（産業医等，保健師等）から非医療職に健康情報を提供する際は本人の同意を得ること，誤解や偏見を生じないように情報を加工することが望ましいことになります。しかし，実際の産業保健活動では，顧客や同僚など第三者の安全と健康の確保が労働者の期待するプライバシーの確保より優先される場合があるなど，原則だけでは対処しきれません。例えば，電車の運転士が睡眠時無呼吸症候群で運転中に眠ってしまう場合などです。また，産業医等や保健師等の関わり方も事業場によって多様ですので，事例に応じた臨機応変な対策が求められます。

先ほどの運転士の事例では，まず産業医等から本人に対して「受診して治療する必要があること，運転できるような状態になるまでは運転業務から外れたほうがよいこと」と「そのことについて相談するために上司などに情報を伝える必要があること」を本人に説明し，同意を得るように努力することになるでしょう。その際，情報を伝えたことによって必要以上に本人に不利益が生じないことはもちろん，本人・同僚・顧客・事業者すべての関係者が表面上の立場にとらわれるのではなく，背後にあるそれぞれの利害を両立させるように心がけることが重要です。安全上問題のない業務に就きながら治療することにより，本人は早く病気が回復し，同僚や顧客の安全が確保され，事業者は安全（健康）配慮義務を果たし，大きな事故を防ぐことができることになります。そのような努力をした上で，なお本人の同意が得られない場合には，「重要性・緊急性」と「プライバシーの保護」のバランスを考慮して，必要最小限の情報を必要最小限の関係者に提供し，相談します。

❸ プライバシー配慮における注意点

① 情報の収集と労働者の同意

メンタルヘルス情報を扱う際には，いくつか留意することがあります。まず，個人情報を特定の目的なしに集めることは許されないということです。個人情報保護法第17条第１項に「個人情報取扱事業者は，個人情報を取り扱うに当たっては，その利用目的をできる限り特定しなければならない」と規定されています。したがって，健康情報などの個人情報を収集する際には，就業上の配慮を適切に行い，事業者の安全（健康）配慮義務を果たすために用いることなど，はっきりとした目的が必要になります。また，このように限られた目的であったとしても，健康情報を収集する際には，原則として労働者本人の同意を得る必要があります。場合によっては労働者が職場復帰を希望する際に，主治医からの診断書だけでは職場復帰の可否や就業上の措置の判断が困難なことがあります。そのような場合に，判例では，事業者は当該労働者に対して産業医や企業の指定する専門医などの診断や意見聴取を求めるように指示することができるとされています。

② 情報の集約・整理

事業場内に産業医や保健師などの医療職がいれば，医療職が責任をもって一元管理し，必要に応じて加工して提供することが理想であり，国際的なガイドラインでも，そのように記載されています。

医療職が管理したほうがよい理由は大きく2つあります。ひとつは医療職は健康情報を正しく理解できるので偏見や誤解が生じないこと。もうひとつは刑法や保健師助産師看護師法で厳格に守秘義務が定められているからです。

医療職がいない場合は，衛生管理者などを健康情報を取り扱う者として限定し，就業規則や健康情報等に関する取扱規程などに守秘義務を課す規定を定めるべきです。

③ 情報の漏洩などの防止

健康情報が漏洩した場合には，さまざまなトラブルが生じることから，事業者は物理的，技術的，人的，組織的に厳格な安全管理措置を講じなければなりません。それを徹底するためには，教育や研修を行う必要もあります。

例えば，健康情報等が記載されたメールの転送をする際には，宛先を間違えて送信しないように送信前に宛名を確認する，添付ファイルは暗号化し，パスワードは別の手段で伝えるなどの注意が必要です。最近は労働者や産業保健スタッフが在宅勤務中の場合も多く，Web 面談する機会も増えていますが，パスワード対策ずみの Wi-Fi を使う，周囲に家族や同僚がいないか確認することも必要です。

ただし，本人や医療職などの健康情報の利用者が安全管理に多大な努力を強いられたり，今まで使えていた情報が使えなくなり，せっかくうまくいっていたメンタルヘルスケアを含む産業保健活動が阻害されない配慮も重要です。

④ 法令・指針などの遵守

プライバシーの保護に関しては，前述した個人情報保護法や関連する法令・指針などの趣旨や内容を十分に理解し，遵守する必要があることはいうまでもありません。

⑤ プライバシーマーク制度

「プライバシーマーク制度」は，一般財団法人日本情報経済社会推進協会（JIPDEC）が認定する制度です。プライバシーマークの認定を受けた付与事業者は，法律への適合性はもちろんのこと，自主的により高い保護レベルの個人情報保護マネジメントシステムを確立し，運用していることになります。

4 管理監督者自身のメンタルヘルスケア

❶ 管理監督者のストレス

① 管理監督者にみられるストレス

厚生労働省が2006年に公表（2015年に改訂）した「労働者の心の健康の保持増進のための指針」では，４つのケアが示されており，管理監督者の役割は，このうち「ラインによるケア」となっています。職場のメンタルヘルス対策では，このラインによるケアは非常に重要なものとして位置づけられていますが，管理監督者自身もストレスを受ける可能性があることは見逃されがちです。この指針では，事業者は管理監督者もセルフケアの対象者として含めることや，事業場内産業保健スタッフ等は，管理監督者に対する相談対応，メンタルヘルスケアについても留意する必要があることが明記されています。

管理監督者にみられる心の病気として，昇進を機にうつ病を発症する例があります。昇進という，周りからみれば喜ばしいと思えることも，本人にとってはストレスとなり得るのです。結婚を50としたワシントン大学のHolmesらのストレス値では，仕事上の責任変化は29となっています[6)]。昇進をしても，管理職となったことで，それまでついていた残業代がつかなくなり，給料は逆に減ってしまったり，部下を指導しなければならない，責任が重くなることなどがストレスとなると考えられます。いわゆる中間管理職では，上司と部下との間で板ばさみになってしまうことでストレスを受けることもあります。

また，十分な権限や裁量もないのに管理職として扱われ，残業手当も支給されないまま過酷な長時間労働を強いられる，いわゆる「名ばかり管理職」が社会問題となっています。

さらに，働き方改革によって，一般職の部下に長時間労働を指示することができなくなったことから，そのしわ寄せが管理監督者にくる可能性があります。在宅勤務やリモートワークなどの新しい働き方が導入されてくると，部下の様子を近くで見られないことから，部下の仕事ぶりや体調について，心配したり疑念を抱いたりすることもあり得ます。タイミングよく業務指示を出したり，指導をしたりしづらかったり，チームビルディングができないことに不安を抱くこともあります[7)]。

② こんな人は要注意

一般に，ストレスを受けやすい性格として，真面目，几帳面，仕事好き，他人との円滑な関係を保つことに気をつかうなどがいわれています[8)]。こういった人は，元気なときは職場にとっては非常にありがたい存在で，したがって管理監督者にもこのような性格の方が多いと考えられます。しかしながら，こういった人は一方で，物事をいったんやりだすと徹底的に行い，自分の限界を超えてしまう危険性があったり，他人を気づかうあまり，自分の時間が損なわれてしまうことにもなり，結果として，ストレスを受けるようになってしまうのです。

❷ 管理監督者自身によるケア

管理監督者に対するストレス対策は，基本的には労働者に対するセルフケアと同じもの，すなわち「ストレスへの気づき」「ストレスへの対処」「自発的な相談」となります[9)]。ただし，それぞれに対して，管理監督者特有の対策が必要となります。

ストレスへの反応は人によってさまざまですが，その人個人に現れるストレス反応は同じことが多いものです。イライラする，頭痛がする，タバコの量が増えるなどのストレス反応は，ふだんからそういった反応に注意していれば，職場生活が長い管理監督者のほうが労働者よりもかえって気づきやすいともいえるでしょう。一方で，ストレスを受けているにもかかわらず，自覚しない場合もあります。自覚していないストレスに気づくには，定期的にストレスチェックを受検する方法があります[10)]。

① ストレスに気づく

身体の症状とは異なり，ストレス反応には自分自身では気づかないこともあります。定期的にストレスチェックを受検することで，自分自身のストレス反応に気づくきっかけとなります。なお，ストレスチェック制度では，集団分析の結果として，「上司の支援」が点数化されます。管理監督者の所属部署における「上司の支援」の点数がよければ，当該上司のストレスは低くなりますが，点数が悪い場合は注意が必要です。もちろん当該上司は，点数が悪い原因をきちんと評価する必要があります。一方，「上司の支援」はあくまで部下の主観的なものですので，客観的な事実と異なる可能性もあります。したがって，点数が悪い場合でも，ストレスを過度に抱えることなく，前向きに改善に向けた取り組みを検討することが大切です。

② 質のよい睡眠をとる

良質な睡眠をとることも，ストレスの対処法としては重要です。睡眠の一般的なことについては本章２節❶に記載されていますが，ここでは管理監督者に特に関係する内容を述べます。アメリカでは，エグゼクティブが朝早く出社して，誰もいないうちに集中して仕事をすることが有名ですが，最近わが国でも，早朝出社を歓迎する職場が増えています。忙しい管理監督者でも仕事の密度を濃くして，早朝出社して定時に退社・帰宅すれば，余った時間を睡眠に充てることができます。また，飲酒量によって睡眠の質が悪くなりますので，管理監督者は接待などで飲酒の機会が多くなると，特に注意が必要です。

睡眠以外の休養も大切です。平日は一生懸命働いて，土日はゆっくり休むといった，メリハリをつけることが大事です。仕事の負荷が少ない時期には，有給休暇を取得しましょう。そうした行動をみた部下も休みたいときに気兼ねなく休むことができ，部署全体のストレスも低下します。職場によっては，長年勤めた人は，リフレッシュ休暇などの特別休暇を与えられることがあります。そういった制度を積極的に利用して，しばらく仕事から離れることもよいでしょう。ただし，休暇中は旅行などでハードスケジュールを立てて，かえって疲れないように注意しましょう。

③ 自分も相手も大切にした自己表現をする

自己否定的な認知のため自己表現がうまくできない人や，逆に自己主張が強すぎて相手を押さえ込んでしまうような言動をする人へ行う，自分も相手も大切にする自己表現の訓練手法として，アサーションがあります。前者は管理監督者にはほとんどいないでしょうが，後者は管理監督者にありがちです。アサーションの詳細については第５章を参照してください。

④ リラックスする

リラクセーション法もストレス対処法として重要です（本章２節❶参照）。有名なものとして自律訓練法があります。自律訓練法は講習テキストが容易に入手でき，ビデオなどの研修教材がそろっている点で実施がしやすいです。しかしながら，習得するまでに約１ヵ月かかってしまいます。したがって，まずは簡便にできる呼吸法などを行うのがよいでしょう。椅子に座った状態でもよいのですが，仰向けで寝た状態で行うとより習得がしやすく，かつ効果があります。まずは，体の力を抜きます。次に，お腹を徐々に引っ込めながら，ゆっくりと口から息を吐きます。そして，お腹を膨らませながら鼻から深く息を吸います。吸い終わったら，再び口から息を吐きます。以上の動作・呼吸をリラックスするまで，繰り返します。たかが呼吸と思われるかもしれませんが，きちんと行えば，非常に効果があります。

⑤ 自ら相談する

「自発的な相談」については，労働者同様，上司や同僚，産業保健スタッフ等，事業場外資源が相談先として挙げられます。管理監督者の年齢層では，年老いた両親の介護や死別，単身赴任，住宅問題，子供の問題など，さまざまなライフイベントを経験する可能性が高くなります。一方，管理監督者は一般職よりも自己管理が求められる傾向にあるため，自分自身のことを他人に相談することにためらいを感じることも考えられます。産業保健スタッフ等がラインへ教育を行う際は，管理監督者自身が強いストレス要因にさらされていることにねぎらいの言葉をかけるとともに，「管理監督者もセルフケアの対象者に含まれるので，気兼ねなく相談するように」と伝えましょう。

部下のメンタルヘルスに関する問題についても管理監督者で抱え込まず，必要に応じて当該管理監督者の上司や産業保健スタッフに，また当該管理監督者だけでは解決できない職場配置や異動については，人事労務管理スタッフに相談するようにしましょう。

⑥ 研修方法

管理監督者に対するこれらのストレス対策のためには，管理監督者自身もセルフケアに関する研修を受ける必要があります。労働者のセルフケア研修を一緒に受けたり，パソコンでのいわゆるe-ラーニングを活用する方法が考えられます。

年配の管理監督者の中には，デジタルリテラシーが低い人もいるでしょう。しかし，働き方改革にともなう在宅勤務やリモートワークが進む中，チャット，SNS，Web会議などの遠隔コミュニケーションツールには，日頃から触れて慣れておくことが大切です。自分自身で努力してもうまくいかないときは，恥ずかしがらずに，若手の部下に相談するのも方法のひとつです。また，ある程度部下を信頼した上で，Web会議の前後に雑談を交えたり，短時間のWeb会議の頻度を増やしたりすると，部下の仕事ぶりや体調管理についても把握できるでしょう。

【参考文献】

1）佐渡充洋，藤澤大介（編著）（2018）『マインドフルネスを医学的にゼロから解説する本～医療者のための臨床応用入門～』日本医事新報社，pp.36-38，pp.48-51，2018年

2）熊野宏昭，鈴木伸一，下山晴彦．(2017)『臨床心理フロンティアシリーズ　認知行動療法入門』株式会社講談社，pp.223-228，2017年

3）Janice M. Prochaska「トランスセオレティカル・モデルを使用したストレスマネジメント」竹中晃二編『ストレスマネジメント―「これまで」と「これから」―』ゆまに書房，2005年

4）patel,C.（1989）The Complete Guide to Stress Management. Random House UK. Limited.（竹中晃二監訳『ガイドブック　ストレスマネジメント―原因と結果，その対処法―』信山社出版，1995年）

5）Selye, H. *'The stress of life'* McGraw-Hill.（杉靖三郎・田多井吉之助・藤井尚治・竹宮隆訳『現代生活とストレス』法政大学出版），1956年

6）Holmes, T.H. & Rahe, R.H. "The social readjustment rating scale" *J. Psychosom. Res.,* 11, 1967.

7）㈱リクルートマネジメントソリューションズ「テレワーク緊急実態調査」2020年

8）下田光造「躁うつ病の病前性格について」『日本精神神経学雑誌』45巻，pp. 101-105，1941年

9）中央労働災害防止協会編『働く人の心の健康づくり―指針と解説―』中央労働災害防止協会，p. 29，2002年

10）厚生労働省「労働安全衛生法に基づくストレスチェック制度実施マニュアル」2015年

第5章

労働者からの相談への対応（話の聴き方，情報提供および助言の方法等）

第５章では，話の聴き方，情報提供や助言の方法など，部下に対する相談対応について，その意義を確認しつつ具体的方法の学習をしていきます。

１節では，相談対応の基盤となるコミュニケーションの重要性について考えます。また，具体的なコミュニケーション・スキルについても学びます。

２節では，不調の早期発見について学びます。部下のいつもと違う様子に気づくためのポイントを理解してください。

３節では，管理監督者が部下の話を聴くことの重要性について考えます。心の不調は見えにくいだけに，話をすることが部下にとってのセルフケアとなることを認識してください。

４節では，不調が疑われたときの対応について学習します。部下の話の聴き方，専門家への紹介の方法，そして自殺を防ぐための対処の基本については確実に習得をしてください。

1 相談対応の基盤

ラインによるケアを推進していく際，部下とのコミュニケーション促進は必須事項といえるでしょう。職場内のあいさつや日頃からの声かけといったふだんからのコミュニケーションによって，次節で述べる部下の不調のサインや，部下がどのような性格傾向をもっているのかも，ある程度把握することが可能になり，同時に部下の相談行動を引き出すこともスムーズになります。以下，相談対応の基盤として，部下とのコミュニケーションの問題をみていきましょう。

❶ コミュニケーションの重要性

通常の業務遂行においてもメンタルヘルス対策においても，「部下とのコミュニケーションが大事」という意見をしばしば耳にします。なぜコミュニケーションが大事なのか，コミュニケーションの何が重要なのか，どのようなコミュニケーションが重要なのかは，突き詰めて考えると難しい問題といえます。まず，メンタルヘルスマネジメントの観点から，上司と部下とのコミュニケーションの重要性について整理していきます。

① コミュニケーションがなぜ大事なのか

「コミュニケーション」の意味を辞書（『広辞苑』岩波書店，2008年）で引くと，「社会生活を営む人間の間に行われる知覚・感情・思考の伝達。言語・記号その他視覚・聴覚に訴える各種のものを媒介とする。」とあります。

辞書的な意味でも分かるように，コミュニケーションを構成する重要な要素には，「送り手」「受け手」「媒体」があります。送り手は媒体を通して送りたいメッセージを的確に発信し，受け手は媒体を通して相手のメッセージを正確に受信することで良好なコミュニケーションが成立するといえます。

図表１ コミュニケーション阻害にともなう悩みの例

	送り手側	受け手側
悩みの内容	「自分の気持ちを上手に伝えられない」 「自分の気持ちが分かってもらえない」 「気持ちを聞いてもらえない」 「話したくても話す機会がない」 「話したいと思える上司がいない」	「部下が何を言いたいのか分からない」 「率直に話してくれないと分からない」 「どこまで聞いていいのか分からない」 「話を聞く機会が持てない」 「部下の話を聞きたくない」

出所：筆者作成

しかし，職場の中で常に良好なコミュニケーションが図られるわけではありません。労働者のストレスの内容は，「職場の対人関係の問題」が多いという調査結果が第１章でも紹介されていますが，人間関係の悩みの大半はコミュニケーションの問題から発生しているといえます。

例えば，部下が「最近，仕事をやる気がしない。疲労感が抜けず，集中力がない。でもやらなきゃならない仕事はたくさんあって，追いつめられている」という状態だとします。こういう状態に陥ると，部下としては「こんなこと上司に言えない」「分かってもらえない」「皆が忙しい中，自分だけ業務を減らしてもらうなんてできない」という気持ちも起こってくることでしょう。しかし，このまま自分の状態を上司に伝えることができないと，結果としてギリギリの状態まで我慢をしてしまい，事態は深刻化して表面化するかたちになってしまう可能性が高いといえます。

メッセージの送り手が送りたいメッセージを相手に発信することができないとき，またメッセージの受け手が相手のメッセージを受信することができないとき，そしてコミュニケーションの機会が得られないときには，**図表１**のような状態が発生してきます。コミュニケーションが阻害されることで事態は改善に向かわず，より深刻化していくことになります。

② コミュニケーションによる効果

人は「自分のことは自分が一番よく知っている」と思っている場合が多いと思います。しかし，例えば上司から「最近，あまり元気がないようだね」と言われて，そこで初めて「そういえば，あまり職場の中でも雑談などに加わらなくなっているかも」と気がつく部下もいます。

自己を捉える方法のひとつとして「ジョハリの窓」というものがあります。「ジョハリの窓」とは，他者との人間関係に影響する自己を大きく４つに分けて考えてみようとする試みです。図表２のように，まず自分が自分を知っているか否かによって，「自分が知っている」領域と「自分が知らない」領域とに分け，次に「他人が知っている」領域と「他人が知らない」領域とに分けます。自己をみるこの２つの視点を重ね合わせることによって，人の自己を４つの窓により捉えることができます。

「ジョハリの窓」を部下とのコミュニケーションに置き換えると，上司と部下の両者が知っている領域がⅠ「開放領域」に当たります。この領域に入る情報は相互に自由に話し合える情報といえます。反面，他人は知っているが，自分は知らないⅡ「盲点領域」，そして自分は知っているが，他人は知らないⅢ「隠蔽領域」は，自由に話し合えない情報といえます。

冒頭の例は，部下にとって「盲点領域」となりますが，これは日頃からの部下に対する観察がないと，気づきや指摘が難しいといえるでしょう。また，例えば「このところ調子が悪いのだけど，上司には言えない」という部下の情報は「隠蔽領域」といえます。隠蔽領域が広い部下を正確に把握することはとても難しいことといえますが，コミュニケーションによって部下の自己開示を引

図表２　ジョハリの窓

	自分が知っている	自分が知らない
他人が知っている	Ⅰ 開放領域	Ⅱ 盲点領域
他人が知らない	Ⅲ 隠蔽領域	Ⅳ 未知領域

出所：柳原光「ジョハリの窓―対人関係における気づきの図解のモデル」

き出すことができたら，隠蔽領域にあった情報を「開放領域」へと移行させていくことが可能です。

ところで，人から何かをしてもらったときには，私たちの心の中にはもらったものと同じものを返さなければならないとの心理が働きやすいといわれます。これは「返報性（互恵性）の法則」と呼ばれます。

自分が好意をもっている人から食事に誘われて，何かでそのお返しをしようと考えるのは当然ですが，やや苦手な人に昼食をごちそうになった場合でも，やはり何かでお返しをしないといけない気がしてしまうものでしょう。いわゆる「義理」で好意的ふるまいを返報していくわけですが，何度かそうしたコミュニケーションを重ねているうちに，最初に感じていた苦手な印象が薄れていくことがあります。

つまり，管理監督者の側からコミュニケーションを図っていくことで，部下の自己開示を促すことができたら，部下の把握をより容易にさせてくれる効果をもつといえるわけです。

③ コミュニケーション自体の効果

アメリカの社会心理学者 Festinger は，コミュニケーションには２つの側面があると指摘しています。ひとつはコミュニケーションの相手に「何かしてほしい」という気持ちで行うコミュニケーションの一面です。例えば，「報告書を出して」「先方にメールを打っておいて」といったやりとりがこれに当たります。コミュニケーションをスムーズな業務遂行の道具のように使うため，「道具的コミュニケーション」と呼ばれます。

もうひとつは，あいさつや何気ない「最近，忙しいね」というときのコミュニケーションで，相手に対して特段「こうしてほしい」という気持ちはなく，「話したい」「やりとりしたい」という気持ちがあり，「話す」ということで満足できるコミュニケーションです。このコミュニケーションは「自己充足的コミュニケーション」と呼ばれています。

この２つは２種類のコミュニケーション様式のように受け取れますが，私たちが人とコミュニケーションをとるときには必ず，道具的な側面と自己充足的な側面をもっています。日常的なコミュニケーションの多くは道具的なものですが，自己充足的なものは頻度が少なくても対人関係の調整上，重要な役割を演ずるといわれます。自己充足的コミュニケーションは人間関係の形成・維持向上・緊張解消などの効果をもちます。つまり，コミュニケーションは情報伝達の媒体として機能するだけでなく，コミュニケーションをもつこと自体が関係構築の効果をもたらすといえます。

❷ コミュニケーションのスキル

職場の人間関係を円滑にしていく試みとして「カウンセリング・マインド」「コーチング」「アクティブリスニング」「アサーション・トレーニング」などの研修が社内に導入されているケースが多くなっています。これらはすべてコミュニケーションに関わる手法といえますが，一体どのようなスキル向上を目指しているのでしょうか。

① コミュニケーションのスキルとは

コミュニケーションにおいて重要なスキルは，「送り手が自分のメッセージを的確に発信するスキル」と「受け手が相手のメッセージを正確に受信するスキル」の2つだといえるでしょう。送り手は，自分の伝えたいメッセージを「的確」に表現できないと，受け手にそのまま伝えることができません。同時に，受け手は相手のメッセージをそのまま受け取ることができないと，相手を「正確」に理解することができません。

送り手としては，単に発信するスキルといっても，まず自分の伝えたいメッセージを言語化し，媒体（口頭かメールかなど）を選択して，言語を相手に分かるように表現する必要があります。受け手としては，相手のメッセージを引き出し，相手の話を聴き，相手の話を理解し，理解した内容を相手にフィードバックできる必要があります。

例えば，自己表現においては，平木典子によって**図表3**のような表現のタイプに分類されていますが，自分と相手を大切にしながら，自分の気持ちや意見を表現できる「アサーティブ」の表現特徴を身につけることが大切といえます。

また，話を聴くスキルとしては，相手の言わんとすることを，相手の身にな

図表3 3つのタイプの自己表現の特徴一覧表

非主張的	攻撃的	アサーティブ
引っ込み思案 卑屈 消極的 自己否定的 依存的 他人本位 相手任せ 承認を期待 服従的 黙る 弁解がましい 「私はOKでない，あなたはOK」	強がり 尊大 無頓着 他者否定的 操作的 自分本位 相手に指示 優越を誇る 支配的 一方的に主張する 責任転嫁 「私はOK，あなたはOKではない」	正直 率直 積極的 自他尊重 自発的 自他調和 自他協力 自己選択で決める 歩み寄り 柔軟に対応する 自分の責任で行動 「私もOK，あなたもOK」

出所：平木典子『改訂版 アサーショントレーニング―さわやかな〈自己表現〉のために―』金子書房，2009年

って真剣に傾聴し理解しようとする態度や姿勢が重要です。Iveyらは，カウンセリングにおけるコミュニケーションに関する従来の諸理論や諸技法を検討した結果，マイクロ技法というものを抽出していますが，マイクロ技法の階層表の下半分は，相手との信頼関係をつくり上げるために不可欠な技法のグループで，「基本的かかわり技法」と呼ばれています（**図表4**）。傾聴の姿勢で相対して，視線を合わせ，相手が聞き取りやすいように自分の声のボリュームやトーンやピッチに気を配ることがスキルとして重要とされます。

② 言語的コミュニケーション

コミュニケーションには媒体が介在しますが，言葉によるコミュニケーションを言語的コミュニケーションと呼びます。「言葉」は私たちの意思伝達の上で欠かせないものであり，共通の言葉によるコミュニケーションによって情報を的確に伝え，かつ受け取ることができているのは明白でしょう。言語的コミュニケーションには，話し言葉だけでなく，メールによるコミュニケーションや電話によるコミュニケーション，メモ，文書なども含まれます。

例えば，「誰々から何時に電話があった」という事実を伝言するだけでしたら，メモで十分でしょう。書類や細かい事項を伝え合う際には，メールで文字に残るほうが便利です。しかし，「言葉」はときに，人によってさまざまな

図表4 マイクロ技法の基本的かかわり技法

1. かかわり行動（視線の位置・言語追跡・身体言語・声の質）
2. 質問技法（開かれた質問・閉ざされた質問）
3. クライエント観察技法
4. はげまし，いいかえ，要約
5. 感情の反映

出所：アレン・E・アイビイ著／福原真知子他訳編『マイクロカウンセリング―“学ぶ―使う―教える”技法の統合：その理論と実際―』川島書店，1985年

「意味」をもちます。それゆえ，「言葉」だけでは「意味」の解読に際して，誤解が生じることも多くあります。昨今は，職場内でメールやチャットなどによるテキストコミュニケーションが多くを占めるようになっており，それにともなうトラブルも増加しています。

ある心理学の実験では，実際の対面コミュニケーションとコンピュータコミュニケーションを比較し，それぞれの状況における自己意識の調査を行いました。自己意識とは「自分自身をどのように考えているか」という概念ですが，自己意識は私的自己意識（自分の感情や動機など，本人のみが体験し得る自己の側面に関して，自分自身が捉えている自分の内面的な部分に対する意識）と公的自己意識（属性や容姿など，他人から観察可能な自己の側面に関して，他者から評価される自分の外面的な部分に対する意識）に分かれます。

結果は，対面コミュニケーションに比べて，コンピュータコミュニケーションのほうが「私的自己意識が高く」「公的自己意識は低く」評定されました。つまり，「パソコンを使って会話をすると，他人に見られているという意識は薄れ，逆に自分自身の感情に素直になりやすい」ということがいえたのです。目の前に人がいないというコミュニケーション状況は，他人の目という束縛から離れて，本来の自分の性格・感情に正直に行動しやすくなるようです。

特に，部下とのコミュニケーションに関しては，メールやチャットでのやりとりも多くなっている現在，テキストコミュニケーションは「相手がより主観的で感情に正直になっている状態」である可能性を認識しておく必要があるといえるでしょう。

③ 非言語的コミュニケーション

アメリカの心理学者 Mehrabian は，コミュニケーションを構成する３要素を視覚情報，聴覚情報，言語情報と設定し，この３要素が矛盾していた場合，これらのうちどれが最もコミュニケーションに影響を与えているかを調べました。その結果，視覚情報（顔の表情）55％，聴覚情報（声の調子）38％，言語情報（単語）７％という割合が導き出されました。すなわち，言葉の内容よりも顔の表情や声の調子のほうが優先順位が高く，言語のもつ重要性はわずかだとみることもできます。

ただ，日常生活を想像していただければ，言葉自体の内容がわずか７％しか伝わらないという説には違和感があると思います。先述のように，この実験で用いられた「言語情報」とは「単語」にすぎませんので，この結果をもって，言語的コミュニケーションよりも非言語的コミュニケーションのほうが重要であるということはできません。

しかし，非言語的コミュニケーションは，部下を捉える際にも重要なチャンネルになるのと同時に，部下も上司の非言語的コミュニケーションに影響を受けているといえます。コミュニケーションの際，**図表５**に挙げたような非言語

図表５　非言語的コミュニケーションの種類

①動作行動：	動作は非言語の中で代表的なもので，主にジェスチュアー，身体や手足の動き，姿勢の他に，顔の表情，微笑，目の動き（視線の方向と長さ，瞳孔の拡大と縮小）に分類される。
②接触行動：	なでる，抱く，叩く，蹴るなど，言語の乏しい発達の初期段階では重要な要素である。成人の出会いや別れの際の握手や抱擁なども含まれる。
③身体特徴：	体格や体型あるいは全体的容姿の魅力，または体臭や口臭，頭髪，皮膚の色などが含まれる。
④準　言　語：	話し方であり，声の質（高さ，声量，リズム，テンポ），ため息，あくび，咳払い，囁き，さらには相づちや沈黙も含まれる。
⑤空間行動：	相手がどのくらい近づき，どの向きや方向に立つか，また座席，位置の取り方や配置の仕方など，空間をどう知覚し使用するかに関わる行動である。
⑥人　工　物：	人間が身体にまとっている衣服や香水，口紅，眼鏡，かつらなどの人工物も非言語的要素になる。
⑦環境要因：	直接的ではないにしろ人間関係に影響を与えるものとして建築様式，室内装飾，照明，色，騒音，音楽などが挙げられる。

出所：深田博己『コミュニケーション心理学』北大路書房，1999年，p. 220より作成

的コミュニケーションにも注意を払うことで，部下の安心感や親近感を得ることができ，スムーズなやりとりに寄与することができます。部下への配慮において，ここも重要なポイントということができます。

2 早期発見のポイント

部下のメンタルヘルス問題を予防，早期対応していくためには，なるべく早い段階で部下の異変に気づくことが大切です。ここでは，ストレスを感じた際に発生する心身の反応の特徴や，仕事ぶりの変化などについて整理を行い，管理監督者が部下の異変を早期にキャッチするためのサインとなるポイントをみていきます。

❶ ストレス反応

ストレスを生じさせる外界からの刺激は「ストレス要因」と呼ばれますが，人はストレス要因を受けると，その刺激や要求に応じて生体に緊張状態が発生します。その際，身体面・心理面・行動面においてさまざまな反応が生じますが，これらの反応が「ストレス反応」と呼ばれているものです。この反応を早期に捉えることができたら，部下のメンタルヘルス問題の早期発見につながります。

① ストレス反応を早期に捉えるには

生体が危険で有害な事態に出合った際，その危険から身を守るために心身には防御反応が生じます。この防御反応の性質を知っておくことが，早期発見に役立ちます。例えば，動物が天敵と出合ったとき，身を守るためには闘うか逃げるか，どちらかの行動をとる必要がありますが，このどちらの行動をとるにしても，生体は活動するために最適な状態を整えます。人の場合，**図表6**のような反応が発生します。

危険な事態に対処するため，覚醒水準が高まり，瞳孔は開きます。活動のエネルギーを全身に供給するために肝臓ではブドウ糖が産生され，酸素を取り入れるために気管支が太くなって呼吸は速くなります。栄養と酸素を含んだ血液

図表6　自律神経系の働き

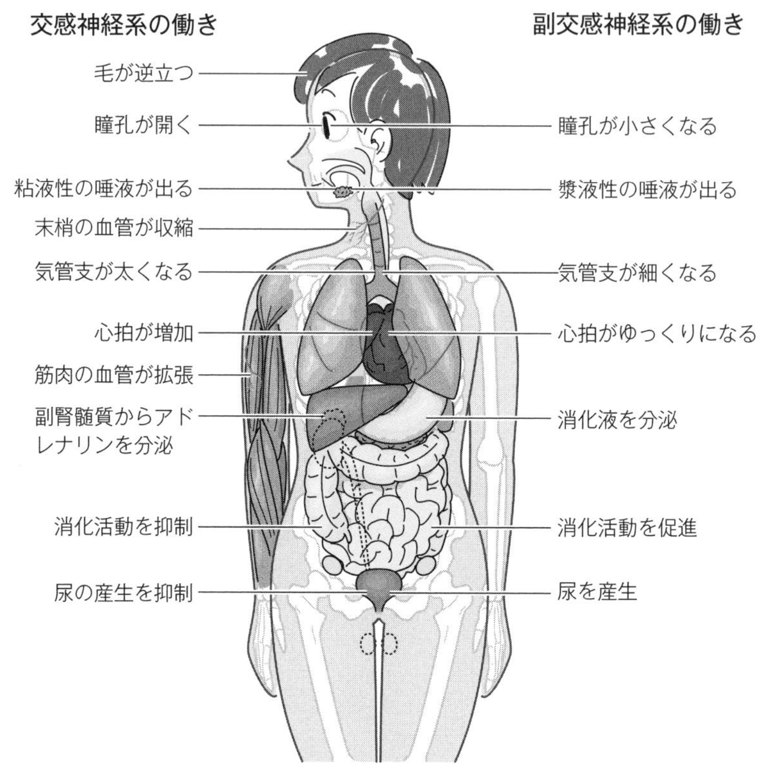

出所：文部科学省「在外教育施設安全対策資料【心のケア編】」を改変

を全身に多量に送り出すために心拍が速くなり，闘って傷を負った場合の出血を防ぐために末梢の血管が収縮し，手足は冷たくなります。このような戦闘の状況では，消化器系の活動が不要なため，その活動は抑制され，尿の産生や生殖器の活動も抑制されます。このような一連の身体反応は，闘争－逃走反応（Fight-Flight Response）と呼ばれますが，生体防御のための自然な反応と考えられています。

ストレス要因が加えられた後の心身の防御反応は，時間の経過とともに大きく変化します。**図表7**は，動物実験の結果をもとにストレスへの抵抗力が普段の正常値に対し，どのような変化をするか図示したものです。

図表7　ストレス反応の3相期の変化

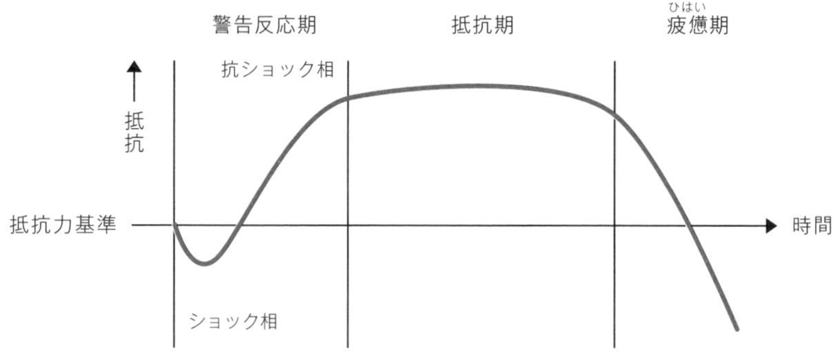

出所：ハンス・セリエ／杉靖三郎ほか訳『現代社会とストレス』を改変

警告反応期は，ストレス要因が加えられた直後の時期で，最初に抵抗力が低下するショック相を経て，抵抗力が高まる抗ショック相へと移行します。ショック相では，身体活動が低下し，抵抗力は正常値より大きく低下します。このような状態に対し生体は防御のために「闘うか逃げるか」の戦闘態勢を整え，抗ショック相に移行します。抗ショック相では，アドレナリンが分泌され，交感神経系の活動が活発になり，覚醒・活動水準が高くなります。このショック相，抗ショック相からなる警告反応期を経て，抵抗期へと移行していきます。

抵抗期では，副腎皮質ホルモンなどが分泌され，身体の抵抗力が高まります。ストレス要因に対し活動性を高め，バランスを保っている状態です。この抵抗期は，心身の活動が活発で，一定の安定が確保されている状態といえます。しかし，外的刺激が長期間にわたることで適応エネルギーは枯渇し，再び抵抗力が正常値以下に低下する疲憊（ひはい）期に移行し，ストレス反応が現れます。人間の場合，この抵抗期は約1週間から10日ぐらいといわれています。

長時間ストレス要因の刺激を受けた場合や，強いストレス要因を受けたときに生じるストレス反応は，ストレス要因の種類に関係なく心身に同様の反応が起きてきます。これは「汎適応症候群」と呼ばれますが，この反応によって身体面・行動面・心理面の異変が発生します。部下の異変を早期に発見するためには，この3つの側面に注目することがポイントです。

図表8 身体面の反応

急性反応：動悸・発汗・顔面紅潮・胃痛・下痢・振戦（ふるえ）・筋緊張 慢性反応：疲労・不眠・循環器系症状・消化器系症状・神経筋肉系症状

出所：岩田昇「主観的ストレス反応の測定」『産業ストレス研究』

② 身体面の反応

身体面のストレス反応としては，**図表8**のような反応が発生する可能性があります。これらの変化は「具合の悪さ」として体感されるため，自分自身が気づきやすいという特徴をもちます。

これらの異変はさまざまな身体面の異常，疾患を引き起こす可能性があります。胃・十二指腸潰瘍や下痢・腹痛を繰り返す過敏性腸症候群などの消化器系疾患，そして気管支喘息，過換気症候群などの呼吸器系疾患は代表的な心身症といえます（**図表9**）。

身体面の異変は，具合の悪さを体感している本人には分かりやすい反応といえますが，管理監督者が部下の具合の悪さを捉えることは，部下が自分から訴えてきてくれないと難しいといえます。日頃から部下の話を聴くようにして部下の発言を引き出すなど，管理監督者からのアクションが重要といえるでしょう。

③ 行動面の反応

行動面では，**図表10**のような反応が発生する可能性があります。これらの変化は，自分では気づかなくても，家族や友人・同僚など，周囲の人にも気づかれやすいという特徴をもっています。

行動面では，特に仕事ぶりにも影響が出てくることが多くなっています。仕事ぶりの変化については後述しますが，特に勤怠などの出勤状況は客観的なデータで把握しやすく，管理監督者が気づきやすいポイントといえます。

④ 心理面の反応

心理面では，ストレスがかかると**図表11**のような反応が異変として発生する可能性があります。これらの変化も，本人には「具合の悪さ」として体感され

図表9 身体面の異常

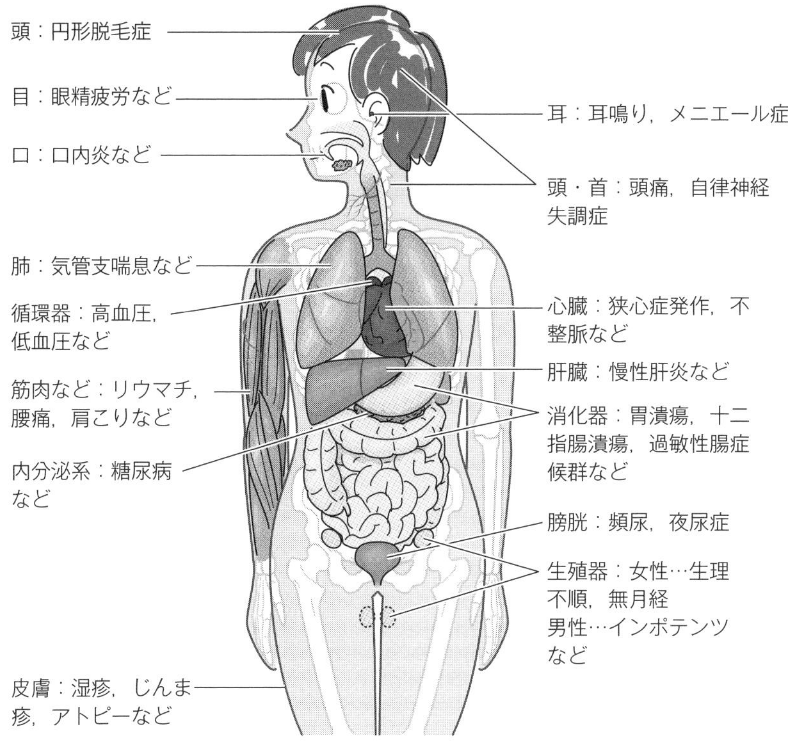

出所：文部科学省「在外教育施設安全対策資料【心のケア編】」を改変

図表10 行動面の反応

急性反応：回避・逃避・エラー・事故・口論・けんか
慢性反応：遅刻・欠勤・作業能率の低下・大酒・喫煙・やけ食い・生活の乱れ

出所：岩田昇「主観的ストレス反応の測定」『産業ストレス研究』

図表11 心理面の反応

急性反応：不安・緊張・怒り・興奮・混乱・落胆
慢性反応：不安・短気・抑うつ・無気力・不満・退職願望

出所：岩田昇「主観的ストレス反応の測定」『産業ストレス研究』

ますが，本人自身，気づいたとしても対処の仕方が難しいという特徴をもちます。

心理面の変化は，明確なかたちで外見に現れてこない場合もあるため，部下の心理面の変化を捉えようとするのも比較的難しいといえます。同時に，労働者は心理面の変化を捉えた際，「こういう状態になっているのは，自分が性格的に弱いからだ」「自分がしっかりしていないからだ」と認知してしまう場合も多く，そうなると余計部下本人からは直接語られない傾向もあります。管理監督者は，部下の話に積極的に耳を傾けることで，これらの部下の異変を浮き彫りにさせることができます。

❷ いつもと違う様子に気づく

ストレスによって生じる心身の異変は，ある程度の傾向をつかむことはできても，やはりその出方は人それぞれといえます。そこでストレスに気づく大事な視点は，部下の「いつもと違う様子に気づく」というポイントになります。「いつもと違う」という点を把握するには，日頃から１人ひとりの部下の特徴を知っておくことが前提になります。

①「いつもと違う様子」に気づく

例えば，ふだんから胃腸を壊しやすい部下が，ストレスで胃痛を発生させたとしても，「いつもと違う」とは捉えにくいでしょう。ふだんは胃腸の丈夫な人がストレスで胃痛を発生させたとしたら，「いつもと違う」と捉えるはずです。

このように，「いつもと違う」というのは，部下を外部の基準に照らし合わせて「違い」を見つけることではなく，他のスタッフと比較をした「違い」を捉えることでもなく，部下自身の特徴を押さえて時系列的な変化を捉えることがポイントになります。

今まで述べた身体・心理・行動面でのサインについて，部下がこれまで示したことのない症状を呈している場合には，管理監督者は何らかのアプローチをとる必要があります。部下の「いつもと違う」を捉える際の参考として，午前

図表12 「いつもと違う」様子の例

午前の様子	午後の様子
●服装・身だしなみが乱れる ●眠そうな様子 ●やつれた表情 ●あいさつをしなくなる ●目が合わなくなる ●酒臭がする	●食事をとらなくなる ●食べることを面倒がる ●メニューを選べない ●雑談を避ける ●昼寝・居眠りが増える ●離席が増える

出所：筆者作成

と午後に分けた具体的なエピソード例を図表12に示しました。

ちなみに，ストレスレベルの低い段階では「活気のなさ」が，ストレスレベルが中程度の段階では「不安感」「イライラ感」「身体愁訴」が，またストレスレベルが最も高い段階では「抑うつ感」がそれぞれ自覚されることが，厚生労働省の委託研究にて報告されています[12)]。

② 仕事ぶりの「いつもと違う」を捉えるポイント

管理監督者は，部下の具合の悪さを捉えることが不得手でも，部下の仕事ぶりに目を向ける活動は，日頃の管理業務によって行っているものと思います。

図表13 仕事ぶりの変化

1. 遅刻，早退，欠勤など勤怠が通常でなくなる
2. 高い事故発生率
3. 以前は素早くできた仕事に時間がかかる
4. 以前は正確にできた仕事にミスが目立つ
5. ルーチンの仕事に手こずる
6. 職務遂行レベルが良かったり悪かったりする
7. 取引先や顧客からの苦情が多い
8. 同僚との言い争いや，気分のムラが目立つ
9. 期限に間に合わない
10. 平均以上の仕事ができない

出所：ジュディス・A・ルイス，マイケル・D・ルイス／中澤次郎編訳『EAP アメリカの産業カウンセリング』を改変

部下の仕事ぶりの変化は，労務管理や仕事の進捗管理なり管理業務の延長線上において捉えやすいといえるでしょう。捉えるポイントは**図表13**のようにまとめることができます。

いずれかのポイントにおいて，仕事ぶりが「いつもと違う」と感じた場合，それが２週間の期間にわたって継続する場合には，管理監督者として産業保健スタッフに相談をするなど，実際の対処が必要になってくるといえます。

3 管理監督者が話を聴く意義 ―自発的な相談の重要性―

❶ 心の不調のみえにくさ

① 心の健康診断やスクリーニングの難しさ

法令で事業者に実施が義務づけられている健康診断の内容は，基本的に身体面にかかる項目であり，精神面については，問診で身体面と併せて自覚症状を聴取するといった内容にとどまります。2015年12月から50人以上の事業場での実施が義務化されたストレスチェック制度は，健康診断ではなく，「労働者自身のストレスへの気付きを促すとともに，職場改善につなげ，働きやすい職場づくりを進めることによって，労働者がメンタルヘルス不調となることを未然に防止すること（一次予防）を主な目的としたもの」（労働安全衛生法に基づくストレスチェック制度実施マニュアル）であり，メンタルヘルス不調者の発見（スクリーニング）を一義的な目的とはしていません。

精神面の健康診断やスクリーニングが難しい理由として，メンタルヘルス不調は，身体疾患以上に他人に知られたくない個人情報であり，事業者に知られることに強い抵抗を感じる従業員が多いと予測されるといったことが考えられます。また，精神医学的診断は，血液検査やレントゲン検査に基づいて行うものではなく，診断には多くの情報と時間を要し，本人が自発的に症状を訴えてくれなければ診断は困難です。

さらに，健康な人が大半を占める集団にスクリーニングテストを行うと，病気ではないのに異常ありと判定される偽陽性が多発するという問題もあります。例えば，うつ病のスクリーニングを行うとして，うつ病者を正しくうつ病（陽性）と判定する確率（敏感度）が80%，うつ病ではない者を正しく健康（陰性）と判定する確率（特異度）が80%であるテストを用いて，2%がうつ病である1,000人の集団を対象にスクリーニングを行ったとすると，結果は図表14のようになります。すなわち，1,000人中212人が陽性（うつ病の疑いあり）と

図表14 スクリーニング検査の有効性

スクリーニング結果	うつ病者（20人）	健康者（980人）	合計
陽　性	うつ病であり検査結果も陽性 （真陽性） 20人×80%＝16人	うつ病でないが検査結果は陽性 （偽陽性） 980人×20%＝196人	212人
陰　性	うつ病であるが検査結果は陰性 （偽陰性） 20人×20%＝4人	うつ病でなく検査結果も陰性 （真陰性） 980人×80%＝784人	788人

判定されますが，そのうちの196人（92.5%）はうつ病ではなく，うつ病である人（真陽性）は16人（7.5%）にすぎません。

② 変化への注目

以上，スクリーニングテストや健康診断でメンタルヘルス不調を発見することの難しさについて述べましたが，従業員のメンタルヘルス不調は実際には周囲の者，特に管理監督者によって発見されることが最も多いのです。メンタルヘルス不調の診断は，血液検査やレントゲン検査によって行うのではないと述べましたが，逆に身体疾患は専門的検査をしなければ異常が発見されない（少なくとも早期発見は難しい）場合が多いのに対して，メンタルヘルス不調は言動や態度の変化に注目していれば，専門家でなくとも異常に気づく場合が多いのです。精神医学の専門家ではない管理監督者は，診断（病名の特定）をする必要はなく，部下が何らかのメンタルヘルス不調に陥っている疑いがあることに気づけばよいのであり，実際そうすることは十分に可能です。

部下のメンタルヘルス不調に早く気づくためには，管理監督者が部下の変化に注目することが重要です。まずは，「彼（彼女）は今までと違って，最近様子がいつもと違うぞ」という勘を大切にして，行動を起こすことが重要なのです。

例えば，明るくてよく冗談をいっていた者があまりしゃべらなくなったり，おとなしかった者が多弁になり，ささいなことで上司にも遠慮なく文句を言うようになるのは，原因が分からないことです。分からないことの裏には大事な事実が隠れています。そのような今までとは異なる変化が起こっているのに，その原因が分からないのであれば，分からないまま放置せず，原因を確認しなければなりません。つまり，当人に「どうしたんだ？ 元気がないけど」などと声をかけるべきです。そこで「昨夜，久しぶりに会った友人と飲みすぎて……」とか，「医者から親父ががんだと宣告されて……」などといった答えが返ってくれば，元気のない理由は「分かる」ことになります。ところが，「老眼がひどくなったのと前歯が抜けたことがショックで，会社を辞めたい，死にたい」などといい出したら，ますます「分からない」ことになります（このケースはうつ病でした）。分からないことを分かろうとして問いかけても，その反応が常識で分からないものであれば，メンタルヘルス不調を疑うという姿勢が重要です。

メンタルヘルス不調の中で最も多いうつ病の際にみられる変化を**図表15**に示しますので，参考にしてください。これらの変化がみられたら声をかけて変化の起こった理由を尋ね，その答えが「分かる」「理解できる」ものか否かを確認することが必要です。

図表15 うつ病でみられる言動の変化

- なんとなく元気がなくなった。
- 口数が少なくなった。
- 冗談をいったり笑ったりしなくなった。
- 会議などで自発的に発言しなくなった。
- 理由のはっきりしない休みが増えた。
- 昼食をあまり食べなくなった（食欲が落ちた）。
- 新聞や本などを読まなくなった。
- よくため息をつくようになった。
- 疲れたと深刻な表情で訴える。
- 気弱なことをいうようになった。
- 仕事に自信を失い自己卑下するようになった。
- 仕事がはかどらなくなった（アウトプットが出てこない）。

出所：北村尚人『新版メンタルヘルスワークブック』法研，2011年を一部改変

③ 誰が何に困っているのか —事例性について—

メンタルヘルス不調では，病気であるか否かの医学的判断（疾病性）と，本人や周囲が困って治療を求めること（事例性）とは，必ずしも一致しません。

例えば，アルコール依存症について考えてみます。ほとんどのアルコール依存症では，手の震えなどの離脱症状（俗にいう禁断症状）が認められると同時に，飲酒のために遅刻・欠勤したり，アルコールの臭いのする状態で出勤するといった問題行動も認められます。ところが，毎日，かなりの量の晩酌を欠かさず，離脱症状が認められるにもかかわらず，きちんと仕事をし暴力をふるうこともなく，誰にも迷惑はかけていないという事例もあります。その一方で，毎日飲酒するわけではなく，離脱症状も認められませんが，いやなことがあると予測される日の前夜から大量に飲酒し続けて出勤してこないとか，酔って家族などに暴力をふるったり警察のやっかいになる者もいます。

病気であっても，本人も周囲も何ら困っていない，したがって治療を求めていないケースでは，管理監督者が本人に対して強く受診を勧めることはできません。本人の健康状態が心配であることを伝え，軽く受診を促す程度で止めるべきでしょう。逆に，大事な仕事をすっぽかす，酔って出勤してくるなどの職場管理上問題となる行動が認められたら，それを解決するためにしかるべき医療機関を受診するよう命じることができます。もし，その問題となる行動が，病気によるものではないと医師によって判断されたなら，労務管理上の問題として，就業規則等に照らして，問題の内容に応じた対応が可能となります。

また，職場管理上問題となる行動が認められ，それがメンタルヘルス不調によるものであると推測されるにもかかわらず，本人が受診を拒否する場合には，原則として家族に事情を説明し，家族の理解を得て受診につなげるのが基本です。この点については，次節で詳しく解説します。

❷ 話すことの意味 ―部下にとってのセルフケア―

① 問題点の明確化

2006年に厚生労働省が発表した「労働者の心の健康の保持増進のための指針」（2015年改正）では，ラインによるケアとして，管理監督者に「職場環境等の改善」とならんで「労働者からの相談対応」を行うよう求めています。一方，セルフケアとして，労働者の自発的な相談の重要性を指摘しています。

相談の意義はメンタルヘルス不調の早期発見・治療ですが，もうひとつ，相談者の悩みやストレスの軽減・解消という意義が考えられます。相談することの意義を，セルフケアという観点から，以下に解説します。

悩みをもつということは，ある問題に直面し，その解決策が見出せない状態です。解決策が見出せない理由は，①問題を正確に，あるいは詳しく把握・整理できていない，②問題解決の手段や利用できる資源を知らない，あるいは気づかない，③自らの気持ちの整理（割り切り，あきらめ，踏ん切り）ができない，といったことが考えられます。人に相談するということは，これら解決策の見出せない原因を解消するのに極めて有効な方法です。以下に，それらの原因別に，相談が有効である理由を考えてみます。

a）問題点の正しい把握・整理

相談を受けたとき，相談者が何を言おうとしているのか，よく分からなかったという経験をもつ人は少なくないでしょう。これは，相談者が自ら直面している問題を正しく把握・整理していないからです。①相談者は，相手に分かるように問題を説明しようとすることで，②そして，相談を受ける側がよく分からない点を相談者に質問することによって，③さらに，相談を受けた側が問題を整理して相談者にフィードバックすることで，相談者による問題の理解・整理が促されます。

なお，相談を受ける側は，分からない点を質問するとき，非難するような言い方は避けるべきです。相談者は非難されたと感じると，相談する意欲を失います。

b）問題解決の手段・資源への気づき

相談者が問題解決のための手段や利用できる資源・人材を知らないのであれば，それらに関する情報を提供することで問題は解決に向かいます。最初に相談を受けた側は，問題解決のために自分より他に適任者がいるのであれば，その人に相談するよう相談者を促すべきです。特に，メンタルヘルス不調が疑われる場合は，専門医などに診てもらうよう勧めることを躊躇してはなりません。

c）気持ちの整理をつける

直面する問題を解決するには，ある部分を犠牲にせざるを得ない状況で，その決心ができず（何も犠牲にしないですませたいと）悩んでいる場合があります。このような悩みでは，第三者の客観的意見や説得が，気持ちを整理し決心をつける上で有効でしょう。

② 分かることと分かってもらうことの意義

相談をするということは，以上述べたとおり，直面する問題の解決に有効なのですが，さらには，人間の依存欲求を満たすことで精神健康に寄与するという，より幅広い意義もあります。

人間は誰かに精神的依存ができないと，精神健康に悪影響が出ます。例えば，子供は養育者に適切に甘えられないと，情緒不安定になったり，健全な精神の発達が阻害されることもあります。大人では，依存していた人との別離がうつ病などのきっかけになります。逆に，困ったときには頼りになると信じられる人が身近にいることで，安心して生活を送ることができます。

依存できる人であるか否かは，きちんと相談にのってくれる人であるか否かが密接に関係しています。きちんと相談にのるということは，①相談者の気持ちや考えを正しく把握し（ときには相談者自身が気づいていない感情まで理解することもある），②真に相談者のためになる解決策を選択し（必ずしも相談者の気に入る解決策ではない），③その解決策を相談者に無理なく納得させることです。さらに，④相談を受けた側が問題解決のために行動を起こすこともあります。

次に，以上述べた相談にのるという個々のプロセスの意義を考えてみます。

a）気持ちを分かってもらうこと

人に自分の気持ちを分かってもらうことは，大変心地よいことです。自分の気持ちを分かってもらえたのは，相手が自分に愛情（少なくとも関心）をもったという証拠であり，今後多少なりとも援助を期待できる展望が開けたということです。つまり，気持ちを分かってもらうということは，依存（甘えの）欲求を満たす基礎であるともいえます。

b）真に本人のためになる解決策を選択すること

相談者のためになる解決策が，必ずしも相談者にとって心地よい解決策ではありません。真に相談者のためを考えるなら，当面は相談者に苦痛を強いる解決策であっても，将来まで見通した最良の解決策を選択すべきであり，相談者の要求に安易に迎合すべきではありません。

c）解決策を無理なく納得させること

悩みとは，当人にとって解決策の見出せない問題ですが，当人が単純に問題解決の手段を知らなかったという場合を除いて，当人のある感情（無意識の感情を含めて）が，合理的解決策に導くことを阻んでいることも多々あります。相談を受けた側は，感情抜きで冷静に考えることができるので，容易に合理的結論に至ります。しかし，その結論が論理的に正しくても，相談者の感情を考慮せずいきなり提示すると，相談者には納得できないばかりか，反発や怒りを感じさせることもあります。一見回り道のようにみえても，例えば相談者に質問することで，相談者の考えの矛盾点や間違いに，相談者自らが気づいていくように仕向けることが，解決策を無理なく納得させる近道であることが多いのです。

以上から，相談にのるとは，①相談者に関心を向け，②相談者を正しい方向に導く方法を探し，③相談者の成長（気づき）を促すことであるといえるでしょう。なお，相談者と相談にのる側の関係は，エンドレスではなく，問題が解決した時点で終了すべきものです。

つまり，理想的な相談とは，相談者が相談にのる側を信頼し，ある意味依存し，相談にのる側は相談者に愛情をもって接し，相談者の成長（問題解決策の気づき）を促す行為です。ただし，「依存」や「愛情」といっても，他人同士の場合は「ちょっとした依存」と「好意」というべき程度のものですから，相談者が問題の解決策に気づいた時点で，いったん関係を終了させることができます。

4 不調が疑われたときの対応

❶ 話の聴き方

① 管理監督者に期待される役割

2006年に厚生労働省が発表した「労働者の心の健康の保持増進のための指針」（2015年改正）では，ラインによるケアとして，「管理監督者は，日常的に，労働者からの自発的な相談に対応するよう努める必要がある。特に，長時間労働等により疲労の蓄積が認められる労働者，強度の心理的負荷を伴う出来事を経験した労働者，その他特に個別の配慮が必要と思われる労働者から，話を聞き，適切な情報を提供し，必要に応じ事業場内産業保健スタッフ等や事業場外資源への相談や受診を促すよう努めるものとする」とされています。

管理監督者が部下からの相談にのる上で重要なことは，最も安全で効果的・効率的な解決策を選択しなければならないということです。そのためには，①相談内容を正確に把握すること（ときには，相談者が表に出さない本音や，相談するに至った経緯を含めて把握すること），②問題解決のために利用可能な資源・人材を有効に活用すること（相談を受けた管理監督者よりも問題解決に適任者がいれば躊躇せずそちらに相談を委ね，いつまでも抱え込まないこと）が必要です。特に，メンタルヘルス不調の相談に対して，いつまでも管理監督者だけで対応することは危険です。早くしかるべき専門家につなぐのが管理監督者に期待される役割なのです。

つまり，管理監督者は相談内容を的確に把握し，問題の内容に応じて，その解決のために最も安全で効果的・効率的な援助が行える人材・資源につなげるという，一種の交通整理，あるいは医療などへの橋渡しの役割を期待されているのです。

的確に相談に対応するためには，相手の話に耳を傾けること，そして相談内容を正確に分かることが大前提です。そこで以下に，傾聴の仕方について解説した上で，分かるということの意味について考察し，分かることを妨げる要因の克服を中心に，相談を受ける際の留意点を述べます。

② 傾聴の仕方

悩みなどの相談を受ける場合は，仕事の場面で行われるコミュニケーションのように，単に客観的情報を聞いて理解すればよいというものではなく，相手に対する関心と相手を大切にする気持ちをもって，話される言葉だけでなく感情も含めて汲み取ろうとする姿勢が望まれます。

まず，他人に聞かれない場所で，ゆっくりと話せる環境を設定することが必要です。ただし，ゆっくりと話ができるといっても，無制限に時間を割くのは現実的ではありませんし，相手の依存傾向を助長するなどの悪影響も考えられます。緊急の場合を除いて，適当な時間（1時間程度）でいったん結論を出すか，日時を改めて話を聴くといった工夫も必要でしょう。

次に，少なくとも初めのうちは，相手の言葉で自由に語らせることが大切です。適度に相槌を打ち，分かったことは分かったと伝え，分からないことは質問するなどして，聴く姿勢に徹してください。十分に聴かないうちから分かったつもりになったり，注意や説教・説得を早く言いすぎたりすると，相手は「分かってもらえなかった」「受け入れてもらえなかった」と感じ，相談する意欲を失うかもしれません。

そして，相手の発言の言外の意味や，言葉の背後にある感情，言葉以外の表現（表情，態度，声の調子など）にも注目してください。そうすることで相手は，「私に関心を向けてくれている」「分かろうとしてくれている」と実感できるのです。ただし，相手が隠そうとしている感情を暴きだして指摘するようなことは，相手にとって非常につらいことになりますので，避けなければなりません。

このように相手を尊重し，ありのままに受け入れる姿勢をもって話を聴き，分かろうとすると，相手は尊重してもらえる，分かってもらえると感じ，さらに積極的に話そうとするでしょう。そして，自らの考えや感情を伝えようとすることで，曖昧だった考えや感情が明確になり，自ら問題の解決策を見出す可能性が高くなるのです。

③ 理解するということ

事例を挙げて，「理解する」ということの意味を考えてみます。

事例A　48歳　既婚　男性

数日前から元気がないので上司が声をかけると，「会社を辞めようと思う」といいます。理由を聞くと，「仕事に自信がない」というだけで，担当業務は何年も順調にこなしていますし，職場でトラブルがあった様子もなく，転職を考えているわけでもなさそうです。さらに話を聞くと，「最近，老眼がひどくなったことと，前歯が抜けたことがショックで，気が滅入る」と言います。そこで，「年をとれば誰にでもあることだから…」となだめ，退職を思いとどまるよう説得しました。その数日後，職場でケガをして外科に入院しましたが，外科医の依頼で精神科医による治療もなされ，3ヵ月後には退院しました。その後は元気に勤務しています。

Aさんに対応した上司は，Aさんがメンタルヘルス不調（うつ病）であることに気づきませんでした。幸い退職に至らず，ケガで入院している間に精神科での治療も行われて回復しましたが，文字どおり「ケガの功名」といえるでしょう。ただ，このケガはうつ病による注意力や集中力の低下が要因となった可能性や，自殺を意図したという可能性も考えられます。

この事例では，老化がショックだというところまでは正常な心理として理解できます。しかし，仕事に自信を失い退職を考えるほどのショックを受けるというのは，「誰にでもあること」ではありません。正常な心理では理解できないこと，分からないことです。分からないことの裏には重要な何かが隠れています。このケースではうつ病が潜んでいたのです。

Aさんに対応した上司が，「老化がショックで退職を考える」というのはおかしい，分からないことだと気づき，メンタルヘルス不調を疑ってAさんの心身の不調をさらに聞き出したり，注意深く様子を観察したりしていれば，もっと早く精神科での治療につながって，ケガもしなくてすんだかもしれません。

別の事例を挙げて，分からないことに気づくということについてさらに解説します。

事例B　45歳　既婚　男性

子供はなく，妻との２人暮らし。入社以来，工場の現場作業者として欠勤もなく，黙々と真面目に仕事をこなしてきました。口下手ですが，職人としての技能は非常に優秀でした。上司は１年前にＢさんを職場のリーダーに任命しました。Ｂさんはリーダーとして部下の管理や指導が大変だと，たまにこぼすこともありましたが，順調に勤務していました。ところが，仕事が大きな山を越えた直後から無断欠勤をし始めました。Ｂさんは身体の不調を訴えていましたので，上司が「身体の調子が悪くて休業するなら診断書を提出するように」と指示したところ，自ら精神科を受診し，「自律神経失調症」との病名で１ヵ月の休業を要する旨の診断書を提出しました。

休業中のＢさんは，パチンコや釣りに出かけたり，車を買い替えてドライブに出かけたりしています。そこで上司が電話で出勤の意思を問うと，「出勤にはまだ自信がもてない」と言い，休業延長の診断書を提出します。Ｂさんの態度に不信を抱いた上司が健康管理室の保健師に相談しました。保健師がＢさんに電話で，「一緒に主治医の話を聞きに行きたい」と提案したところ，Ｂさんは同伴することをやんわりと拒否し，「主治医に会えばびっくりする話が聞けるよ」と，思わせぶりなことを言います。保健師だけで主治医に会って，Ｂさんの了解を得て治療の見通しなどについて話を聞きに来たことを伝えましたが，主治医ははっきりしたことを何も話してくれません。

休み始めてから４ヵ月後，上司は人事部門とも相談の上，Ｂさんをリーダーから解任することを決め，その旨をＢさんに伝えました。その直後からＢさんは出勤するようになり，以後は欠勤も心身の不調もみられません。

この事例は，休業診断書が提出されたものの，休み始めてからの生活ぶりは病人らしくみえません。しかし，Ｂさんはもともと真面目で，これまでの勤怠に全く問題はなかったのですから，単純な怠けとは考えにくいでしょう。

Ｂさんはリーダーの職務が負担だと漏らしていたといいますが，人事上はよほどの理由がなければ解任は困難です。しかし，メンタルヘルス不調を理由に休業を続ければ，リーダーを解任してもらえるかもしれません。

もしBさんがそのように考えて，リーダーを解任されることを密かに狙っていたとすれば，Bさんの態度が統一的にうまく説明でき，全体のストーリーがみえてきます。例えば，リーダーを解任されることが決まったら，何事もなかったように出勤してくるのは，もはやBさんの目的が達せられたからだと考えられます。また，保健師が主治医の話を聞きに行くことを提案したとき，同伴することを拒否し，「びっくりする話が聞けるよ」と言ったのは，休む本当の理由を知ったら驚くであろうことをほのめかしていると推測されます。なお，現場作業者の中には，人の上に立つよりも，長年培ってきた技能を活かして，「職人」としての仕事を続けることを望む人もまれではなく，おそらくBさんもそのひとりだったと思われます。

難しいことですが，Bさんの病気休業の経緯を不思議に思って，Bさんの気持ちを聞き出せていれば，休業期間がもっと短くてすんだかもしれません。さらには，Bさんをリーダーに任命する前に，Bさんの仕事に対する思いや希望が分かっていれば，対応が違っていたかもしれません。管理監督者は，部下の言動の分からないことや不思議なことを放置しないで，理解しようとすること（本人の話をよく聴くこと）が大切です。さらには，部下の仕事に対する思いや希望を，ふだんから把握するように努めることが望まれます。

④ 相談にのる上での留意点

a）相談者が身近な者であること

相談者が自身の部下である場合，管理監督者が相談者を事前によく知っていて，相談者やその同僚に対して，好き嫌いの感情を含めた何らかの先入観をもっている場合もあります。職場の人間関係で悩む相談者が同僚に対して否定的な意見を述べた場合，管理監督者が相談者と同僚にどのような先入観をもっているかによって，その受け止め方が微妙に異なってくる可能性があります。

相談の内容を正確に把握するためには，相談を受ける側が先入観は横に置いて，可能な限り中立性を保つということが最も大切です。

相談者が同僚に対する否定的な意見を伝えるなどの場合には，相談を受ける側の先入観や主観で判断せず，できるだけ当の同僚からも話を聴くことが望ましいでしょう。さらに可能であれば周囲の話も聴いて客観的な情報を集め，客観的な情報と主観的な情報とを切り分けた上で，対話を重ね，対応していくことが望ましいといえます。

b）相談を受ける側の固有の価値観で反応すること

相談を受ける側が意図せずして，相談を受ける中で自身の固有の価値観や人生観を相談者に押しつけてしまう可能性があります。自身の価値観を押しつけてはいけないということは当たり前の原則ですが，大変難しいことだといわざるを得ません。相談を受ける側が自分の価値観や人生観に基づいて反応するのには，２つのパターンがあります。ひとつは自分の価値観や考え方を相談者に押しつけようとするパターンで，説得，説教，注意といったかたちで現れます。もうひとつは，相談を受ける側が相談者に共感しすぎて，全く同じ感情を共有してしまうパターンで，客観的に物事をみられなくなります。どちらのパターンも，相談としては極めてまずいものといわざるを得ません。

例えば，相手を理解しようとする姿勢を示すことなく，相談者に向かって「あなたの考えは間違っている，こう考えるべきだ」などと自分の考え方を押しつけようとする場合を考えてみましょう。この場合，相談を受ける側は自分の価値観や考え方が正しくて，相談者の考えが間違っていると信じているので，相手の考え方を改めさせることがその人の悩みを解決することになると思い込んでいます。つまり，一種の善意のなせる業なのです。

しかし，悩みの中でも特に人間関係の悩みで相談しようとする者は，自らの価値観や人生観が周囲の誰かと合わないために悩んで相談に訪れたのです。周囲の人と衝突しても，自分の価値観や考え方が間違っていると本心から反省できれば悩むことはなく，したがって相談にも来ません。衝突した相手が間違っていて自分の考えが正しいと考えているから，腹の虫がおさまらずに悩んで相談に来るのです。ところが，頼って相談をもちかけた人との間で再び同じ状況が起こるのでは，相談者は立つ瀬がありません。分かってもらえないと感じて，相談する意欲を失うでしょう。

では逆に，相談を受ける側は，相談者に共感していればよいのかというと，決してそうではありません。相談を受ける側と相談者の価値観や考え方が似通っていると，相談を受ける側が相談者の悩みに容易に共感しすぎてしまいます。これは，相談者にとっては分かってもらえたと感じ，また相談を受ける側にとってはよく分かったと感じ，互いに大変心地よいものです。しかも，臨床心理学やカウンセリングの解説書には，カウンセリングにおいて最も大切なことは「共感である」などと書いてありますので，相談を受ける側はこの相談がうまくいっていると思い込むのです。

ところがこの場合，非常に大きな危険が潜んでいます。それは，相談を受ける側が相談者のいうことを簡単に分かった気になってしまい，そこから先の大切な事実がみえなくなってしまうことです。つまり，客観的情報と主観的情報との切り分けが，自分でもしにくくなってしまっている，ということです。

相談者の考えの誤りがみえなくなったり，事実関係の把握がおろそかになると，必然的に問題解決のための現実的な方法がみえなくなってしまいます。傍目八目といわれるように，第三者は，悩んでいる当事者にはみえていない状況を冷静に把握することができるので，よい解決策がみえてくるのです。相談を受ける側が相談者と一緒になって興奮したり怒っていたのでは，相談の意味がありません。

以上述べたとおり，相談を受けているときには，自分の価値観や人生観といったものからできるだけ自由であることが大切だといえます。相談者に安易に批判や忠告をするのでもなく，かといって簡単に分かった気になってもいけないのです。「分からない」ことからスタートし，「分からない」ことを１つひとつ確認しながら，その溝を埋めていく，という対話を繰り返していく中で，相談者のストーリーを読み込んでいくことが大切といえます。その上で，管理監督者として伝えるべきことがあれば，伝えていく，ということが重要となります。

⑤ アドバイスの与え方

相談を受けた際，助言や情報提供を求められる場合には，適切に回答しなければなりません。客観的情報を求められているなら，支障のない範囲で伝えるなり，求めている情報がありそうな場所を教えればよいでしょう。しかし，考えや判断を求められる場合には，安易に回答すべきでないこともあります。あるいは，客観性に乏しい不平不満や無理な要求を突きつけられて，対応に困惑することもあるでしょう。

例えば，相談者から「どうすればいいですか」と聞かれた場合，結果に責任がもてないことに対して安易に断定的な回答をするよりも，「分からない」と正直に回答するほうが誠実だといえます。その場合でも，①相談者が判断を下す材料となる情報をできるだけ伝える，またはその情報を得る方法を伝える，②確実ではないがある程度の確度をもって判断できるものについては，「こうすべき」という断定的な言い方を避け，「自分だったらこうするかもしれない」といった言い方をする，などの対応が相談者に親切でしょう。相談者が過剰に依存的で，判断を他人に委ねようとしていて，なおかつ相談者との間に十分な信頼関係がある場合には，自分のこと（生き方）に自分で責任をもつよう助言するのもよいかもしれません。

また，相談を受ける側の知識や権限を超えた助言や情報を提供すべきでないのは，いうまでもありません。例えば，医師の休業診断書が提出されたにもかかわらず，「休まずがんばれ」などと言うのはもってのほかですが，「薬に頼るのはよくない」「気のもちようだ」「根性を出せ」などの助言は，治療を妨げるばかりか，後々本人や主治医との間にトラブルを生じさせることになりかねません。あるいは，主治医を替えるよう助言すると，「上司の指示で主治医を替えたのによくならなかった」と恨まれる場合もありますので，安易にそのような助言はすべきではありません。

近年，いわゆる「新型うつ病」といわれるケースや，発達障害が職場で問題にされることが多くなりました。そのようなケースでは，職場でふさわしくないと思える言動や要求をして，周囲の怒りを買うことがあります。しかも一見，病気ではなく，怠けていたりやる気がないようにみえることも少なくありません。しかし，病気や障害の診断を受けているなら，医師等の診断や指示を尊重して，冷静で合理的な対応をすべきです。つまり，可能な範囲で，主治医や産業保健スタッフの指示に従うとともに，感情的な対応は避けねばなりません。また，本人からのそのような要求には一貫した態度で臨み，例外扱いや特別扱いは避けるべきです。併せて管理監督者だけでは対応を行おうとせず，必要に応じて人事労務管理スタッフや産業保健スタッフと連携することが重要です。

❷ 専門家への紹介

① 専門家への相談をためらう理由

メンタルヘルス不調者への相談対応における管理監督者の役割は，早期に「いつもと違う」様子であることを見抜き，産業保健スタッフや専門医への相談につなげることです。ところが，3つの理由から，専門家の診断や治療につなげることに抵抗を感じるようです。

第一の理由は，メンタルヘルス不調であると疑うことに，一種の罪悪感あるいは後ろめたさを感じることです。しかし，メンタルヘルス不調の兆候が認められるなら，産業保健スタッフや専門医への相談を勧めるのは必要なことです。何ら後ろめたいことはありません。自信をもって受診を勧めるべきです。

第二の理由は，相談を受けた者は，相談者から頼りないとか冷たいと思われたくないために，自分以外のところへ相談に行くよう勧めることに抵抗を感じるということです。しかし，相談の目的は「相談者の抱える問題」を解決することであって，相談を受けた「自分」が問題の解決を図ることではありません。必要に応じて適切な相談先につなぐことは，管理監督者の重要な役割です。

第三の理由は，本人が産業保健スタッフや専門医への相談に強く反発したり抵抗することがあるためです。しかし，本人のためを考え真剣に相談を勧めているのに，そのことに本人が激しく反発した場合には，相談の必要性がさらに裏づけられたと考えられることもあります。本人が相談に反発・抵抗する場合の対応については，後で述べます。

メンタルヘルス不調の兆候が認められる従業員に産業保健スタッフや専門医に相談をさせないでいると，手当てが遅れて本人や周囲の者がつらい思いをするばかりでなく，場合により自殺などの事故が発生する危険性が高まり，管理監督者や企業の安全配慮義務違反や注意義務違反ともされかねないといえます。

② 受診を勧める理由の明示

メンタルヘルス不調者の相談には，日常の一般的な相談とはやや異なる特徴があります。それは，自らは相談する意思のない者の相談にのらなければならない場合が，少なくないということです。

自ら病気であるという自覚をもち，治療を希望するメンタルヘルス不調者も多いのですが，メンタルヘルス不調にある者すべてが必ずしも問題の解決を望んでいるわけではありません。周囲の者が本人の健康状態を心配したり，本人の言動によって迷惑を被るなどして困っているだけで，問題を抱えた本人は困っていないようにみえる場合が少なくありません。つまり，周囲が問題の解決を望んでいるにもかかわらず，本人は問題を解決しようとする（すなわち治療を受けようとする）意欲に乏しいか，明らかに間違った解決策に固執することがあります。

そのような者であっても，勤務を続ける限りは，周囲に迷惑を及ぼさず期待される労務を提供できるよう，メンタルヘルス不調を治療しなければなりません。治療に抵抗していても，治療することによって，「あのときの自分は病気であった，治療してよかった」と思うようになることが多いのです。ですから，自ら治療を望まない者でも，メンタルヘルス不調と思われる理由で正常な労務の提供に支障がある場合には，原則として治療につなげるべきといえます。

問題解決の意欲に欠ける者を治療につなげるためには，なぜ受診する必要があるのかを，明確に本人に伝えなければなりません。本人の健康状態がどのように心配なのか，周囲がなぜ困っているのかといったことをできるだけ具体的・客観的に示し，治療の必要性を十分に説明することが必要です。本人が受診理由を理解しないままでは，治療はうまくいかないでしょう。

ただ，周囲が困っていることなどを具体的に伝えるといっても，本人を非難するようないい方にならないよう配慮し，本人を心配していることを併せて伝えることも重要です。

③ 産業保健スタッフ等との連携

一定規模以上の事業場では，産業医，保健師，看護師，衛生管理者などの産業保健スタッフと，人事労務管理スタッフがいるでしょう。さらに，大規模事業場では精神科医や臨床心理士などの心の健康づくりスタッフに相談できる体制を整えている場合もあります。管理監督者がメンタルヘルス不調と思われる従業員から相談を受け，対応が困難な場合，頼るべきはそれら産業保健スタッフ等です。

本人に産業保健スタッフや専門家のもとへ相談に行ってもらうことが困難であれば，まず困っている管理監督者が相談に行き，対応についての助言を得ることが重要です。産業保健スタッフ等は，事業場外の専門医療機関や相談機関を紹介してくれるでしょう。さらに，メンタルヘルス不調者の職場環境や担当業務の調整，あるいは職場での扱いについて，助言・指導をしてくれるでしょう。

④ 家族との連携

メンタルヘルス不調と思われる理由で，職場が迷惑を被っているか，本人の健康状態が心配で，放置するわけにはいかないにもかかわらず，本人が受診を拒否している場合には，家族と連携して対応しなければなりません。

問題の深刻さによりますが，できる限り本人の了解を得て家族に連絡をとり，家族に受診の必要性を理解してもらい，家族から本人に受診を説得してもらうことが重要です。

なお，本人が受診を拒否するだけでなく，家族も受診させることに同意しない場合は，原則として強引に受診させることはできないので，対応については人事労務管理スタッフや産業保健スタッフを交えて検討する必要があります。

⑤ 事業場外資源との連携

メンタルヘルス不調を扱う医療機関には，以下のものがあります。

・精神科／メンタルヘルス科

　いずれもメンタルヘルス不調（精神疾患）を扱い，実質的には同じ。

・メンタルクリニック

　精神科などの診療所の通称。基本的に入院設備はない。

・心療内科

　基本的には心身症を扱う。心身症とは，胃潰瘍，十二指腸潰瘍，本態性高血圧など，心理的要因（精神的ストレスと本人の性格）が大きく関与した身体の病気をいう。

主治医に，治療の見通しや職場での扱いについて助言を得ようとする場合は，それらの情報を得ることについて本人の同意を得られていることが，主治医に分かるようにしておく必要があります。本人の同意が得られていない場合には，守秘義務などの理由により全く情報が開示されません。主治医に面会の予約をとった上で，本人同伴で話を聴きに行くのがよいでしょう。あるいは，職場の上司が主治医の話を聴きに来るということを，事前に本人から主治医に伝えてもらっておくのもよいでしょう。

事業場内に管理監督者が相談できる専門家がいない場合，以下のような機関で相談にのってくれるでしょう（第6章2節参照）。

a）地方自治体の設置する機関

・精神保健福祉センター

「精神保健福祉法」に基づき，精神保健福祉に関わる行政サービス機関として各都道府県が設置。メンタルヘルス不調者本人だけでなく，その家族や上司などの関係者の相談にも応じる。

・保健所

地域住民の健康づくりと精神福祉業務の窓口。

b）独立行政法人労働者健康安全機構の設置する機関

労災病院などを運営していた独立行政法人労働者健康福祉機構と，職業性疾病に関する調査研究などを行っていた独立行政法人労働安全衛生総合研究所とが，2016年4月に統合した「独立行政法人労働者健康安全機構」では，以下の機関でメンタルヘルスに関するサービスを提供しています。

・産業保健総合支援センター

独立行政法人労働者健康安全機構が各都道府県に設置。産業保健関係者を支援するとともに，事業主等に対し職場の健康管理への啓発を目的とし，産業保健に関する相談，研修，情報提供，広報・啓発，調査研究を行う。

・産業保健総合支援センター地域窓口（通称：地域産業保健センター）

独立行政法人労働者健康安全機構がおおむね労働基準監督署管轄区域に設置し，労働者数50人未満の事業場やその労働者に対し，長時間労働者の面接指導，メンタルヘルスを含む健康相談，個別訪問による産業保健指導，情報提供を行っている。

メンタルヘルス不調の予防から職場復帰支援対策まで，職場におけるメンタルヘルス対策についての総合支援窓口として，都道府県ごとに設置されています（国の委託事業）。

❸ 危機対応

① 自殺を防ぐ

緊急の対応を要するメンタルヘルス不調は，自殺や他人に危害を加えるおそれがある事例です。自殺は，本人と家族のために防止しなければなりません。さらに，いわゆる「過労自殺」が世間の注目を集め，自殺の業務起因性が認められ，企業あるいは管理監督者の責任が問われる事例が散見される現状では，企業の危機管理の面からも自殺の防止が求められています。

自殺者の多くがうつ病であることから，特に以下の兆候が現れた場合，自殺の危険が迫っているといえるでしょう。

- 「死にたい」「自分なんかいなくなったほうがいい」「生きていても仕方がない」などと言う
- 「頭がパニックになった」「何も考えられない」「簡単なことを聞かれても判断できない」「どうしたらいいのかまったく分からない」などと強い困惑状態を示す
- 「元の職場に戻れないなら会社を辞めるしかない」などと追いつめられた状況を深刻に訴える
- 自殺を試みた（一度自殺を企てるとその直後に繰り返すことが多い）
- 行方不明になった（死に場所を求めてさまよっていることが多い）

このような自殺のサインがみられる場合の対処の基本は，１日でも（１時間でも）早く専門医に受診させ，それまでの間，本人をひとりにしないことが重要です。例えば，現在職場でそのような自殺のサインを示す従業員がいるなら，本人をひとりで帰宅させてはなりません。上司などが自宅まで送り届けるか，家族に職場まで来てもらい，家族に事情を説明した上で，今夜は本人から目を離さないようにと頼んで，翌朝家族が付き添って（可能なら上司も付き添って）専門医に受診させるよう計らうべきです。そして，本人の目の前で構いませんから，診察に当たる医師に，自殺の危険を感じたので受診させたことを伝えたほうがよいでしょう。

従業員のメンタルヘルス不調に関わる個人情報を他の者に伝える場合は，原則として本人の了解を得るべきだと思われますが，自殺のサインが認められる場合は自殺を防止するために，本人の了解が得られなくても必要な関係者にはしかるべき情報を伝えてよいでしょう。

なお，万一自殺が発生した場合は，人事労務管理スタッフや産業保健スタッフなどと連携し，今後の対応についてきちんと話し合う必要があります。遺体の発見者や自殺者と親密だった者，自殺に責任を感じている者などは，特に注意深く経過を見守り，心配な点があれば専門家のケアを促すべきです。一方，遺族に対しては，人事労務管理スタッフと連携の上，誠実に対応することが望まれます。

② 幻覚妄想状態

幻覚妄想状態では，正常な判断力を失い事故を起こす危険もありますので，できる限り早く精神科を受診させなければなりません。特に，幻覚妄想状態で，かなり興奮したり激しくおびえている場合は，深刻な事故の起こる危険が高いといえるでしょう。ところが，本人は多くの場合，自ら病気と思わないばかりか，病気と見なされることにも抵抗を感じるので，受診させるのは容易ではありません。

この場合の対応は，まず本人に，健康状態を心配していること，職場が困っていることを伝え受診を説得すべきです。

本人が受診を拒否したら，家族に職場での状況を説明し，受診の必要性を理解してもらうよう働きかけるべきです。幻覚妄想状態では，本人の了解が得られなくても家族と連絡をとることに問題はないケースもあります。また，家族が遠方に住んで，本人は単身で生活している場合も，原則として家族と連絡をとるべきです。

家族といえども受診するよう本人を説得しきれず，なかば強引に受診させざるを得ないことも少なくありませんが，あくまでも受診させる主体は家族であり，家族だけでは手に負えない場合に，家族の要請を受けて職場の者が力を貸したというかたちをとるべきです。

職場の者だけで強引に受診させると，後で本人や家族と職場との間に感情的しこりが残るおそれがありますので，家族の責任で受診させるべきです。また，このようなケースでは，服薬をきちんとさせるためと事故を防止するため，病気や治療に対する家族の理解・協力が必要となります。さらに，家族が本人の行動や服薬を管理しきれない場合などには，入院の必要が生じますが，本人が治療（入院）を拒否しているケースで入院させるには，家族等の同意が必要であることが法律で規定されています（精神保健福祉法による医療保護入院）。

受診させることについて家族の理解・協力が得られない場合，例えば両親に協力を要請しても両親の理解が得られない場合には，おじ，おば，あるいは兄弟姉妹など，身近な親族や両親に影響力のある人にも相談することを提案し，それらの人から両親を説得してもらうのもひとつの方法です。

どうしても家族の理解・協力が得られないか，または家族がいないケースでは，本人の居住する地域の保健所に相談するのもよいでしょう。

なお，以上の対応の手順は**図表16**にフローチャートで示します。

③ 躁状態

うつ状態とは逆に，気分が高揚し活動性が高まるのが躁状態です。主な症状を**図表17**に示します。職場では，部下・同僚だけでなく上司や大切な顧客も含めて，相手構わず激しく批判する・暴言を吐く・けんかする，自身の権限を超えて顧客等との約束や契約を取り交わす，非常識・無謀な提案・主張をして改めない，危険な行為により事故を起こすといったトラブルがしばしば生じます。

躁状態は数週間から数ヵ月続き，周囲の注意・叱責にも反発して問題行動を改めることはありませんので，服薬を中心とした治療を受ける必要があります。しかし，本人は気分爽快で自信にあふれ，何も困っていませんし，周囲に迷惑をかけているとか間違ったことをしているという自覚もありませんので，自ら受診しようとしない場合が少なくありません。受診のための基本的な手順は**図表16**のとおりですが，受診を説得する場合は，現状が本来の本人の状態ではないこと，周囲が迷惑を被っていること，現状を放置すると後々本人が後悔することになること，受診は本人のためであることなどを，本人に（必要に応じて家族にも）説明するとよいでしょう。本人の納得が得られず，強引に受診させ

図表16　メンタルヘルス不調者を医療につなげる手順

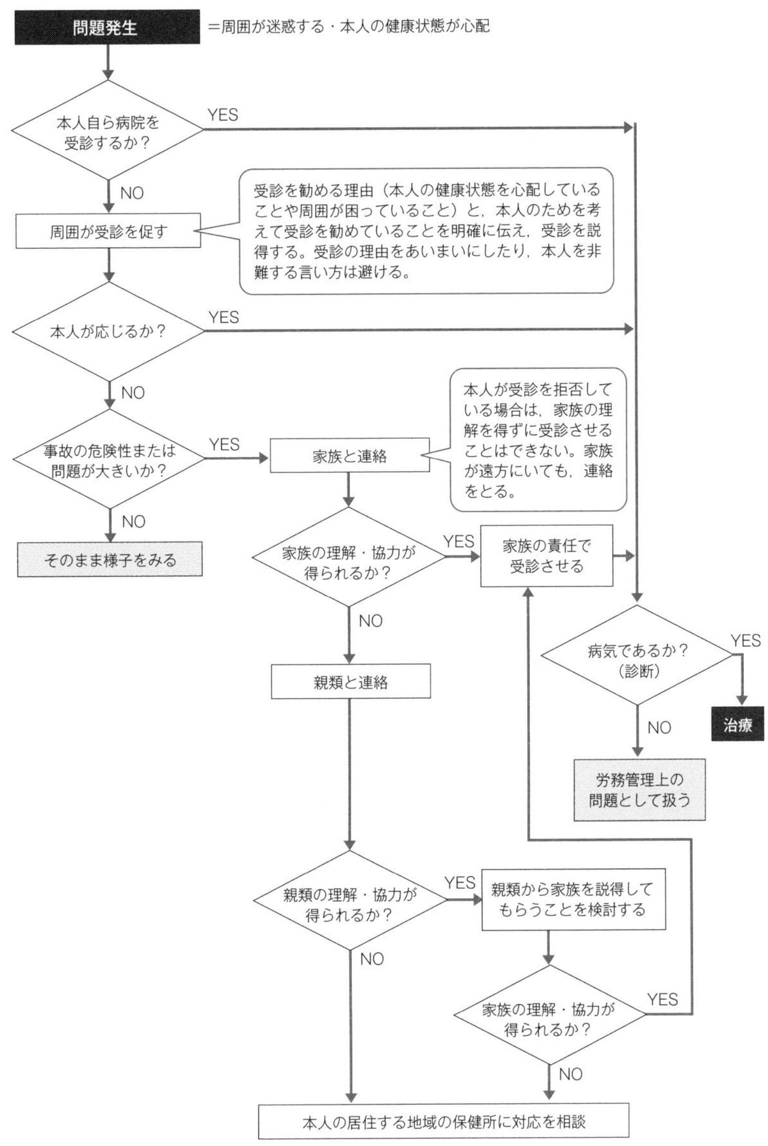

出所：北村尚人「精神不健康者をどのようにして受診させるか」『心の健康』㈳精神衛生普及会，1983年を一部改変

図表17 躁状態の主な症状

症　状	具 体 例
気分の高揚	幸せな気分。陽気。
開放的・社交的	見ず知らずの人に気軽に話しかける。古い友人に接触する。
易怒性	ちょっとしたことで激しく怒る。
睡眠欲求の減退	眠くならない。眠らなくても疲れた感じがしない。
会話心迫	多弁。声が大きい。早口。しゃべり出したら止まらない。
観念奔逸・注意散漫	話題があちこちに飛ぶ。関心の対象が次々変わる。
見境のない熱中	相手の迷惑を考えず夜中や早朝に電話をする。非常識な目標を達成するための行動に熱中する。
楽天的・軽率な判断	危険な投資や事業を始める。不要な物や高価なものを購入する。性的に逸脱した行動をとる。

出所：北村尚人「新版メンタルヘルスワークブック」法研，2011年を一部改変

ざるを得ない場合は，家族の責任で受診させるよう計らってください。

また，診察室の中で本人の話を聴くだけでは，医師は職場などでの状況が分からず，適切な判断ができない場合があります。必要に応じて，上司等が受診に同伴したり，産業医を通じるなどして，診察する医師に職場などでの状況を伝えるべきです。特に，職場で深刻なトラブルを起こしていて，勤務に耐えられないと判断される場合は，家族と主治医にその状況を伝え，休業（または入院）を検討するよう依頼してください。

躁状態の中には，周囲からみて明らかに異常と思われるほどには症状が顕著でないものもありますが，軽い躁状態でも軽率な行動やトラブルを起こす危険はつきまといます。軽い躁状態とうつ状態とを呈するケースでは，躁状態が見逃されやすいので，注意が必要です。うつ状態になったことのある人が，本来のその人よりも元気がよすぎる状態を呈した場合には，目立ったトラブルが起きていなくても，主治医にそのことを伝えるべきでしょう。

なお，躁状態がいったん改善しても，うつ状態や再び躁状態を呈する場合が少なくありませんので，注意して見守り，うつ状態や躁状態の兆候がみられたら，家族や主治医と連携して適切な治療が受けられるよう計らうことが重要で

す。

【参考文献】

1) 植村勝彦・松本青也・藤井正志『コミュニケーション学入門』ナカニシヤ出版，2000年
2) 深田博己『コミュニケーション心理学―心理学的コミュニケーション論への招待―』北大路書房，1999年
3) 杉野欽吾・安藤明人・川端啓之・亀島信也・小牧一裕『人間関係を学ぶ心理学』福村出版，1999年
4) アレン・E・アイビイ著／福原真知子他訳編「マイクロカウンセリング―“学ぶ-使う-教える”技法の統合：その理論と実際―」川島書店，1985年
5) 平木典子『改訂版アサーション・トレーニング―さわやかな「自己表現」のために―』金子書房，2009年
6) ㈱ジャパンEAPシステムズ編『EAPで会社が変わる！―人事部・管理職のためのメンタルヘルス対策―』税務研究会出版局，2005年
7) 厚生労働省安全衛生部労働衛生課監修『厚生労働省指針に対応したメンタルヘルスケアの基礎』中央労働災害防止協会，2002年
8) 松本桂樹「アルコール問題へのアプローチから読みとるEAPの特色」『こころの臨床　à・la・carte』24巻1号，2005年
9) 小杉正太郎編著『ストレス心理学―個人差のプロセスとコーピング―』川島書店，2002年
10) 文部科学省「在外教育施設安全対策資料【心のケア編】」(http://www. mext. go. jp/a_menu/shotou/clarinet/002/003/010. htm)
11) 岩田昇「主観的ストレス反応の測定」『産業ストレス研究』5巻1号，1997年
12) 下光輝一・岩田昇「職業性ストレス簡易調査票における職業性ストレッサーおよびストレス反応測定項目の反応特性の検討―項目反応理論によるアプローチ―」労働の場におけるストレス及びその健康影響に関する研究報告書，2000年
13) ジュディス・A・ルイス，マイケル・D・ルイス／中澤次郎編訳『EAP　アメリカの産業カウンセリング』日本文化科学社，1997年
14) 柳原光「ジョハリの窓―対人関係における気づきの図解モデル―」津村俊充・山口真人（編）『人間関係トレーニング第2版』ナカニシヤ出版，1992年
15) ハンス・セリエ／杉靖三郎・田多井吉之介・藤井尚治・竹宮隆訳『現代社会とストレス』法政大学出版局，1988年

第6章 社内外資源との連携

メンタルヘルスケアの実施に当たっては，労働者本人，管理監督者，産業保健スタッフ，人事労務管理スタッフ，そして社外資源などが，プライバシーに配慮しつつ互いに連携し合うことが大切です。第6章では，社内外資源との連携などについて学びます。

1節では，社内資源としての産業医，保健師，人事労務管理スタッフなどの立場と役割を理解してください。

2節では，公共機関，健康保険組合，外部EAP機関など，相談できる主要な社外資源についてしっかりと押さえるようにしてください

3節では，特に医療機関の種類と選び方，受診を決めるポイント，そして実際の治療はどのようなものかを学んでいきます。

4節では，こうした社外資源と連携するか否かの判断方法や具体的な連携方法について考えます。

1 社内資源とその役割

❶ 産業医と産業保健スタッフ

メンタルヘルス不調者に対する対応については産業医や産業保健スタッフを活用し，また連携していくことが不可欠になります。

① 産業医の役割

a）産業医の職務

労働安全衛生法などに基づき，常時50人以上の労働者を使用する事業場において事業者は産業医を選任しなければなりません。常時1,000人以上の労働者を使用する場合（一部の有害業務がある場合には500人以上）には専属の産業医を選任する必要があります。産業医の職務の内容は労働安全衛生規則に規定されていますが，昨今では過重労働による健康障害の防止やメンタルヘルス対策の重要性が増す中，産業医に求められる役割も増加しています。長時間労働者に対する面接指導やストレスチェック制度に基づく高ストレス者に対する医師の面接指導の実施義務が労働安全衛生法に規定された結果，産業医による面接指導が産業医の職務にも規定されました。そのため産業医がその職務を効率的かつ効果的に実施できるように，2017年には産業医が必要な措置を講じるため，事業者は健康診断の事後措置に必要な労働者の業務に関する情報や長時間労働者に関する情報の産業医への提供が義務づけられました。

また産業医は，労働者の健康を確保するため必要があると認めるときは，事業者に対し，労働者の健康管理等について必要な勧告をすることができ，2019年の法改正で産業医の権限が強化されました。そこでは産業医の独立性・中立性が強化され，事業者が産業医に付与すべき権限として，①事業者または総括安全衛生管理者に対して意見を述べること，②労働者の健康管理等を実施するために必要な情報を労働者から収集すること，③労働者の健康を確保するため緊急の必要がある場合は，労働者に対して必要な措置をとるべきことを指示すること，ということが具体的に示されました。そして事業者は産業医に対して労働者の健康管理等に必要な情報を提供しなければならないとされました。

実際の産業医の活動は事業場規模や専属か準専属かによって異なりますが，具体的には事業場の健康管理対策の助言から，健康診断の実施や，これらの結果に基づく事後措置，保健指導，衛生教育，長時間労働者やストレスチェック制度に基づく高ストレス者の面談，復職面談，メンタルヘルスも含む健康相談，職場巡視，事業場外資源との連絡調整，安全衛生委員会の健康管理体制の総括管理などの業務が中心になります。月１回契約している嘱託産業医であれば，その中で必要な業務の優先順位をつけて実施することになります。

産業医は事業者が負っている労働者に対する健康配慮義務を遂行し，労働安全衛生法に定められた労働者の健康を確保する責務を果たすための医療の専門家として助言する立場にあります。そのため，労働者の健康を守るため，ときに労働者の意に反する意見をすることもあります。また，産業医は労働者の職務内容や社内制度などに基づき，労働者の疾病状況と業務遂行能力に応じた復職の判断や就業上の配慮に関する意見をすることができます。

b）メンタルヘルス対策における産業医の役割

メンタルヘルス対策における産業医の役割は，

・メンタルヘルス対策の企画や実施，助言指導
・医療の専門家としての病態のアセスメント
・休職者に対する復職面談
・ストレスチェック制度に基づく高ストレス者面談・指導
・過重労働者面談
・就業上の配慮に関する意見
・外部医療機関（主治医）と情報交換
・職場環境の改善提案
・メンタルヘルスに関する個人情報の保護

といったものが中心となります。

産業医の役割は，メンタルヘルスに関する病態のアセスメントと業務遂行能力に関するアセスメントを適切に行うことです。例えば，メンタルヘルス不調

により休職をしていた労働者が復職を申し出たときの復職に関するアセスメント（復職診断）を実施すること，メンタルヘルス不調の状態にある労働者の病態が悪化しないように事業者に就業上の配慮を提案することなどを行います。また，労働者の休みや遅刻が増えてきたり，業務の効率が過去と比べて下がってきた場合には，メンタルヘルス不調に陥っている可能性があります。こういった事例性（平均的な行動とのズレがあること）のあるケースには，産業医によって専門治療に導く必要がないかどうかのアセスメントを行います。

労働安全衛生法において，長時間労働を行う労働者やストレスチェック制度に基づく高ストレス者に対して医師による面接指導が義務づけられていますが，産業医はこのような労働者に対して面談をすること，その際うつ病などのメンタルヘルス不調を含めたアセスメントやストレスに対する対処法の指導を行います。

通常，メンタルヘルス不調の労働者は事業場外の医療機関で治療をしており，健康配慮義務をより適正に行っていくためには，主治医からの情報提供を受け，また社内の状況の情報を主治医に提供して治療に反映させてもらうといった連携が望まれます。

職場の上司などが主治医にアプローチをする際には，警戒される場合があること，医学用語を理解することが困難であること，守秘義務の問題から詳細な情報や適切な意見が得られない場合があること，何が必要な情報であるかの判断が難しいこと，知識格差から情報が誤解されて伝わる可能性があることなどの問題があります。

したがって，その役割は同じ医師である産業医が担い，治療経過，回復の程度や治療内容，今後の見通しや就労についての注意事項といった詳細な情報交換を行い，社内制度と照らし合わせて必要な健康配慮事項を提案することが望ましいでしょう。

メンタルヘルス不調者に対する具体的な配慮事項は，業務を軽減し時間外労働を制限するなどの労務管理に関すること，場合によっては異動・配置転換などの人事管理に関することが重要です。また，実際の労務管理や業務の付与は管理監督者が行うため，人事労務管理スタッフならびに管理監督者と産業医が連携することが不可欠です。

個別の事例に対応するだけでなく，職場巡視やさまざまなストレス要因に関する調査票やストレスチェック結果に基づく集団分析などを利用して，職場を対象にストレス要因の把握を行い，職場環境の改善提案を産業医が行うことによりメンタルヘルス不調者の発生を低減させることも期待できます。

総合的なメンタルヘルス対策の企画・立案については，医療の専門的知識と社内制度や職場状況を理解した産業医が企画に参画することが望ましいでしょう。

メンタルヘルス対策には復職のプログラムの作成，早期発見のための体制づくり，職場のストレス調査，メンタルヘルス教育などがあります。メンタルヘルス教育には管理監督者向けの教育から新入社員や一般社員向けの教育などがありますが，特にメンタルヘルス対策の中でも教育は重要であり，産業医が教育をすることが欠かせません。

メンタルヘルスに関する情報の収集や利用をする際には，労働者の個人情報の保護への配慮が必要です。産業医は健康情報の取扱いや，労働者の就業に関して必要な措置に関する事業者への情報提供について，中心的役割を果たすことが望まれます。

② 保健師の役割

保健師は保健指導や健康相談，健康教育，疾病予防をすることが一般的な役割で，メンタルヘルス対策においては，

- メンタルヘルス不調者の早期発見，フォローアップ，相談窓口
- 産業医との連携
- 人事労務管理スタッフ，管理監督者との連携
- メンタルヘルス対策の企画・教育
- ストレスチェック制度の実施者

などを担います。

保健師は診断はできませんが，メンタルヘルス不調の疑いがある人の早期発見やメンタルヘルス不調者のフォローアップ，労働者や管理監督者の相談窓口になったりします。メンタルヘルス不調が疑われる場合や病態が悪化している場合などは産業医と相談したり，産業医面談につなげる役割を果たします。ま

た，産業医が非常勤で職場状況や社内制度の理解が十分とはいえないときには，産業医が適正な就業上の措置に関して助言できるように，それらの情報提供を行います。さらに，ストレスチェック制度の実施に際しては，実施者になることや，その運用の中心となることも期待されます。

メンタルヘルス不調者の疾病悪化のサインには，業務の効率が低下することや遅刻や休暇が増えるといった客観的状況が重要であるために，人事労務管理スタッフや管理監督者と連携してメンタルヘルス不調者のフォローアップを行うことが必要です。どのような対応をしてよいのか，どこまで業務を付与してよいのかなど管理監督者が対応に苦慮する場合には，保健師がきめ細かいアドバイスや支援を行います。また，産業医が必要な就業上の措置を判断した上で，保健師が人事労務管理スタッフや管理監督者と調整をとる役割を担うこともあります。

保健師が産業医と連携してメンタルヘルス教育を実施したり対策を企画することもあります。

③ その他の産業保健スタッフの役割

その他の産業保健スタッフとしては，公認心理師（国家資格），臨床心理士（日本臨床心理士資格認定協会の認定資格），産業カウンセラー（日本産業カウンセラー協会の認定資格），THPにおける心理相談担当者などがいます（以下，「カウンセラー」という）。カウンセラーは，大学院まで心理学を専攻して取得できる資格から任意団体の資格など，その知識と経験にはかなり幅がありますので，どこまでの役割を果たせるかは各々の技量によります。主に，他の産業保健スタッフと協力しながら，

・メンタルヘルス教育研修の企画・実施
・職場環境等の評価と改善
・労働者および管理監督者からの専門的な相談対応や助言

などが期待されます。

また，企業によっては精神科医や心療内科医と契約するところもありますが，その役割としては専門的なアセスメントと産業医に対する助言，産業保健スタッフの教育などをしてもらうことが望ましいでしょう。

❷ 人事労務管理スタッフと衛生管理者

① 人事労務管理スタッフの役割

人事労務管理スタッフは，メンタルヘルス対策において，その一翼を担うことに自覚をもって対応するべきです。人事労務管理スタッフの役割には次のようなものがあります。

- ・メンタルヘルス不調者の早期の気づき
- ・健康配慮義務を果たすための労務管理・人事管理
- ・人事労務施策―キャリア形成や外部EAP（従業員支援プログラム）機関との提携，労働時間等の労働条件の改善や適正配置など

人事労務管理スタッフは勤務管理において遅刻や欠勤などが目立つようになった場合には，産業医や産業保健スタッフにつなげていくことによりメンタルヘルス不調者の早期発見につながります。また，時間外労働が多い部署などにおいては，メンタルヘルス不調が起きていないか，ということを確認することにより早期発見につながります。さらに，時間外労働が多い部署には時間管理を厳正化することと，それを減らすような対策をすることがメンタルヘルス対策になります。

メンタルヘルス不調者に対する就業上の配慮事項は業務内容によってさまざまではあるものの，業務を軽減することや時間外の就業を制限することなど労務管理に関することや，場合によっては異動・配置転換など人事管理に関することが必要不可欠です。そのため，人事労務管理スタッフは産業医と連携して人事労務管理上適切な配慮をすることがとても重要です。

メンタルヘルスの対策としてキャリアプランの形成，すなわちキャリアへの不安をなくすこと，積極的なキャリア形成ができること，社員のモチベーションの向上や適切な人事考課などを行うことがメンタルヘルス上重要です。また，外部EAP機関（本章2節❸参照）との提携といったことを人事労務管理スタッフが実施することもあります。

② 衛生管理者の役割

衛生管理者も企業内のメンタルヘルス対策においては，次のような役割を果たします。

- 産業医等の助言指導を踏まえたメンタルヘルス教育研修の企画や実施
- 職場環境等の評価と改善
- 心の健康に関する相談ができる雰囲気や体制づくり
- メンタルヘルス不調者の早期の気づき
- メンタルケアの支援
- 関係各署との連携

衛生管理者は事業場規模により一定の人数が選任されます。衛生管理者はメンタルヘルス対策の計画に基づき教育研修の実施，職場環境の評価や改善，メンタルヘルスに関する相談ができる体制づくり，セルフケアやラインケアの支援などを行うことが期待されます。また，事業場内外のメンタルヘルス教育を受講して，職場内でメンタルヘルスに関する事例を早期発見したり，周囲からの相談窓口になる役割を担うことが期待されます。

メンタルヘルス対策の実施に際し，産業医や保健師と連携したり，メンタルヘルス不調が疑われる労働者がいた場合には産業医や保健師に相談して早期に対応をしてもらったり，医療者が企業内にいない場合には人事労務管理スタッフと連携をとり，必要に応じて事業場外資源との連絡調整に当たるといったことを行います。

2 社外資源とその役割

「労働者の心の健康の保持増進のための指針」の中では，「事業場が抱える問題や求めるサービスに応じて，メンタルヘルスケアに関し専門的な知識を有する各種の事業場外資源の支援を活用することが有効である」とされています。事業場内に産業保健スタッフがいるようなところですと，スタッフを介してこうした資源の利用相談を行うこともできますが，特に事業場内にこうしたスタッフがいない場合には，人事労務管理スタッフや管理監督者が，それぞれの地域にどういった資源があり，利用可能であるかを把握しておく必要があります。

メンタルヘルスに関わる職域のシステムを一部地域の行政機関も含めて図示しておきます（図表1）。

図表1　メンタルヘルスケアに関わる諸資源

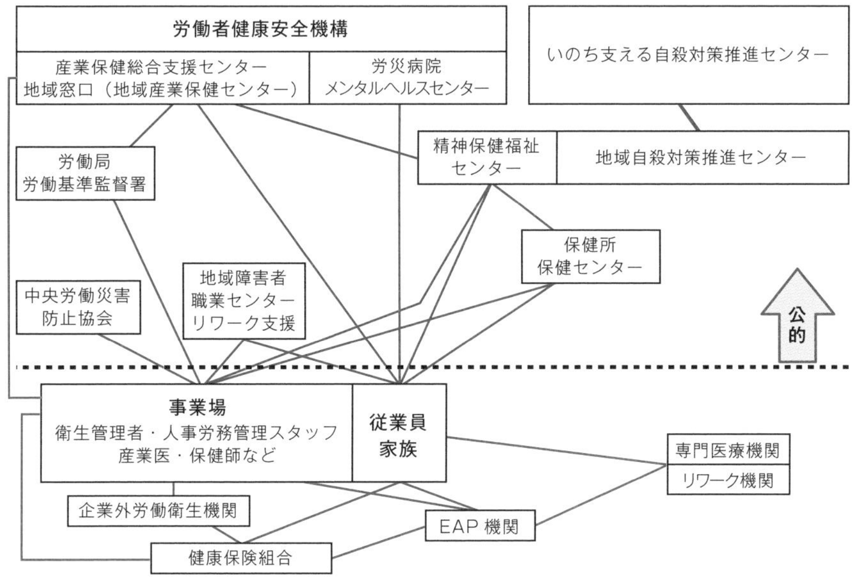

❶ 相談できる公共機関[(3)(5)1)～4)]

① 行政機関とその役割

労働衛生・産業衛生の分野での行政機関としては，労働基準監督署や労働局があります。心の健康づくりやメンタルヘルス対策の基本的な情報発信・指導を行うとともに，相談窓口を設けているところもあります。

一方，地域単位での保健活動の活動拠点は保健所（都道府県，政令指定都市，中核市その他指定された市または特別区），保健センター（市町村単位）です。保健所は地域住民の精神保健の相談にのってくれたり，訪問指導をしてくれたりします。心の健康相談から，診療を受けるに当たっての相談，アルコール問題や認知症などの相談，社会復帰相談，思春期・青年期の問題への相談など，広範に対応しています。相談の結果に基づき，適切な病院や施設，自助グループなどへの紹介を行ったり，医学的指導やケースワークなどを行ったりします。複雑困難なケースについては，後述の精神保健福祉センターなどに紹介し，あるいは協力を得て対応をしています。

② 労働安全衛生分野の機関

a）中央労働災害防止協会

事業主の自主的な労働災害防止活動の促進を通じて，安全衛生の向上を図り，労働災害を防止することを目的に，労働災害防止団体法に基づき設立され，情報提供，意識向上の運動，コンサルティング，教育研修などを実施しています。メンタルヘルス対策の事業では，入門的支援，現状チェック，心の健康づくり計画の支援，意識向上・方針策定，仕組みづくり，教育・研修，講師派遣，ストレスチェックとセルフケア援助など，さまざまな支援を有償で行っています。

b）産業保健総合支援センター

独立行政法人労働者健康安全機構が，産業医，産業看護職，衛生管理者などの産業保健スタッフを支援し，事業主などに対して職場の健康管理への啓発を行うことを目的として，全国47都道府県に設置しています。窓口相談ではメンタルヘルスやカウンセリングの専門家を配置して，職場のメンタルヘルスや職場のカウンセリングの進め方などの事業場からの相談に対応しています。

メンタルヘルス不調の予防から個別の職場復帰支援，職場復帰プログラムの作成まで，一次予防から三次予防までのメンタルヘルス全般の取り組みに関して，事業場の産業保健スタッフや人事労務管理スタッフ，事業主などから寄せられるさまざまな相談，さらに労働者自身や家族からの相談に専門スタッフが対応しています。カウンセリングや治療を実施することはありません。

地域窓口（通称：地域産業保健センター）も設置され，主に50人未満の事業場とその従業員を対象にメンタルヘルス相談も含め，無料の産業保健サービスを提供しています。

③ メンタルヘルス対策の役割を担った機関

a）いのち支える自殺対策推進センター

一般社団法人いのち支える自殺対策推進センターは，国内の自殺総合対策におけるハブ（つなぎ役）の役割を果たし，自殺対策について先進的な取り組みに関する情報その他の情報の収集，整理および提供を行い，地域の状況に応じた自殺対策の策定および実施について，地方公共団体に対し助言その他の援助を行ったり，自殺対策について地方公共団体の職員，自殺対策に関する活動を行う民間の団体の職員その他の関係者に対する研修を行ったりする役割を担っています。

b）精神保健福祉センター

精神保健福祉法に基づき，精神保健福祉に関する総合的な技術センターという位置づけで各都道府県と政令指定都市に精神保健福祉センターがあります。一部の精神保健福祉センターは，「こころ（心）の健康（総合）センター」などの名称となっています。精神保健福祉センターの業務は，精神保健および精神障害者の福祉に関する知識の普及を図り調査研究を行うことと，精神保健および精神障害者の福祉に関する相談および指導のうち，複雑または困難なものを行うこととなっています。実際には，心の健康の保持と向上を目的とした精神保健福祉相談を受けることや広報普及活動，心の病をもつ人の自立と社会復帰のための指導と援助，地域の保健所や関係諸機関の職員を対象とする研修，連携や技術協力・援助などを行っています。各センターによって具体的な活動内容は若干異なり，相談業務のみを実施しているところから精神科外来診療やデイケアを実施しているところまであります。

c）勤労者メンタルヘルスセンター

労災病院の一部では，専門センターである勤労者メンタルヘルスセンターを設置しています。ストレス関連疾患の診療・相談，メンタルヘルスに関する研究，労働者や医療従事者などを対象とした講習・研修，ストレスドック・リラクセーション部門の開設といった業務を行っています。

d）地域障害者職業センター

休職中の精神障害者を対象に職場復帰（リワーク）支援を実施したり，職場にジョブコーチを派遣して，職場に適応できるよう支援したりしています。例えば，うつ病で休職している従業員が職場復帰をする際のリハビリテーションをセンターで受けることができます。各都道府県に設置されていますが，支援の内容は地域によって異なっています。

e）こころの耳

厚生労働省の働く人のメンタルヘルスポータルサイト「こころの耳」（https://kokoro.mhlw.go.jp）では，「こころの耳電話相談」，「こころの耳 SNS 相談」，「こころの耳メール相談」において，所定の訓練を受けた産業カウンセラーなどが，過重労働による健康障害に関することやストレスチェック制度に関して労働者やその家族，企業の人事労務担当者からの相談を受けています。

❷ 健康保険組合

① 健康保険組合の役割

健康保険組合は保険を給付するだけでなく，健康保険法に基づき，被保険者や被扶養者の健康の保持増進のために健康教育，健康相談，健康診査など予防に関わる事業も行うように努めることになっています（健康保険法第150条）。

② 健康保険組合のサービス

健康保険組合によってメンタルヘルス相談に関わるサービスは異なっていますが，直接あるいは以下の EAP 機関と連携して，電話相談，面談を各個人に実施するほか，事業所と協力してラインによるケアの教育，セルフケア教育などを実施しているところもあります。

❸ 外部EAP機関[5)]

EAP は Employee Assistance Program（従業員支援プログラム）の略称です。企業内のスタッフがこのサービスを行うのを内部 EAP と呼び，企業外からサービスを提供する機関が外部 EAP 機関です。このサービスでは，企業に対しては職場組織が生産性に関連する問題を提議することを援助し，社員に対しては仕事上のパフォーマンスに影響を与えるさまざまな個人的な問題（健康問題，結婚・家族問題，経済問題，アルコール・ドラッグ中毒，法的問題，対人関係，ストレスなど）を見つけ，解決する手助けをします。

企業内部に産業保健スタッフが不十分な場合でも，外部 EAP 機関と契約することでメンタルヘルスに関する業務を委託することができます。

① 成り立ちと特徴

EAP は，1940年代，米国においてアルコール依存者のケアをする活動から始まったとされます。1960年代以降，アルコール依存・薬物依存が企業経営上の重要な課題（作業能力の低下，作業時間の損失，治療費用など）となり，1970年代，このプログラムを提供する会社により明らかな効果が示されました。1980年代以降はアルコール問題だけでなく，身体的，心理的問題のほか，行動上の問題，家庭問題，経済問題なども同様に企業の効率に影響を与えることから，これらも包括して対応するようになってきました。1971年，EAP 専門家の協会として現在の国際 EAP 協会の前身が発足し，1989年には EAP 協会ができ，現在は日本にもその支部である一般社団法人国際 EAP 協会日本支部があります。

EAP 機関の特徴は，事業場のニーズに合った継続的・システム的な支援が提供でき，既存の専門医療機関との連携やより専門性の高いメンタルヘルスサービスを提供できると同時に，外部機関とその相談窓口の利用は各従業員にとって個人情報の人事・処遇への影響懸念を払拭できるという点です。

② 機能と役割

EAP機関が提供できる機能としては以下のようなものが挙げられ，EAP機関はその機能を維持するために必要なスタッフが確保され，専門家としての水準が約束されています。

対象となるのは，労働者だけではなく，その家族と認められる者や，組織のリーダー，そして組織全体です。

- ・労働者の心の健康問題に関する評価
- ・組織に対する職業性ストレスの評価・コンサルテーション
- ・労働者の抱える問題に対する適切な医療機関や相談機関への紹介とフォロー
- ・管理監督者や人事労務管理スタッフへの問題対処方法やEAPの適切な利用に関するコンサルテーション
- ・従業員やその家族，管理監督者，人事労務管理スタッフに対するメンタルヘルス教育，EAP利用方法の教育
- ・短期的カウンセリング
- ・健康問題を生じる可能性がある危機への介入
- ・EAP機関と連携する事業場内メンタルヘルス担当者の育成
- ・事業場内産業保健スタッフへのメンタルヘルス対策の教育
- ・EAPサービスの効果評価

❹ その他

EAP機関以外にも，民間で主として個人向けに相談に応じてくれる窓口があります。

「いのちの電話」は多くの都道府県にセンターがあり，電話相談，インターネット相談（一部）などを無料で実施しています。一部，英語など外国語での相談も可能なところがあります。「働く人の悩みホットライン」は，一般社団法人日本産業カウンセラー協会が実施している無料電話相談です。

近年ではインターネット上でもさまざまな情報を得たり，教育を受けたりすることができるようになりました。しかし，その情報が信頼できるものかどうかの判断はなかなか難しいものです。厚生労働省では働く人のメンタルヘルス

のための情報を「こころの耳」(https://kokoro.mhlw.go.jp/）というポータルサイトに集め発信しているほか，「みんなのメンタルヘルス総合サイト」(https://www.mhlw.go.jp/kokoro/)，「こころもメンテしよう～若者を支えるメンタルヘルスサイト」(https://www.mhlw.go.jp/kokoro/youth/）　でも情報発信し，知識を学ぶことができるようになっています。

また　厚生労働省自殺対策推進室支援情報検索サイト(https://shienjoho.go.jp)では相談窓口を検索することでき，支援情報が掲載されたサイトの情報が集められています。

3 専門相談機関の知識

ここでは，心に関わるさまざまな疾患を専門として扱っている医療機関とその利用の仕方，実際の治療はどのようなものかを取り上げます[6)〜9)]。

❶ 医療機関の種類と選び方

せっかく医療機関を受診していても，適切でない診療科で診断・治療を受けてしまうケースがみられます。心に関わる疾患を扱う診療科は「精神科」と「心療内科」です。よく似た名前で神経内科がありますが，神経内科は心に関わる疾患を扱う科ではありません。**図表2**に科と医師と疾患の関係を示しておきます。

医療機関の選択の際に気をつけておきたいことは，メンタルヘルス不調の治療の場合，2～3回の受診で終わることはほとんどありませんので，就業している状態でも通院を継続できる機関であることです。

図表2 診療科と医師と疾患の関係

<table>
<tr><td>診療科</td><td>神経内科</td><td>精神科</td><td colspan="2">心療内科</td><td>内科･外科など</td></tr>
<tr><td>医　師</td><td>神経内科医</td><td colspan="2">精神科医</td><td>心療内科医</td><td>内科医･外科医など</td></tr>
<tr><td>担当する疾患</td><td colspan="5">身体疾患
心身症
気分障害，神経症性障害
統合失調症
アルコール依存症
認知症
神経の病気
脳血管障害</td></tr>
</table>

出所：大野裕監修『職場のメンタルヘルス』東京法規出版を一部改変，追加

① 精神科・心療内科の違い

心に関わる疾患のうち，症状が主に身体の症状・疾患（心身症）として現れるものを扱う科が心療内科であり，精神の症状・疾患（精神疾患）として現れるものを扱う科が精神科となります。心身症とは身体疾患の中で，その発症や経過に心理社会的因子が密接に関与し，器質的ないし機能的障害が認められる病態をいいます。しかし，例えばうつ病は精神疾患ですが，身体症状が中心に出てくることも少なくなく，心療内科でも治療されています。また，精神科より心療内科のほうが受診するのに抵抗がないであろうなどの理由から，精神科であっても心療内科と標榜していることもあります。

身体の症状が主にある場合や，こうした症状に対して内科やその他の診療科を受診して異常がない場合，改善が思わしくない場合には心療内科を選択し，不眠や気力・集中力の低下など精神的な症状が強い場合は精神科を選択すると考えておきましょう。いずれにしても，専門分野の疾患ではないと判断されれば適切な科へ紹介を検討してもらえます。

② 病院と診療所（クリニック）

治療の形態としては，通院治療，入院治療，デイケアやリハビリテーションといったものがありますが，医療法では，「病院」とは20人以上の患者を入院させるための施設を有するものをいい，「診療所」とは患者を入院させるための施設を有しないか19人以下の患者を入院させるための施設を有するものをいいます。○○クリニックとなっている場合は診療所に当たるでしょう。精神疾患の入院に関しては「精神病床」の許可を取らなくてはならないことになっていますので，総合病院の精神科であっても必ずしも入院ができるとは限りません。

治療をはじめ，デイケアやリハビリテーションなどを実施する際には，専門のスタッフが必要になります。精神保健福祉士，作業療法士，公認心理師などです。精神科病院以外に，クリニックであってもこうしたスタッフが配置されているところはあり，単純に病院，クリニックという区分だけではその施設の内容を判断することは困難です。

病院でもクリニック（診療所）でも，開設している先生が主治医であれば，ひとりの医師に継続して診てもらえるという利点があります。大学病院や総合病院では，同じ医師に診てもらうために曜日が指定されてしまったり，医師が転勤してしまったりといったことも考えられます。信頼できる先生による治療を継続しやすくするためには，こうした点も考慮したほうがよいでしょう。

連携をとる専門医療機関に関しては，産業保健スタッフと協力して，あらかじめ情報を収集しておくとよいでしょう。

❷ 受診を決めるポイント

第５章２節で早期発見のポイントについて述べられていますので，症状，状態などの気をつけたいポイントの詳細はそちらを参照してください。受診するのはメンタルヘルスの不調状態，身体疾患といった医学的な問題があるだろうと考えられるときです。日常の観察から「いつもと違う様子」に気づき，話を聴くことになりますが，管理監督者に疾病があるかどうかの判断を求めるものではありません。

日常からのズレに気づき，面談をした際に，生活面での支障や体調面での具合の悪さが確認できた場合，産業保健スタッフがいる事業所でしたら，まず産業保健スタッフと連携をとることが大切ですが，それができないときは受診を勧めることを考えたほうがよいでしょう。特に，こうした不調が週単位で継続しているときには受診を勧めます。また，面談した際に本人が必要以上に自分を責めていたり，考えがまとまらなかったりする場合，あるいは集中力がなく決断がつかなくて業務を続けること自体が困難と考えられる場合も同様に受診を勧めます。

大切なのは，現在，特に自殺と関連して対応を必要とされている「うつ病」を中心としたメンタルヘルス不調の放置を避けることです。不調が続いている部下が，内科などで検査を受けても異常がない，内科などで治療を受けているが改善しないという場合にも，精神科や心療内科の受診を勧めたり，主治医に受診を相談するように勧めたりするようにします。

精神疾患では，症状が重くなるほど本人の病気であるという意識（病識）が乏しくなり，受診することに抵抗するようになる傾向がありますので，早期に対応することが大切です。管理監督者からの勧めや産業保健スタッフの勧めでも受診しないような場合には，家族に対して職場での状況などを説明し，受診を勧めてもらうとよいでしょう。

産業医のいる職場であれば，紹介状を作成してもらい持参したほうが，その後の連携がとりやすくなるでしょう。また，総合病院であれば紹介状の有無で初診料に差が出ることがあります。

❸ 治療の実際

ここでは，うつ病の治療を基本として述べていきます。どの病気でも同じですが，まず病気の診断を行います。このとき，別の疑わしい病気でないことを確認するために，血液検査などの検査を受けたり，いくつかの科を受診したりする場合もあります。調査票や心理テストの記入，現在の症状だけでなく，過去の病歴や生育歴，生活歴，家族の状況などを聴取し，面接・診察を経て診断されます。その上で，

① 病気の説明

② 選択できる治療の方針と方法（その際の薬の副作用など，望ましくない効果の説明など）

③ 患者・家族・周囲の者が守るべきこと

④ 治療の一般的な経過や今後の見通し

について説明を受けることになります。実際にはこの説明を受け，治療を受ける人が，自分は病気になっており適切な治療で治るものであることを理解するときから治療は始まっているといっても過言ではありません。

① 治療方法（休養，薬物療法，心理療法，その他）

治療は，第一に休養，第二に薬物療法，さらに心理療法・精神療法などが用いられます。そのほかには環境調整が大切なこともあります。職場の環境調整に関しては，休養を確保するためにも必要なことがありますが，職場が病気の要因となっている際には職場と連携しての対応となりますので，次節でも取り上げます。

a）休　　養

うつ病の状態は，エネルギーが枯渇した状態，ダムでたとえると渇水状態といわれており，休養をしっかりとり，エネルギーを十分に蓄える必要があります。どの程度，どのくらいの期間，十分な休養をとるかはそれぞれの病気の程度によっても異なります。数日会社を休めばよい程度から，数ヵ月休む必要のある場合までさまざまです。休んでいる間に，焦りからではなく退屈して動き出したくなるまでというのも休養をとるひとつの目安となります。

この休養，会社を休むということがなかなかできない人もいます。もともと生真面目で責任感が強い人にもよくみられ，休むことで他の人の迷惑になる，休むことに罪悪感がある，休むことで自分の居場所がなくなるのではないかと不安をもつことなどが休養の妨げになることがあります。職場の管理者としてはこうした不安を取り除いたり，休養をとるために業務量を減らす，引き継ぎをするといった対応をしたりする必要も出てきます。場合によっては，部下に対して「休むことが今の仕事である」と対応する必要もあります。

b）薬物療法

心の問題に薬で対応するのはいかがなものかとか，依存するのではないかと，薬に抵抗感，否定的な先入観をもっている人も少なくありませんが，うつ病，不安障害といったものは単なる「疲れ」「気のもちよう」などではなく，脳の生理学的・機能的な不全状態，すなわち病気であり，脳内の神経伝達物質の働きを回復させる効果のある薬が必要な病的な状態です。薬物としては，抗うつ薬，抗不安薬，睡眠剤のほか，抗精神病薬が使われることがあります。

周囲の人が十分な知識なしに治療中の人に「いつまでも薬に頼るな」ということがあります。職場の中で，こうしたことにより治療の妨げになるようなことが起こらないように，職場内での正しい知識の普及が望まれます。

1）抗うつ薬

脳内の神経伝達物質の働きを回復させる作用のある薬です。三環系抗うつ薬，四環系抗うつ薬，選択的セロトニン再取り込み阻害薬（SSRI），セロトニン・ノルアドレナリン再取り込み阻害薬（SNRI），ノルアドレナリン作動性・特異的セロトニン作動性抗うつ薬（NaSSA），セロトニン遮断再取り込み阻害薬（SARI），セロトニン再取り込み阻害・セロトニン受容体調節薬（S-RIM），その他があります。

これらの薬のうち，どれかを２～４週間継続し経過をみて，効果があれば継続，なければ増量してさらに２～４週間後，効果がなければ薬剤の変更などを行っていくという治療の流れになります。このように，他の疾患の治療に比べて，効果が出るのがゆっくりであると考えておく必要があります。

抗うつ薬では，有効な作用が得られる前に副作用が出現することがあります。三環系抗うつ薬や四環系抗うつ薬では，眠気，眼のかすみ，口の渇き，動悸，便秘，排尿困難，立ちくらみなどです。三環系のほうが四環系よりもこうした副作用は強く出ます。これに対して，SSRI，SNRI，NaSSAなどは副作用が少なく，使いやすいとされています。このため，軽症や中等度のうつ病の第一選択剤とされ，精神科以外でも用いられるようになってきました。しかし，吐き気などの消化器症状がみられることがありますし，NaSSAでは眠気や体重増加がみられることがあります。また，SSRIは肝臓のある酵素で代謝されるため，ある種の薬剤との併用ができないなど注意を要することがあります。

その他の薬剤では，スルピリドなどがあります。スルピリドは，少量では潰瘍の治療薬として，大量では統合失調症の治療薬としても使われる薬です。

また，SSRIやSNRIをはじめ，他の抗うつ薬もうつ病以外にパニック障害，強迫性障害，PTSD（心的外傷後ストレス障害），摂食障害など，他の疾患にも用いられます。

こうした抗うつ剤は，医師の指示どおりに飲んでいくことが大切です。効果の発現がゆっくりであるとともに，病気の状態がよくなってからも，半年，１年という長期の継続が必要とされています。これは病気の再発を防ぐために大切なこととされています。

2）抗不安薬・睡眠剤

抗不安薬は，うつ病で不安の強い場合，抗うつ剤の効果が出てくるまでの期間に抗うつ剤と併せて使用されることがあります。また，SSRIなどの投与初期にみられる不安・焦燥感に対して用いられます。

中途覚醒や早朝覚醒といった睡眠障害は，うつ病でよくみられる症状です。休養をとるため，生活リズムを確立するためにも十分な睡眠をとることが大切ですから，睡眠薬が使われることがあります。睡眠障害を改善するための薬剤として抗不安薬と同様の作用のもののほか，睡眠や覚醒に影響する体内の物質の作用調整を図るものがあります。うつ病の状態がよくなってくると睡眠障害も改善することが多いので，状態に合わせて調整をしていきます。

3）抗精神病薬

幻覚，妄想といった精神症状をともなううつ病や，不安や焦燥感が前面に出て落ち着きなく動き回るようなうつ病，あるいは抗うつ剤の効果が不十分な場合などでは，統合失調症に用いるような抗精神病薬を使用することがあります。

4）気分安定剤

気分の波を抑え，安定させる作用を有する気分安定剤は，うつと躁状態を繰り返す双極性障害や抗うつ剤だけでは効かないうつ病に使用されます。気分安定剤としてはリチウムや抗てんかん剤，いくつかの抗精神薬があります。

c）心理療法・精神療法

話すこと・聴くこと，治療する人との人間関係などを通して心にアプローチして，その不調を改善していこう，心理的な援助をしていこうというものです。こうした心理的な治療だけで，うつ病の治療をすることはできません。治療開始当初はつらい気持ちを受け止め，改善を保証し，治療が継続できるように支えるという支持的な意味合いが強く，休養・薬で症状が落ち着いてからうつ病に対しての精神療法を行っていくと考えてよいでしょう。

うつ病の場合は認知行動療法が用いられます。うつ病の方の考え方の特徴として，全か無かの思考，破局的なものの見方，過度の一般化，ポジティブな面の否認，○○すべきという思考などがあるとされています。認知行動療法はこうしたものの考え方，受け止め方（認知）のゆがみを戻していこうという治療法です。一方，うつ病で正しい判断が十分にできないときに自分の性格について深く考えさせ，うつ状態は自分の性格のせいと思わせるように追いつめることは避けなくてはいけません。

その他，精神分析，自律訓練法，交流分析，家族療法など，さまざまな治療法があります。

d）その他の治療

これまでの３つの治療が中心ですが，うつ病では電撃療法，磁気刺激治療，高照度光療法，断眠療法といった治療法がそれぞれ病態に合わせて用いられることがあります。また，抗うつ剤の副作用である便秘などに対応した薬が加えられることもあります。

② 治療形態（外来治療・入院治療）

うつ病などの治療の際には，休養をとるために，仕事を休むのか継続するのかがひとつの選択になります。前述したように，基本的には十分な休養をとることが望まれます。たとえ仕事を休んでも，多くのうつ病の治療は外来治療で行われると思っていてよいでしょう。外来治療では当初，1～2週に1度の通院をしながら，まず薬物の調整をしていきます。

入院を必要とするのは，自殺をするおそれがあり，危険性が高く，たとえ家族と同居していても防ぎ切れないような場合，重度のうつ病で食事も十分にとれず身体的な管理が必要な場合，焦燥感，不安感が強くて不安定な場合など，医学的な意味で入院を要するケースです。また，統合失調症で幻覚妄想状態，躁うつ病での躁状態がひどい場合など，自傷他害のおそれが強い，社会的信頼を失うおそれがある場合なども入院が必要になります。その他，ひとり暮らしの場合で衣食など日常生活，生活リズムを保つことが困難な場合，ひとりでいるのが不安，規則的な服薬を守れないような場合は入院を考えるとよいでしょう。服薬中はアルコールを避けることが望まれます。飲酒行動に問題があるときは，入院している期間は確実に禁酒することになるというメリットもあります。

また，自宅で療養するのが家庭の状況で休養にならない，あるいは家にいると仕事が気になるという場合には，気持ちを切り替えて療養・休養に専念するために入院を考えてよいでしょう。

③ 職場復帰に当たって

近年のうつ病や不安障害は，以前のように休養と薬物療法だけでは復職が困難であったり，復帰しても再発や再休職になることがしばしばみられるため，職場復帰を目的とした認知行動療法，作業療法，リハビリテーションなどの実施が医療機関などでプログラムとして構築されるようになり，リワークプログラムと呼ばれています。地域障害者職業センター以外では，民間医療機関でも実施する機関が増えてきており，症状自己管理，自己洞察，コミュニケーション，集中力，モチベーション，感情表現，リラクセーション，基礎体力といった内容を目的に個人プログラム，集団プログラムなどを組み合わせて実施されています。復職後の就労継続期間を指標とした比較では，リワークプログラムを受けた人たちの予後が良好であるとされています。

4 連携の必要性と方法

事業場外資源との連携は，事業場内にメンタルヘルス不調者が出た場合に限らず，事業場内でメンタルヘルス対策に取り組む際に少なからず必要となります。事業場内に産業保健スタッフ，特にメンタルヘルスを専門とするスタッフがいない場合には重要となります[2)]。

❶ 連携の必要がある場合

どのような場面でどこと連携をするのかをここではみていきます。

① メンタルヘルスに関連する情報の収集

メンタルヘルスに限らず，安全衛生に関する情報は労働基準監督署，産業保健総合支援センター，中央労働災害防止協会，あるいは各地域の労働基準協会などからリーフレットが配布され，それぞれのホームページを介して得ることができますし，しばしば説明会なども開かれます。案内類は事業所の安全衛生担当者宛に入ってくることが多いので，事業所内で情報を共有できるようにしておくと便利です。

メンタルヘルスに関しての専門医療機関の情報を集めたければ，保健所や保健センター，精神保健福祉センターから得ることができます。

② メンタルヘルス教育を受ける

メンタルヘルス教育はさまざまなところで実施され受講可能ですが，外部資源との連携を考えておくことも大切です。管理監督者として部下に受診を勧めるにしても，自身が相談に行くにしても，顔を見たことのある人かそうでないかで，受診のさせやすさ，相談のしやすさには大きな差が出ます。そのため，事業場内での教育の講師を地域の専門医療機関に依頼するとともに，講師の先生にも事業場の業務内容や環境といったものを理解してもらって，相談時や治療時に役立つようにできれば理想的です。また，メンタルヘルスケアは継続的に行っていくものですから，1回限りのものではなく，継続して実施できるように連携先を含めて計画していくことが必要です。EAP 機関ともこうした内容を含んだ契約をすることができます。

③ ストレス状態や職場環境の評価や改善

従業員のストレス状態を把握したり，職場のストレスを評価し，個人への対策や職場環境の改善を図ったりします。そのための調査として，職業性ストレス簡易調査などを実施します。その結果をもとに外部専門家，ストレスチェック実施機関や EAP 機関などの協力も得て，職場のストレス対策，環境改善を図ります。ストレス状態の把握がメンタルヘルス不調の早期発見へとつながるきっかけとなることもあります。

④ メンタルヘルス不調の早期発見

管理監督者として日頃から部下の様子を観察していて，業務の効率低下や常態からのズレをみたときには，直接面談を行ったり，社内外の資源での相談を勧めます。産業保健スタッフがいる事業場ではスタッフに，EAP 機関との契約がある場合は契約窓口への相談などです。こうしたスタッフもいない，相談窓口もない場合は，直接，精神科や心療内科の受診を勧めることになります。このような場合，管理監督者が以前講義を受けた医師，あるいは見知った医師であれば，自信をもって勧めることができます。また，部下が受診する際に上司が一緒に行くこともあります。特に，単身赴任中やひとり暮らしの人の場合には，家族からの情報がありません。周囲の者からみた情報がより的確な診断に役に立つことも少なくありません。

⑤ 治療過程での連携

診断書を含め，本人からの申出があると治療をしていることが分かります。管理監督者が主治医と連携するためには，基本的には本人の同意が必要になります。医師には守秘義務がありますので，本人の同意なしには，問い合わせた人に受診の有無さえ伝えません。

主治医は本人からの情報だけで，会社の疾病や休業に関わる制度や実際の業務内容を把握できるとは限りません。現実には職場で配慮や引き継ぎができるとしても，本人は主治医に絶対休めないと伝えていることもあります。仕事の様子をとってみても，本人が十分にできていると主治医に伝えていても，第三者がみると不十分であったり，その逆であったりすることもあります。

主治医に的確な情報を提供し，必要な業務上の配慮の相談をすることが，適切な治療と早期の病気改善につながると同時に，復職後の再発防止に役立つことも少なくありません。そのためには，本人の同意をとった上で，できれば本人を交え管理監督者が主治医と直接会うなどして情報の共有を行うことが望まれます。

やり取りする情報の内容や配慮する事項に関しては，休務（休職）せずに就業するとき（あるいは復職後の就業中），休務するとき，復職するときで異なってきますが，その詳細に関しては第７章を参照してください。

❷ 連携方法の確認

外部の機関と連携をとる際に，連携窓口を一本化することが大切です。特に，事例での対応で外部専門医療機関と連携をとる際に，産業保健スタッフ，管理監督者，人事労務管理スタッフなどがそれぞれに医療機関と関わると，医療機関にとっても負担が大きくなるほか，情報内容の解釈が少しずつズレてしまい混乱を生じることもあります。方法としては，直接訪問，電話，文書などの方法が考えられますが，「メンタルヘルス指針」でいう事業場内メンタルヘルス推進担当者を活用するなどして，事業場内部の連携を確立して専門機関との連携を誰が継続して担当するのか決めておきます。

管理監督者が担当する場合には業務の都合も考えないといけませんし，連携先の都合もありますので，状況に応じた連携をとります。事業場内の連携，本人への統一した対応を保つためにも，こうして得た情報は文書として保管しておくようにします。

また，医療機関とは，このような連携の際の費用請求をどのようにするか決めておくほうがスムーズな連携がとれるでしょう。

【参考文献】

1）日本産業精神保健学会編『精神障害等の労災認定「判断指針」対応　職場におけるメンタルヘルス対策』労働調査会，2000年７月
2）島 悟「事業場外資源の活用方法」日本医師会監修『心の病い—治療と予防の現在—』労働調査会，pp. 88-97，2004年３月
3）涌井美和子『企業のメンタルヘルス対策と労務管理』日本法令，2005年７月
4）大西守「わが国における産業精神保健の現状と課題」『精神療法』30巻５号，pp. 477-482，2004年
5）長見まき子「EAPサービス機関の組織・機能」『こころの臨床à・la・carte』24巻１号，pp. 61-65，2005年
6）上島国利編『メンタルケアドラッグ＆治療ガイド2004-05—病態，症状，行動からみた処方ガイド—』メディカルドゥ，2003年12月
7）樋口輝彦編『うつ病診療ハンドブック』メディカルレビュー社，2002年４月
8）メイヨー・クリニック『うつ病』法研，2002年６月
9）樋口輝彦『Primary care note　うつ病』日本医事新報社，2004年３月

第7章 心の健康問題をもつ復職者への支援の方法

心の健康問題で休業した労働者が職場復帰する際には，職場適応や再発防止のためにどのような配慮ができるかを十分に検討することが重要です。第７章では，職場復帰支援のあり方や両立支援について考えます。

１節では，「職場復帰支援の手引き」に準拠しながら，職場復帰支援にかかる基本的な流れと考え方について学習し，２節では，その一連の流れにおいて，職場の受け入れ体制の整え方，復帰者への対応，人事労務管理スタッフや産業医との連携など，職場復帰支援の実際について具体的に学びます。

３節では，復職に関する労働者の健康情報の管理方法について，４節では，中小規模事業場において活用できる社会資源などについて理解を深めてください。

５節では，労働者が疾病を増悪させることなく治療と仕事の両立を図る「両立支援」について押さえてください。

1 心の健康問題で休業した労働者の職場復帰支援

❶ 職場復帰支援の基本的な考え方

精神的な病気で休職することは，労働者にとって非常に不安な出来事です。本当に治るのか，元のように職場に戻れるのか，リストラの対象になるのではないかなど，労働者は病気に対する不安だけでなく，職場復帰に対する多くの現実的な不安を抱いています。こういった不安に対しては，管理監督者からの支援が非常に重要となります。もし，こういったサポートが得られるならば，それは労働者の不安を軽減するだけでなく，治療に対しても好ましい影響を与え，より早期の職場復帰が可能となるでしょう。

また，精神疾患の場合，全く元の状態に回復して職場復帰というケースはそれほど多くないため，復帰後の職場のケアが再発を防止するための大事なポイントとなります。管理監督者による職場環境の調整は，自信を失っている労働者を支えるだけでなく，職場にとっても人に優しい風土を醸成するための大きなきっかけになり，労働者の安心感や職場へのコミットメントも高まることでしょう。

このように管理監督者は，職場復帰支援において重要な役割を果たすことになりますが，職場復帰支援は管理監督者の考えだけで実施するわけにはいきません。まずは，事業場において職場復帰支援に関するプログラムやルールを策定し，管理監督者はこれに基づいて公平な態度で行動しなければなりません。また，支援に当たっては常に人事労務管理スタッフや産業保健スタッフと連携しながら，心理的支援や職場環境の改善を図ることが必要です。

❷ 職場復帰支援の基本的な流れ

職場復帰支援に関するルールづくりの手引きとして，2004年10月に厚生労働省より「心の健康問題により休業した労働者の職場復帰支援の手引き」（以下，「職場復帰支援の手引き」という）が発表され（2012年７月改訂），事業者はこれを参考にしながら，衛生委員会等において個々の事業場のもつ人的資源やその他実態に即したかたちで職場復帰支援プログラムやルールを策定するよう求められています。

職場復帰支援の手引きでは，５つのステップ（**図表１**）が示されていますが，このステップはそれぞれが完全に独立しているわけでなく，いくつかのステップをまとめたり再構成したりしながら，事業場のもつ人的資源やその他の実態に即したかたちで実施していくのがよいでしょう。

図表1　職場復帰支援の流れ

＜第1ステップ＞病気休業開始及び休業中のケア

ア　病気休業開始時の労働者からの診断書（病気休業診断書）の提出
イ　管理監督者によるケア及び事業場内産業保健スタッフ等によるケア
ウ　病気休業期間中の労働者の安心感の醸成のための対応
エ　その他

＜第2ステップ＞主治医による職場復帰可能の判断

ア　労働者からの職場復帰の意思表示と職場復帰可能の判断が記された診断書の提出
イ　産業医等による精査
ウ　主治医への情報提供

＜第3ステップ＞職場復帰の可否の判断及び職場復帰支援プランの作成

ア　情報の収集と評価
　（ア）労働者の職場復帰に対する意思の確認
　（イ）産業医等による主治医からの意見収集
　（ウ）労働者の状態等の評価
　（エ）職場環境等の評価
　（オ）その他
イ　職場復帰の可否についての判断
ウ　職場復帰支援プランの作成
　（ア）職場復帰日
　（イ）管理監督者による就業上の配慮
　（ウ）人事労務管理上の対応
　（エ）産業医等による医学的見地からみた意見
　（オ）フォローアップ
　（カ）その他

＜第4ステップ＞最終的な職場復帰の決定

ア　労働者の状態の最終確認
イ　就業上の配慮等に関する意見書の作成
ウ　事業者による最終的な職場復帰の決定
エ　その他

職　場　復　帰

＜第5ステップ＞職場復帰後のフォローアップ

ア　疾患の再燃・再発，新しい問題の発生等の有無の確認
イ　勤務状況及び業務遂行能力の評価
ウ　職場復帰支援プランの実施状況の確認
エ　治療状況の確認
オ　職場復帰支援プランの評価と見直し
カ　職場環境等の改善等
キ　管理監督者，同僚等への配慮等

出所：厚生労働省「心の健康問題により休業した労働者の職場復帰支援の手引き」より作成

2 管理監督者による職場復帰支援の実際

管理監督者は，事業場内の産業保健スタッフ等と協力しながら職場における作業環境および作業環境管理上の問題点を把握し，それらの改善を図ることで職場復帰支援における業務上の配慮を履行する重要な役割を負っています。さらに，復帰後の労働者の状態についても，事業場内の産業保健スタッフ等と協力しながら注意深く観察していかなければなりません。また，人事労務管理上の問題については，人事労務管理スタッフと連携して適切な対応を図っていく必要があります。ここでは，職場復帰支援の手引きに示されたステップごとに，管理監督者が果たすべき役割や留意点について述べます。

❶ 病気休業開始および休業中のケア<第1ステップ>

職場復帰支援は，主治医から復職診断書が出されてから開始するのではなく，休業の判断がなされた時点から開始されることが望ましいでしょう。通常，病気休業の開始に当たっては，主治医の診断書が労働者から管理監督者に提出されますが，このことは，人事労務管理スタッフだけでなく産業保健スタッフにも連絡すべきでしょう。休業に至った労働者の中には，以前産業保健スタッフによってフォローされていたケースも少なくないため，前もって関係者間で休業中の支援の仕方や職場復帰支援のための適切な情報交換を行える場合もあります。また，休業中のケアも，管理監督者だけで行うのではなく，産業保健スタッフと連携しながら行うことが望ましいでしょう。管理監督者の中には，余計な刺激を与えないようにと一切連絡をとらないと決めている場合や，逆に心配するあまり必要以上に頻繁に労働者と連絡をとろうとする場合もあり，それが適切なケアに結びついていないことも少なくありません。休業中のケアを管理監督者だけで判断するのは難しいことも多いため，産業保健スタッフを交えながら検討することが必要です。休業中の労働者への連絡の頻度や内容については，労働者の病状やその他の状況によって判断されるべきであり，必要な場合には，労働者の了解を得た上で産業保健スタッフを中心に主治医との連携を図り，休業中のケアについての主治医の意見を聴くことも考慮すべきでしょう。

休業中のケアとして，職場状況や職場復帰支援に関する仕組み，傷病手当金制度などについて必要な情報を知らせながら，安心して療養に専念するよう働きかけることが必要です。途中，うつ状態の労働者から辞職や役職の辞退などの申出がある場合も少なくありませんが，そういった判断は健康状態が回復してから判断すればよいことであり，まずは安心して療養に専念するよう働きかけることが大切です。休業開始後の関係者間の連携や主治医との連絡の方法など，休業中のケアに関することについても，事前に職場復帰支援に関するルールの中で取り決めておくことが必要です。

❷ 主治医による職場復帰可能の判断＜第２ステップ＞

休養と治療によって症状が改善すると，労働者は職場復帰の希望を管理監督者に伝えます。管理監督者は，職場復帰可能とする主治医の診断書（復職診断書）を提出するよう労働者に伝え，職場復帰支援のための面接日を関係者間で調整します。復職診断書には，必要と思われる就業上の配慮事項についてもできるだけ具体的に記載してもらうよう労働者にアドバイスすることが大切です。これに関して，医療機関が準備している診断書ではなく，あらかじめ事業場で準備した復職診断書（一般的な書式に具体的な就業上の配慮についての記載欄などを追加してあるものなど）の使用を労働者を通じて主治医に求めているところもあります。これは，産業医等が選任されていない事業場などでは，職場復帰支援のための主治医の意見を求めるよい方法と思われます。

しかし，このような診断書を準備する際にも，記載すべき内容やプライバシーについて十分な検討を行い，労働者の同意を得た上で使用するようにしなければなりません。

❸ 職場復帰の可否の判断および職場復帰支援プランの作成<第3ステップ>

① 情報の収集と評価

主治医による職場復帰の判断は，主に症状の評価を中心に行われ，業務遂行能力や職場環境への適応能力について十分に考慮されていないことが少なくありません。ときには，労働者の職場復帰への焦りや家族の希望などが強く反映されていることもあります。そのため，主治医からの診断書だけで職場復帰の判定を行うのは避けるべきでしょう。

職場復帰の可否は，労働者の病状の評価だけでなく職場環境の評価との組み合わせで判断されるべきであり，労働者と管理監督者，人事労務管理スタッフ，産業保健スタッフ等がともに情報交換を行い，十分連携しながら総合的に判断されなければなりません。図表2に職場復帰支援の手引きにおける評価事項を示しますが，管理監督者は職場環境についての情報を示しながら積極的に情報の収集と評価に加わることが大事です。

まず確認しなければならないのは，労働者の職場復帰に対する明確な意思です。また，必要と思われる場合には，労働者の同意を得た上で主治医に連絡し，就業上の配慮に関する意見を聴くことが大事です。その際，職場復帰支援の手引きでは，「職場復帰支援に関する情報提供依頼書」（図表3）等を用いることを提案しています。主治医との情報交換においては，健康に関する高度なプライバシー情報が扱われるため，労働者の同意を得た上で産業医が中心になって行うことが望ましいと考えられますが，その場合にも安全配慮義務を履行するために必要な情報を中心に収集すべきです。産業医が選任されていない事業場の場合は，情報の内容は安全配慮義務を履行するために必要な最小限の情報に絞り込み，情報交換の目的と内容を労働者にきちんと説明し，同意を得た上で主治医との連携を図るようにしなければなりません。

業務遂行能力の評価はなかなか困難ですが，少なくとも通勤時間帯にひとりで安全に通勤できるか，必要な時間会社で勤務できる程度に精神的・身体的な力が回復しているかを確認する必要があります。規則正しい睡眠覚醒リズムの回復も職場復帰には重要な条件となります。そのために外部資源によるリワー

図表2　職場復帰支援のための情報の収集と評価

職場復帰の可否については，労働者及び関係者から必要な情報を適切に収集し，様々な視点から評価を行いながら総合的に判断することが大切である。家族を含めた第三者からの個人情報の収集については，労働者のプライバシーに十分配慮することが重要なポイントとなる。情報の収集と評価の具体的内容を以下に示す。

なお，事業場外の職場復帰支援サービスや医療リハビリテーション等を利用している場合には，その状況等も有効な情報である。

(ア) 労働者の職場復帰に対する意思の確認
　a　労働者の職場復帰の意思及び就業意欲の確認
　b　職場復帰支援プログラムについての説明と同意

(イ) 産業医等による主治医からの意見収集
　診断書に記載されている内容だけでは十分な職場復帰支援を行うのが困難な場合，産業医等は労働者の同意を得た上で，下記（ウ）のａ及びｂの判断を行うに当たって必要な内容について主治医からの情報や意見を積極的に収集する。この際には，「職場復帰支援に関する情報提供依頼書」（様式例１）等を用いるなどして，労働者のプライバシーに十分配慮しながら情報交換を行うことが重要である。

(ウ) 労働者の状態等の評価
　a　治療状況及び病状の回復状況の確認
　　(a) 今後の通院治療の必要性及び治療状況についての概要の確認
　　(b) 業務遂行（自ら自動車等を運転しての通勤を含む。）に影響を及ぼす症状や薬の副作用の有無
　　(c) 休業中の生活状況
　　(d) その他職場復帰に関して考慮すべき問題点など
　b　業務遂行能力についての評価
　　(a) 適切な睡眠覚醒リズムの有無
　　(b) 昼間の眠気の有無（投薬によるものを含む。）
　　(c) 注意力・集中力の程度
　　(d) 安全な通勤の可否
　　(e) 日常生活における業務と類似した行為の遂行状況と，それによる疲労の回復具合（読書やコンピュータ操作が一定の時間集中してできること，軽度の運動ができること等）
　　(f) その他家事・育児，趣味活動等の実施状況など
　c　今後の就業に関する労働者の考え
　　(a) 希望する復帰先
　　(b) 希望する就業上の配慮の内容や期間
　　(c) その他管理監督者，人事労務管理スタッフ，事業場内産業保健スタッフに対する意見や希望（職場の問題点の改善や勤務体制の変更，健康管理上の支援方法など）
　d　家族からの情報
　　可能であれば，必要に応じて家庭での状態（病状の改善の程度，食事・睡眠・飲酒等の生活習慣など）についての情報

(エ) 職場環境等の評価
　a　業務及び職場との適合性
　　(a) 業務と労働者の能力及び意欲・関心との適合性
　　(b) 職場の同僚や管理監督者との人間関係など
　b　作業管理や作業環境管理に関する評価
　　(a) 業務量（作業時間，作業密度など）や質（要求度，困難度など）等の作業管理の状況
　　(b) 作業環境の維持・管理の状況
　　(c) 業務量の時期的な変動や，不測の事態に対する対応の状況
　　(d) 職場復帰時に求められる業務遂行能力の程度（自動車の運転等危険を伴う業務の場合は投薬等による影響にも留意する。）
　c　職場側による支援準備状況
　　(a) 復帰者を支える職場の雰囲気やメンタルヘルスに関する理解の程度
　　(b) 実施可能な就業上の配慮（業務内容や業務量の変更，就業制限等）
　　(c) 実施可能な人事労務管理上の配慮（配置転換・異動，勤務制度の変更等）

(オ) その他
　その他，職場復帰支援に当たって必要と思われる事項について検討する。また，治療に関する問題点や，本人の行動特性，家族の支援状況など職場復帰の阻害要因となりうる問題点についても整理し，その支援策について検討する。

出所：厚生労働省「心の健康問題により休業した労働者の職場復帰支援の手引き」

図表3　職場復帰支援に関する情報提供依頼書

様式例1

年　　月　　日

職場復帰支援に関する情報提供依頼書

病院
クリニック　　　　　　　　　　　　先生　御机下

〒
○○株式会社　　○○事業場
産業医　　　　　　　　印
電話　○-○-○

下記1の弊社従業員の職場復帰支援に際し，下記2の情報提供依頼事項について任意書式の文書により情報提供及びご意見をいただければと存じます。

なお，いただいた情報は，本人の職場復帰を支援する目的のみに使用され，プライバシーには十分配慮しながら産業医が責任を持って管理いたします。

今後とも弊社の健康管理活動へのご協力をよろしくお願い申し上げます。

記

1　従業員
　氏　　名　○○○○　　　　　（男・女）
　生年月日　　年　月　日

2　情報提供依頼事項
(1) 発症から初診までの経過
(2) 治療経過
(3) 現在の状態（業務に影響を与える症状及び薬の副作用の可能性なども含めて）
(4) 就業上の配慮に関するご意見（疾患の再燃・再発防止のために必要な注意事項など）
(5) ____________________
(6) ____________________
(7) ____________________

（本人記入）
私は本情報提供依頼書に関する説明を受け，情報提供文書の作成並びに産業医への提出について同意します。
　年　月　日　　　　氏名　　　　　　　　印

出所：厚生労働省「心の健康問題により休業した労働者の職場復帰支援の手引き」

クプログラムの利用を推奨したり，連日図書館などへ通って一定時間以上自習することが可能か否か自ら試してみるよう勧めている事業場もあります。もし，この時点で家族から情報が得られる場合には，それは労働者の状態を評価する上で重要な判断材料になるでしょう。

職場の評価においては，管理監督者が中心になって職場の作業環境管理や作業管理についての情報，特に仕事の質や量，作業時間の管理方法などについてきちんと情報を提供しなければなりません。また，配置転換，異動，役割の変化などの影響や職場の人間関係に重大な問題がないかなどについても情報を集め，その上でどのような職場側の準備が可能か，関係者間で十分検討する必要があります。

② 職場復帰の可否の判断

職場復帰の可否の判断は，「情報の収集と評価」の結果をもとに，主治医の判断やこれに対する産業医等の医学的な考え方も考慮して判断を行います。この判断は，事業場内産業保健スタッフ等を中心に行われますが，職場環境等に関する事項については，管理監督者等の意見を十分に考慮しながら総合的に行われなければなりません。

③ 職場復帰支援プランの作成

職場復帰が可能と判断された場合には，管理監督者，産業保健スタッフ等は職場復帰支援のための具体的なプランを作成します。職場復帰支援プランの作成は，その過程において管理監督者および産業保健スタッフ等がそれぞれの役割を明確にするのに役立ちます。通常，職場復帰には回復の経過に合わせて複数の段階を設定する必要があるため，職場復帰支援プランの作成に当たっては，それぞれの段階に応じてその内容や期間の設定を行う必要があります。

職場復帰支援の手引きでは，プラン作成の際には**図表 4** に示された事項について検討することを提案していますが，管理監督者が行う業務上の配慮や，配置転換・異動などの人事労務管理上の対応については，産業保健スタッフの意見を聴きながらできるだけ具体化しておく必要があります。その他，職場復帰後のフォローアップのタイミングや労働者本人が再燃・再発を防ぐために工夫

図表4　職場復帰支援プラン作成の際に検討すべき内容

(ア)職場復帰日
　復帰のタイミングについては，労働者の状態や職場の受入れ準備状況の両方を考慮した上で総合的に判断する必要がある。

(イ)管理監督者による就業上の配慮
a　業務でのサポートの内容や方法
b　業務内容や業務量の変更
c　段階的な就業上の配慮（残業・交替勤務・深夜業務等の制限又は禁止，就業時間短縮など）
d　治療上必要なその他の配慮（診療のための外出許可）など

(ウ)人事労務管理上の対応等
a　配置転換や異動の必要性
b　本人の病状及び業務の状況に応じて，フレックスタイム制度や裁量労働制度等の勤務制度変更の可否及び必要性
c　その他，段階的な就業上の配慮（出張制限，業務制限（危険作業，運転業務，高所作業，窓口業務，苦情処理業務等の禁止又は免除），転勤についの配慮）の可否及び必要性

(エ)産業医等による医学的見地からみた意見
a　安全配慮義務に関する助言
b　その他，職場復帰支援に関する意見

(オ)フォローアップ
a　管理監督者によるフォローアップの方法
b　事業場内産業保健スタッフ等によるフォローアップの方法（職場復帰後のフォローアップ面談の実施方法等）
c　就業制限等の見直しを行うタイミング
d　全ての就業上の配慮や医学的観察が不要となる時期についての見通し

(カ)その他
a　職場復帰に際して労働者が自ら責任を持って行うべき事項
b　試し出勤制度等がある場合はその利用についての検討
c　事業場外資源が提供する職場復帰支援サービス等の利用についての検討

出所：厚生労働省「心の健康問題により休業した労働者の職場復帰支援の手引き」

すべきことについても明確にしておくことが大事です。

④ 最終的な職場復帰の決定＜第4ステップ＞

職場復帰可能の判断および職場復帰支援プランでまとめられた内容は，正式な文書や産業医による意見書として取りまとめられ，事業者による最終的な職場復帰の判断が行われます。この内容は職場復帰支援プランの各段階に応じて計画的に，または状況の変化に応じて適宜更新されなければなりません。

また，就業上の配慮については主治医も知っておくべき情報であるため，その内容は労働者を通して主治医に伝えるようにしておくとよいでしょう。

❺ 職場復帰後のフォローアップ<第５ステップ>

職場復帰可否の判断は，結果的に多くの不確定要素を含んだまま行われることも多く，また精神疾患の中にはどうしても再発を防げないケースもあるため，職場復帰支援においては，復帰後のフォローアップが非常に重要となります。特に，管理監督者は労働者の様子を身近にみる立場にあることから，フォローアップにおいては重要な役割を負っています。

フォローアップの際には，治療の状況，症状の再燃の有無，業務遂行能力や勤務の状況，意見書などで示されている就業上の配慮の履行状況などについてチェックし，もし何らかの問題が生じていた場合にはできる限り早めに関係者間で対応することが大事です。

3 プライバシーの保護

復職に関する情報のほとんどは，労働者のプライバシーに深く関わるものであるため，労働者の個人情報については原則として常に本人の同意を得た上で扱うよう配慮しなければなりません。

職場復帰の可否の判断を待つ労働者にとって，情報交換などに関する同意を拒否することは，それだけで職場復帰が認められないのではという不安に直結するため，職場復帰支援における同意については労働者が不利な立場に置かれないよう管理監督者としても十分な配慮が必要です。

職場復帰支援における情報は，あくまでも復職サポートと事業者の安全（健康）配慮義務の履行を目的としたものに限定されるべきで，プライバシーに関わる情報管理については，まず事業場において情報収集および利用の目的，取扱い方法についてのルールを明確に定めることが必要です。

産業医が選任されている事業場においては，管理監督者や人事労務管理スタッフが健康情報を管理するのではなく，できる限り産業医が健康情報の集約と調整を行うようにしたほうがよいでしょう。産業医が選任されていない事業場では，健康情報の取扱いについては厳密なルールを策定した上で取り扱うことが不可欠となります。

4 職場復帰支援における その他の留意事項

❶ 職場復帰する労働者への心理的支援

心の病による休業は，多くの労働者にとって働くことへの自信を失わせる出来事となります。そういった労働者に対しては，周囲の人は遠巻きに心配するのではなく，必要に応じて適宜声かけを行うようにしたほうがよいでしょう。特に，管理監督者は，最初から100％で頑張ろうとせず，調子をみながらゆっくりとペースを上げていけばよいことや，何か心配なことがあったらいつでも相談にのることをきちんと伝えながら，十分なコミュニケーションを図る必要があります。

また，疾病による休業は，ときには労働者のキャリアデザインの見直しを迫る機会となります。その際，管理監督者がこれまでのワークヒストリーの振り返りや，現存する問題点の整理などについて労働者の話を聴きながら相談に応じるならば，これは労働者にとって大きな支えとなるでしょう。なぜ自分がこういった状況に至ったかなどについても単なる偶然ですまさずに，これまでの労働観や自己の健康管理のあり方も含めて見つめ直す機会にできれば，症状の再燃・再発の予防だけでなく，今後の仕事生活をより豊かなものにするきっかけにもなります。

❷ 中小規模事業場における外部機関との連携

中小規模事業場などでは，産業医など必要な人材が確保できない事情もあることから，管理監督者は人事労務管理スタッフや衛生管理者，衛生推進者と連携しながら，必要に応じて産業保健総合支援センターや地域窓口（通称：地域産業保健センター），中央労働災害防止協会，労災病院勤労者メンタルヘルスセンター，精神保健福祉センター，保健所，地域障害者職業センターなどの事業場外資源のサポートを求めることが必要となります。

また，最近では，いくつかの医療機関や精神保健福祉センター，外部EAP機関，NPO（民間非営利組織）でうつ病などを対象にした復職のためのリハビリテーションプログラムが試行されるようになっていますので，これらの外部資源によるサービスをうまく活用することも大切です。

5 治療と仕事の両立支援

「治療と仕事の両立支援」とは，事業場が，がん，脳卒中などの疾病を抱える方々に対して，適切な就業上の措置や治療に対する配慮を行い，治療と職業生活が両立できるように支援することをいいます。

これを政策として推進するため，通達「事業場における治療と職業生活の両立支援のためのガイドラインについて」(2016（平成28）年２月23日基発0223第５号／健発0223第３号／職発0223第７号，以下，「ガイドライン」という）が示されています。なお，2017（平成29）年３月から2021（令和３）年３月にガイドラインが改訂され，名称が「事業場における治療と仕事の両立支援のためのガイドライン」に変更されており，その中の参考資料に示されている留意事項の対象疾病が，当初のがんに，脳卒中，肝疾患，難病，糖尿病，心疾患が加えられています。

❶ 両立支援の趣旨とガイドラインの対象

① 趣　旨

「治療と職業生活の両立」とは，病気を抱えながらも，働く意欲・能力のある労働者が，仕事を理由として治療機会を逃すことなく，また治療の必要性を理由として職業生活の継続を妨げられることなく，適切な治療を受けながら，生き生きと就労を続けられることをいいます（2012（平成24）年８月８日治療と職業生活の両立等の支援に関する検討会報告書)。

労働安全衛生法では，事業者による労働者の健康確保対策に関する種々の規定が定められており，「治療と職業生活の両立」は具体的に規定されていませんが，健康確保対策の一環として位置づけられます。

また，労働者が業務によって疾病を増悪させることなく治療と職業生活の両立を図るための事業者による取り組みは，労働者の健康確保という意義とどもに，継続的な人材の確保，労働者の安心感やモチベーションの向上による人材の定着・生産性の向上，健康経営の実現，多様な人材の活用による組織や事業の活性化，組織としての社会的責任の実現，労働者のワーク・ライフ・バランスの実現といった意義もあると考えられます。

② ガイドラインの対象

ガイドラインは主に，事業者，人事労務管理スタッフおよび産業医や保健師，看護師等の産業保健スタッフを対象としていますが，労働者本人や家族，医療機関の関係者などの支援に関わる方にも活用可能なものです。

ガイドラインが対象とする疾病は，がん，脳卒中，心疾患，糖尿病，肝炎，その他難病など，反復・継続して治療が必要となる疾病であり，短期で治癒する疾病は対象としていません。

❷ 両立支援の留意事項

a）安全と健康の確保

両立支援に際しては，就労によって，疾病の増悪，再発や労働災害が生じないよう，就業場所の変更，作業の転換，労働時間の短縮，深夜業の回数の減少等の適切な就業上の措置や治療に対する配慮を行うことが就業の前提となります。したがって，仕事の繁忙等を理由に必要な就業上の措置や配慮を行わないことがあってはなりません。

b）労働者本人による取り組み

両立に当たっては，疾病を抱える労働者本人が，主治医の指示等に基づき治療を受けること，服薬すること，適切な生活習慣を守ることなど，治療や疾病の増悪防止について適切に取り組むことが重要です。

c）労働者本人の申出

両立支援は，私傷病である疾病に関わるものであることから，労働者本人から支援を求める申出がなされたことを端緒に取り組むことが基本となります。なお，本人からの申出が円滑に行われるよう，事業場内ルールの作成と周知，労働者や管理職等に対する研修による意識啓発，相談窓口や情報の取扱方法の明確化など，申出が行いやすい環境を整備することも重要です。

d）両立支援の特徴を踏まえた対応

両立支援の対象者は，入院や通院，療養のための時間の確保等が必要になるだけでなく，疾病の症状や治療の副作用，障害などによって，労働者自身の業務遂行能力が一時的に低下する場合などがあります。このため，育児や介護と仕事の両立支援と異なり，時間的制約に対する配慮だけでなく，労働者本人の健康状態や業務遂行能力も踏まえた就業上の措置等が必要となります。

e）個別事例の特性に応じた配慮

症状や治療方法などは個人ごとに大きく異なるため，個人ごとにとるべき対応やその時期等は異なるものであり，個別事例の特性に応じた配慮が必要です。

f）対象者，対応方法の明確化

事業場の状況に応じて，事業場内ルールを労使の理解を得て制定するなど，治療と職業生活の両立支援の対象者，対応方法等を明確にしておくことが必要です。

g）個人情報の保護

両立支援を行うためには，症状，治療の状況等の疾病に関する情報が必要となりますが，これらの情報は機微な個人情報であることから，事業者が本人の同意なく取得してはならないなど，個人情報の保護に留意する必要があります。

h）両立支援に関わる関係者間の連携の重要性

両立支援を行うに当たっては，労働者本人以外にも，以下の関係者が必要に応じて連携することで，労働者本人の症状や業務内容に応じた，より適切な両立支援の実施が可能となります。

・事業場の関係者（事業者，人事労務管理スタッフ，上司・同僚等，労働組合，産業医，保健師，看護師などの産業保健スタッフ等）
・医療機関関係者（医師（主治医），看護師，医療ソーシャルワーカー等）
・地域で事業者や労働者を支援する関係機関・関係者（産業保健総合支援センター，労災病院に併設する治療就労両立支援センター，保健所（保健師），社会保険労務士など）

また，労働者と直接連絡がとれない場合は，労働者の家族などと連携して，必要な情報の収集などを行う場合があります。

特に，両立支援のためには，医療機関との連携が重要であり，本人を通じた主治医との情報共有や，労働者の同意のもとでの産業医，保健師，看護師などの産業保健スタッフ等や人事労務管理スタッフと主治医との連携が必要です。

i）両立支援の進め方

・両立支援を必要とする労働者が，支援に必要な情報を収集して事業者に提出します。労働者からの情報が不十分な場合，産業医等または人事労務管理スタッフ等が，労働者の同意を得た上で主治医から情報収集することも可能です。

・事業者が，産業医等に対して収集した情報を提供し，就業継続の可否，就業上の措置および治療に対する配慮に関する産業医等の意見を聴取します。

・事業者が，主治医および産業医等の意見を勘案し，就業継続の可否を判断します。

・事業者が労働者の就業継続が可能と判断した場合，就業上の措置および治療に対する配慮の内容・実施時期等を事業者が検討・決定し，実施します。

・事業者が労働者の長期の休業が必要と判断した場合，休業開始前の対応・休業中のフォローアップを事業者が行うとともに，主治医や産業医等の意見，本人の意向，復帰予定の部署の意見等を総合的に勘案し，職場復帰の可否を事業者が判断した上で，職場復帰後の就業上の措置および治療に対する配慮の内容・実施事項などを事業者が検討・決定し，実施します。

労働安全衛生法（抜粋）

最終改正令和元年６月14日法律第37号

（面接指導等）

第66条の８　事業者は，その労働時間の状況その他の事項が労働者の健康の保持を考慮して厚生労働省令で定める要件に該当する労働者（次条第１項に規定する者及び第66条の８の４第１項に規定する者を除く。以下この条において同じ。）に対し，厚生労働省令で定めるところにより，医師による面接指導（問診その他の方法により心身の状況を把握し，これに応じて面接により必要な指導を行うことをいう。以下同じ。）を行わなければならない。

２　労働者は，前項の規定により事業者が行う面接指導を受けなければならない。ただし，事業者の指定した医師が行う面接指導を受けることを希望しない場合において，他の医師の行う同項の規定による面接指導に相当する面接指導を受け，その結果を証明する書面を事業者に提出したときは，この限りでない。

３　事業者は，厚生労働省令で定めるところにより，第１項及び前項ただし書の規定による面接指導の結果を記録しておかなければならない。

４　事業者は，第１項又は第２項ただし書の規定による面接指導の結果に基づき，当該労働者の健康を保持するために必要な措置について，厚生労働省令で定めるところにより，医師の意見を聴かなければならない。

５　事業者は，前項の規定による医師の意見を勘案し，その必要があると認めるときは，当該労働者の実情を考慮して，就業場所の変更，作業の転換，労働時間の短縮，深夜業の回数の減少等の措置を講ずるほか，当該医師の意見の衛生委員会若しくは安全衛生委員会又は労働時間等設定改善委員会への報告その他の適切な措置を講じなければならない。

第66条の８の２　事業者は，その労働時間が労働者の健康の保持を考慮して厚生労働省令で定める時間を超える労働者（労働基準法第36条第11項に規定する業務に従事する者（同法第41条各号に掲げる者及び第66条の８の４第１項に規定する者を除く。）に限る。）に対し，厚生労働省令で定めるところにより，医師による面接指導を行わなければならない。

２　前条第２項から第５項までの規定は，前項の事業者及び労働者について準用する。この場合において，同条第５項中「作業の転換」とあるのは，「職務内容の変更，有給休暇（労働基準法第39条の規定による有給休暇を除く。）の付与」と読み替えるものとする。

第66条の８の３　事業者は，第66条の８第１項又は前条第１項の規定による面接指導を実施するため，厚生労働省令で定める方法により，労働者（次条第１項に規定する者を除く。）の労働時間の状況を把握しなければならない。

第66条の８の４　事業者は，労働基準法第41条の２第１項の規定により労働する労働者であつて，その健康管理時間（同項第３号に規定する健康管理時間をいう。）が当該労働者の健康の保持を考慮して厚生労働省令で定める時間を超えるものに対し，厚生労働省令で定めるところにより，医師による面接指導を行わなければならない。

２　第66条の８第２項から第５項までの規定は，前項の事業者及び労働者について準用する。この場合において，同条第５項中「就業場所の変更，作業の転換，労働時間の短縮，深夜業の回数の減少等」とあるのは，「職務内容の変更，有給休暇（労働基準法第39条の規定による有給休暇を除く。）の付与，健康管理時間（第66条の８の４第１項に規定する健康管理時間をいう。）が短縮されるための配慮等」と読み替えるものとする。

第66条の９　事業者は，第66条の８第１項，第66条の８の２第１項又は前条第１項の規定により面接指導を行う労働者以外の労働者であつて健康への配慮が必要なものについては，厚生労働省令で定めるところにより，必要な措置を講ずるように努めなければならない。

（心理的な負担の程度を把握するための検査等）

第66条の10　事業者は，労働者に対し，厚生労働省令で定めるところにより，医師，保健師その他の厚生労働省令で定める者（以下この条において「医師等」という。）による心理的な負担の程度を把握するための検査を行わなければならない。

２　事業者は，前項の規定により行う検査を受けた労働者に対し，厚生労働省令で定めるところにより，当該検査を行つた医師等から当該検査の結果が通知されるようにしなければならない。この場合において，当該医師等は，あらかじめ当該検査を受けた労働者の同意を得ないで，当該労働者の検査の結果を事業者に提供してはならない。

３　事業者は，前項の規定による通知を受けた労働者であつて，心理的な負担の程度が労働者の健康の保持を考慮して厚生労働省令で定める要件に該当するものが医師による面接指導を受けることを希望する旨を申し出たときは，当該申出をした労働者に対し，厚生労働省令で定めるところにより，医師による面接指導を行わなければならない。この場合において，事業者は，労働者が当該申出をしたことを理由として，当該労働者に対し，不利益な取扱いをしてはならない。

４　事業者は，厚生労働省令で定めるところにより，前項の規定による面接指導の結果を記録しておかなければならない。

５　事業者は，第３項の規定による面接指導の結果に基づき，当該労働者の健康を保持するために必要な措置について，厚生労働省令で定めるところにより，医師の意見を聴かなければならない。

６　事業者は，前項の規定による医師の意見を勘案し，その必要があると認めるときは，当該労働者の実情を考慮して，就業場所の変更，作業の転換，労働時間の短縮，深夜業の回数の減少等の措置を講ずるほか，当該医師の意見の衛生委員会若しくは安全衛生委員会又は労働時間等設定改善委員会への報告その他の適切な措置を講じなければならない。

7　厚生労働大臣は，前項の規定により事業者が講ずべき措置の適切かつ有効な実施を図るため必要な指針を公表するものとする。

8　厚生労働大臣は，前項の指針を公表した場合において必要があると認めるときは，事業者又はその団体に対し，当該指針に関し必要な指導等を行うことができる。

9　国は，心理的な負担の程度が労働者の健康の保持に及ぼす影響に関する医師等に対する研修を実施するよう努めるとともに，第2項の規定により通知された検査の結果を利用する労働者に対する健康相談の実施その他の当該労働者の健康の保持増進を図ることを促進するための措置を講ずるよう努めるものとする。

（心身の状態に関する情報の取扱い）

第104条　事業者は，この法律又はこれに基づく命令の規定による措置の実施に関し，労働者の心身の状態に関する情報を収集し，保管し，又は使用するに当たつては，労働者の健康の確保に必要な範囲内で労働者の心身の状態に関する情報を収集し，並びに当該収集の目的の範囲内でこれを保管し，及び使用しなければならない。ただし，本人の同意がある場合その他正当な事由がある場合は，この限りでない。

2　事業者は，労働者の心身の状態に関する情報を適正に管理するために必要な措置を講じなければならない。

3　厚生労働大臣は，前2項の規定により事業者が講ずべき措置の適切かつ有効な実施を図るため必要な指針を公表するものとする。

4　厚生労働大臣は，前項の指針を公表した場合において必要があると認めるときは，事業者又はその団体に対し，当該指針に関し必要な指導等を行うことができる。

（健康診断等に関する秘密の保持）

第105条　第65条の2第1項及び第66条第1項から第4項までの規定による健康診断，第66条の8第1項，第66条の8の2第1項及び第66条の8の4第1項の規定による面接指導，第66条の10第1項の規定による検査又は同条第3項の規定による面接指導の実施の事務に従事した者は，その実施に関して知り得た労働者の秘密を漏らしてはならない。

（資料２）

労働安全衛生規則（抜粋）

最終改正令和３年２月25日厚生労働省令第40号

第６章　健康の保持増進のための措置

第１節の３　長時間にわたる労働に関する面接指導等

（面接指導の対象となる労働者の要件等）

第52条の２　法第66条の８第１項の厚生労働省令で定める要件は，休憩時間を除き１週間当たり40時間を超えて労働させた場合におけるその超えた時間が１月当たり80時間を超え，かつ，疲労の蓄積が認められる者であることとする。ただし，次項の期日前１月以内に法第66条の８第１項又は第66条の８の２第１項に規定する面接指導を受けた労働者その他これに類する労働者であつて法第66条の８第１項に規定する面接指導（以下この節において「法第66条の８の面接指導」という。）を受ける必要がないと医師が認めたものを除く。

２　前項の超えた時間の算定は，毎月１回以上，一定の期日を定めて行わなければならない。

３　事業者は，第１項の超えた時間の算定を行つたときは，速やかに，同項の超えた時間が１月当たり80時間を超えた労働者に対し，当該労働者に係る当該超えた時間に関する情報を通知しなければならない。

（面接指導の実施方法等）

第52条の３　法第66条の８の面接指導は，前条第１項の要件に該当する労働者の申出により行うものとする。

２　前項の申出は，前条第２項の期日後，遅滞なく，行うものとする。

３　事業者は，労働者から第１項の申出があつたときは，遅滞なく，法第66条の８の面接指導を行わなければならない。

４　産業医は，前条第１項の要件に該当する労働者に対して，第１項の申出を行うよう勧奨することができる。

（面接指導における確認事項）

第52条の４　医師は，法第66条の８の面接指導を行うに当たつては，前条第１項の申出を行つた労働者に対し，次に掲げる事項について確認を行うものとする。

一　当該労働者の勤務の状況

二　当該労働者の疲労の蓄積の状況

三　前号に掲げるもののほか，当該労働者の心身の状況

（労働者の希望する医師による面接指導の証明）
第52条の5　法第66条の8第2項ただし書の書面は，当該労働者の受けた法第66条の8の面接指導について，次に掲げる事項を記載したものでなければならない。
一　実施年月日
二　当該労働者の氏名
三　法第66条の8の面接指導を行つた医師の氏名
四　当該労働者の疲労の蓄積の状況
五　前号に掲げるもののほか，当該労働者の心身の状況

（面接指導結果の記録の作成）
第52条の6　事業者は，法第66条の8の面接指導（法第66条の8第2項ただし書の場合において当該労働者が受けたものを含む。次条において同じ。）の結果に基づき，当該法第66条の8の面接指導の結果の記録を作成して，これを5年間保存しなければならない。
2　前項の記録は，前条各号に掲げる事項及び法第66条の8第4項の規定による医師の意見を記載したものでなければならない。

（面接指導の結果についての医師からの意見聴取）
第52条の7　法第66条の8の面接指導の結果に基づく法第66条の8第4項の規定による医師からの意見聴取は，当該法第66条の8の面接指導が行われた後（同条第2項ただし書の場合にあつては，当該労働者が当該法第66条の8の面接指導の結果を証明する書面を事業者に提出した後），遅滞なく行わなければならない。

（法第66条の8の2第1項の厚生労働省令で定める時間等）
第52条の7の2　法第66条の8の2第1項の厚生労働省令で定める時間は，休憩時間を除き1週間当たり40時間を超えて労働させた場合におけるその超えた時間について，1月当たり100時間とする。
2　第52条の2第2項，第52条の3第1項及び第52条の4から前条までの規定は，法第66条の8の2第1項に規定する面接指導について準用する。この場合において，第52条の2第2項中「前項」とあるのは「第52条の7の2第1項」と，第52条の3第1項中「前条第1項の要件に該当する労働者の申出により」とあるのは「前条第2項の期日後，遅滞なく」と，第52条の4中「前条第1項の申出を行つた労働者」とあるのは「労働者」と読み替えるものとする。

（法第66条の8の3の厚生労働省令で定める方法等）
第52条の7の3　法第66条の8の3の厚生労働省令で定める方法は，タイムカードによる記録，パーソナルコンピュータ等の電子計算機の使用時間の記録等の客観的な方法その他の適切な方法とする。
2　事業者は，前項に規定する方法により把握した労働時間の状況の記録を作成し，3年間保存するための必要な措置を講じなければならない。

（法第66条の８の４第１項の厚生労働省令で定める時間等）

第52条の７の４　法第66条の８の４第１項の厚生労働省令で定める時間は，１週間当たりの健康管理時間（労働基準法（昭和22年法律第49号）第41条の２第１項第３号に規定する健康管理時間をいう。）が40時間を超えた場合におけるその超えた時間について，１月当たり100時間とする。

２　第52条の２第２項，第52条の３第１項及び第52条の４から第52条の７までの規定は，法第66条の８の４第１項に規定する面接指導について準用する。この場合において，第52条の２第２項中「前項」とあるのは「第52条の７の４第１項」と，第52条の３第１項中「前条第１項の要件に該当する労働者の申出により」とあるのは「前条第２項の期日後，遅滞なく，」と，第52条の４中「前条第１項の申出を行つた労働者」とあるのは「労働者」と読み替えるものとする。

（法第66条の９の必要な措置の実施）

第52条の８　法第66条の９の必要な措置は，法第66条の８の面接指導の実施又は法第66条の８の面接指導に準ずる措置（第３項に該当する者にあつては，法第66条の８の４第１項に規定する面接指導の実施）とする。

２　労働基準法第41条の２第１項の規定により労働する労働者以外の労働者に対して行う法第66条の９の必要な措置は，事業場において定められた当該必要な措置の実施に関する基準に該当する者に対して行うものとする。

３　労働基準法第41条の２第１項の規定により労働する労働者に対して行う法第66条の９の必要な措置は，当該労働者の申出により行うものとする。

第１節の４　心理的な負担の程度を把握するための検査等

（心理的な負担の程度を把握するための検査の実施方法）

第52条の９　事業者は，常時使用する労働者に対し，１年以内ごとに１回，定期に，次に掲げる事項について法第66条の10第１項に規定する心理的な負担の程度を把握するための検査（以下この節において「検査」という。）を行わなければならない。

一　職場における当該労働者の心理的な負担の原因に関する項目

二　当該労働者の心理的な負担による心身の自覚症状に関する項目

三　職場における他の労働者による当該労働者への支援に関する項目

（検査の実施者等）

第52条の10　法第66条の10第１項の厚生労働省令で定める者は，次に掲げる者（以下この節において「医師等」という。）とする。

一　医師

二　保健師

三　検査を行うために必要な知識についての研修であつて厚生労働大臣が定めるものを修了した歯科医師，看護師，精神保健福祉士又は公認心理師

2　検査を受ける労働者について解雇，昇進又は異動に関して直接の権限を持つ監督的地位にある者は，検査の実施の事務に従事してはならない。

（検査結果等の記録の作成等）

第52条の11　事業者は，第52条の13第２項に規定する場合を除き，検査を行つた医師等による当該検査の結果の記録の作成の事務及び当該検査の実施の事務に従事した者による当該記録の保存の事務が適切に行われるよう，必要な措置を講じなければならない。

（検査結果の通知）

第52条の12　事業者は，検査を受けた労働者に対し，当該検査を行つた医師等から，遅滞なく，当該検査の結果が通知されるようにしなければならない。

（労働者の同意の取得等）

第52条の13　法第66条の10第２項後段の規定による労働者の同意の取得は，書面又は電磁的記録（電子的方式，磁気的方式その他人の知覚によつては認識することができない方式で作られる記録であつて，電子計算機による情報処理の用に供されるものをいう。以下同じ。）によらなければならない。

2　事業者は，前項の規定により検査を受けた労働者の同意を得て，当該検査を行つた医師等から当該労働者の検査の結果の提供を受けた場合には，当該検査の結果に基づき，当該検査の結果の記録を作成して，これを５年間保存しなければならない。

（検査結果の集団ごとの分析等）

第52条の14　事業者は，検査を行つた場合は，当該検査を行つた医師等に，当該検査の結果を当該事業場の当該部署に所属する労働者の集団その他の一定規模の集団ごとに集計させ，その結果について分析させるよう努めなければならない。

2　事業者は，前項の分析の結果を勘案し，その必要があると認めるときは，当該集団の労働者の実情を考慮して，当該集団の労働者の心理的な負担を軽減するための適切な措置を講ずるよう努めなければならない。

（面接指導の対象となる労働者の要件）

第52条の15　法第66条の10第３項の厚生労働省令で定める要件は，検査の結果，心理的な負担の程度が高い者であつて，同項に規定する面接指導（以下この節において「面接指導」という。）を受ける必要があると当該検査を行つた医師等が認めたものであることとする。

（面接指導の実施方法等）

第52条の16　法第66条の10第３項の規定による申出（以下この条及び次条において「申出」という。）は，前条の要件に該当する労働者が検査の結果の通知を受けた後，遅滞なく行うものとする。

2　事業者は，前条の要件に該当する労働者から申出があつたときは，遅滞なく，面接指導を行わなければならない。

3　検査を行つた医師等は，前条の要件に該当する労働者に対して，申出を行うよう勧奨することができる。

（面接指導における確認事項）

第52条の17　医師は，面接指導を行うに当たつては，申出を行つた労働者に対し，第52条の９各号に掲げる事項のほか，次に掲げる事項について確認を行うものとする。

一　当該労働者の勤務の状況

二　当該労働者の心理的な負担の状況

三　前号に掲げるもののほか，当該労働者の心身の状況

（面接指導結果の記録の作成）

第52条の18　事業者は，面接指導の結果に基づき，当該面接指導の結果の記録を作成して，これを５年間保存しなければならない。

2　前項の記録は，前条各号に掲げる事項のほか，次に掲げる事項を記載したものでなければならない。

一　実施年月日

二　当該労働者の氏名

三　面接指導を行つた医師の氏名

四　法第66条の10第５項の規定による医師の意見

（面接指導の結果についての医師からの意見聴取）

第52条の19　面接指導の結果に基づく法第66条の10第５項の規定による医師からの意見聴取は，面接指導が行われた後，遅滞なく行わなければならない。

（指針の公表）

第52条の20　第24条の規定は，法第66条の10第７項の規定による指針の公表について準用する。

（検査及び面接指導結果の報告）

第52条の21　常時50人以上の労働者を使用する事業者は，１年以内ごとに１回，定期に，心理的な負担の程度を把握するための検査結果等報告書（様式第６号の２）を所轄労働基準監督署長に提出しなければならない。

（資料３）

労働者の心の健康の保持増進のための指針

平成18年３月31日健康保持増進のための指針公示第３号
改正平成27年11月30日健康保持増進のための指針公示第６号

1　趣旨

労働者の受けるストレスは拡大する傾向にあり，仕事に関して強い不安やストレスを感じている労働者が半数を超える状況にある。また，精神障害等に係る労災補償状況をみると，請求件数，認定件数とも近年，増加傾向にある。このような中で，心の健康問題が労働者，その家族，事業場及び社会に与える影響は，今日，ますます大きくなっている。事業場において，より積極的に心の健康の保持増進を図ることは，労働者とその家族の幸せを確保するとともに，我が国社会の健全な発展という観点からも，非常に重要な課題となっている。

本指針は，労働安全衛生法（昭和47年法律第57号）第70条の２第１項の規定に基づき，同法第69条第１項の措置の適切かつ有効な実施を図るための指針として，事業場において事業者が講ずる労働者の心の健康の保持増進のための措置（以下「メンタルヘルスケア」という。）が適切かつ有効に実施されるよう，メンタルヘルスケアの原則的な実施方法について定めるものである。

事業者は，本指針に基づき，各事業場の実態に即した形で，ストレスチェック制度を含めたメンタルヘルスケアの実施に積極的に取り組むことが望ましい。

2　メンタルヘルスケアの基本的考え方

ストレスの原因となる要因（以下「ストレス要因」という。）は，仕事，職業生活，家庭，地域等に存在している。心の健康づくりは，労働者自身が，ストレスに気づき，これに対処すること（セルフケア）の必要性を認識することが重要である。

しかし，職場に存在するストレス要因は，労働者自身の力だけでは取り除くことができないものもあることから，労働者の心の健康づくりを推進していくためには，職場環境の改善も含め，事業者によるメンタルヘルスケアの積極的推進が重要であり，労働の場における組織的かつ計画的な対策の実施は，大きな役割を果たすものである。

このため，事業者は，以下に定めるところにより，自らがストレスチェック制度を含めた事業場におけるメンタルヘルスケアを積極的に推進することを表明するとともに，衛生委員会又は安全衛生委員会（以下「衛生委員会等」という。）において十分調査審議を行い，メンタルヘルスケアに関する事業場の現状とその問題点を明確にし，その問題点を解決する具体的な実施事項等についての基本的な計画（以下「心の健康づくり計画」という。）を策定・実施するとともに，ストレスチェック制度の実施方法等に関する規程を策定し，制度の円滑な実施を図る必要がある。また，心の健康づくり計画の実施に当たっては，ストレスチェック制度の活用や職場環境等の改善を通じて，メンタルヘルス不調を未然に防止する「一次予防」，メンタルヘルス不調を早期に発見し，適切な措置を行う「二次予防」及びメンタルヘルス不調となった労働者の職場復帰を支援等を行う「三次予防」が円滑に行われるようにする必要がある。これらの取組においては，教育研修，情報提供及び「セルフケア」，「ラインによるケア」，「事業場内産業保健スタッフ等によるケア」並びに「事業場外資源によるケア」の４つのメンタルヘルスケアが継続的かつ計画的に行われるようにすることが重要である。

さらに，事業者は，メンタルヘルスケアを推進するに当たって，次の事項に留意することが重要である。

① 心の健康問題の特性

心の健康については，客観的な測定方法が十分確立しておらず，その評価には労働者本人から心身の状況に関する情報を取得する必要があり，さらに，心の健康問題の発生過程には個人差が大きく，そのプロセスの把握が難しい。また，心の健康は，すべての労働者に関わることであり，すべての労働者が心の問題を抱える可能性があるにもかかわらず，心の健康問題を抱える労働者に対して，健康問題以外の観点から評価が行われる傾向が強いという問題や，心の健康問題自体についての誤解や偏見等解決すべき問題が存在している。

② 労働者の個人情報の保護への配慮

メンタルヘルスケアを進めるに当たっては，健康情報を含む労働者の個人情報の保護及び労働者の意思の尊重に留意することが重要である。心の健康に関する情報の収集及び利用に当たっての，労働者の個人情報の保護への配慮は，労働者が安心してメンタルヘルスケアに参加できること，ひいてはメンタルヘルスケアがより効果的に推進されるための条件である。

③ 人事労務管理との関係

労働者の心の健康は，職場配置，人事異動，職場の組織等の人事労務管理と密接に関係する要因によって，大きな影響を受ける。メンタルヘルスケアは，人事労務管理と連携しなければ，適切に進まない場合が多い。

④ 家庭・個人生活等の職場以外の問題

心の健康問題は，職場のストレス要因のみならず家庭・個人生活等の職場外のストレス要因の影響を受けている場合も多い。また，個人の要因等も心の健康問題に影響を与え，これらは複雑に関係し，相互に影響し合う場合が多い。

3 衛生委員会等における調査審議

メンタルヘルスケアの推進に当たっては，事業者が労働者等の意見を聴きつつ事業場の実態に即した取組を行うことが必要である。また，心の健康問題に適切に対処するためには，産業医等の助言を求めることも必要である。このためにも，労使，産業医，衛生管理者等で構成される衛生委員会等を活用することが効果的である。労働安全衛生規則（昭和47年労働省令第32号）第22条において，衛生委員会の付議事項として「労働者の精神的健康の保持増進を図るための対策の樹立に関すること」が規定されており，４に掲げる心の健康づくり計画の策定はもとより，その実施体制の整備等の具体的な実施方策や個人情報の保護に関する規程等の策定等に当たっては，衛生委員会等において十分調査審議を行うことが必要である。

また，ストレスチェック制度に関しては，心理的な負担の程度を把握するための検査及び面接指導の実施並びに面接指導結果に基づき事業者が講ずべき措置に関する指針（平成27年４月15日心理的な負担の程度を把握するための検査等指針公示第１号。以下「ストレスチェック指針」という。）により，衛生委員会等においてストレスチェックの実施方法等について調査審議を行い，その結果を踏まえてストレスチェック制度の実施に関する規程を定めることとされていることから，ストレスチェック制度に関する調査審議とメンタルヘルスケアに関する調査審議を関連付けて行うことが望ましい。

なお，衛生委員会等の設置義務のない小規模事業場においても，４に掲げる心の健康づくり計画及びストレスチェック制度の実施に関する規程の策定並びにこれらの実施に当たっては，労働者の意見が反映されるようにすることが必要である。

４　心の健康づくり計画

メンタルヘルスケアは，中長期的視点に立って，継続的かつ計画的に行われるようにすることが重要であり，また，その推進に当たっては，事業者が労働者の意見を聴きつつ事業場の実態に則した取組を行うことが必要である。このため，事業者は，３に掲げるとおり衛生委員会等において十分調査審議を行い，心の健康づくり計画を策定することが必要である。心の健康づくり計画は，各事業場における労働安全衛生に関する計画の中に位置付けることが望ましい。

メンタルヘルスケアを効果的に推進するためには，心の健康づくり計画の中で，事業者自らが事業場におけるメンタルヘルスケアを積極的に推進することを表明するとともに，その実施体制を確立する必要がある。心の健康づくり計画の実施においては，実施状況等を適切に評価し，評価結果に基づき必要な改善を行うことにより，メンタルヘルスケアの一層の充実・向上に努めることが望ましい。心の健康づくり計画で定めるべき事項は次に掲げるとおりである。

①　事業者がメンタルヘルスケアを積極的に推進する旨の表明に関すること。
②　事業場における心の健康づくりの体制の整備に関すること。
③　事業場における問題点の把握及びメンタルヘルスケアの実施に関すること。
④　メンタルヘルスケアを行うために必要な人材の確保及び事業場外資源の活用に関すること。
⑤　労働者の健康情報の保護に関すること。
⑥　心の健康づくり計画の実施状況の評価及び計画の見直しに関すること。
⑦　その他労働者の心の健康づくりに必要な措置に関すること。

なお，ストレスチェック制度は，各事業場の実情に即して実施されるメンタルヘルスケアに関する一次予防から三次予防までの総合的な取組の中に位置付けることが重要であることから，心の健康づくり計画において，その位置付けを明確にすることが望ましい。また，ストレスチェック制度の実施に関する規程の策定を心の健康づくり計画の一部として行っても差し支えない。

5　4つのメンタルヘルスケアの推進

メンタルヘルスケアは，労働者自身がストレスや心の健康について理解し，自らのストレスを予防，軽減するあるいはこれに対処する「セルフケア」，労働者と日常的に接する管理監督者が，心の健康に関して職場環境等の改善や労働者に対する相談対応を行う「ラインによるケア」，事業場内の産業医等事業場内産業保健スタッフ等が，事業場の心の健康づくり対策の提言を行うとともに，その推進を担い，また，労働者及び管理監督者を支援する「事業場内産業保健スタッフ等によるケア」及び事業場外の機関及び専門家を活用し，その支援を受ける「事業場外資源によるケア」の4つのケアが継続的かつ計画的に行われることが重要である。

(1)　セルフケア

心の健康づくりを推進するためには，労働者自身がストレスに気づき，これに対処するための知識，方法を身につけ，それを実施することが重要である。ストレスに気づくためには，労働者がストレス要因に対するストレス反応や心の健康について理解するとともに，自らのストレスや心の健康状態について正しく認識できるようにする必要がある。

このため，事業者は，労働者に対して，6(1)アに掲げるセルフケアに関する教育研修，情報提供を行い，心の健康に関する理解の普及を図るものとする。また，6(3)に掲げるところにより相談体制の整備を図り，労働者自身が管理監督者や事業場内産業保健スタッフ等に自発的に相談しやすい環境を整えるものとする。

また，ストレスへの気付きを促すためには，ストレスチェック制度によるストレスチェックの実施が重要であり，特別の理由がない限り，すべての労働者がストレスチェックを受けることが望ましい。

さらに，ストレスへの気付きのためには，ストレスチェックとは別に，随時，セルフチェックを行う機会を提供することも効果的である。

また，管理監督者にとってもセルフケアは重要であり，事業者は，セルフケアの対象者として管理監督者も含めるものとする。

(2)　ラインによるケア

管理監督者は，部下である労働者の状況を日常的に把握しており，また，個々の職場における具体的なストレス要因を把握し，その改善を図ることができる立場にあることから，6(2)に掲げる職場環境等の把握と改善，6(3)に掲げる労働者からの相談対応を行うことが必要である。

このため，事業者は，管理監督者に対して，6(1)イに掲げるラインによるケアに関する教育研修，情報提供を行うものとする。

なお，業務を一時的なプロジェクト体制で実施する等，通常のラインによるケアが困難な業務形態にある場合には，実務において指揮命令系統の上位にいる者等によりケアが行われる体制を整えるなど，ラインによるケアと同等のケアが確実に実施されるようにするものとする。

(3) 事業場内産業保健スタッフ等によるケア

事業場内産業保健スタッフ等は，セルフケア及びラインによるケアが効果的に実施されるよう，労働者及び管理監督者に対する支援を行うとともに，心の健康づくり計画に基づく具体的なメンタルヘルスケアの実施に関する企画立案，メンタルヘルスに関する個人の健康情報の取扱い，事業場外資源とのネットワークの形成やその窓口となること等，心の健康づくり計画の実施に当たり，中心的な役割を果たすものである。

このため，事業者は，事業場内産業保健スタッフ等によるケアに関して，次の措置を講じるものとする。

① 6(1)ウに掲げる職務に応じた専門的な事項を含む教育研修，知識修得等の機会の提供を図ること。

② メンタルヘルスケアに関する方針を明示し，実施すべき事項を委嘱又は指示すること。

③ 6(3)に掲げる事業場内産業保健スタッフ等が，労働者の自発的相談やストレスチェック結果の通知を受けた労働者からの相談等を受けることができる制度及び体制を，それぞれの事業場内の実態に応じて整えること。

④ 産業医等の助言，指導等を得ながら事業場のメンタルヘルスケアの推進の実務を担当する事業場内メンタルヘルス推進担当者を，事業場内産業保健スタッフ等の中から選任するよう努めること。事業場内メンタルヘルス推進担当者としては，衛生管理者等や常勤の保健師等から選任することが望ましいこと。ただし，事業場内メンタルヘルス推進担当者は，労働者のメンタルヘルスに関する個人情報を取り扱うことから，労働者について解雇，昇進又は異動に関して直接の権限を持つ監督的地位にある者（以下「人事権を有する者」という。）を選任することは適当でないこと。

なお，ストレスチェック制度においては，労働安全衛生規則第52条の10第2項により，ストレスチェックを受ける労働者について人事権を有する者は，ストレスチェックの実施の事務に従事してはならないこととされていることに留意すること。

⑤ 一定規模以上の事業場にあっては，事業場内に又は企業内に，心の健康づくり専門スタッフや保健師等を確保し，活用することが望ましいこと。

なお，事業者は心の健康問題を有する労働者に対する就業上の配慮について，事業場内産業保健スタッフ等に意見を求め，また，これを尊重するものとする。

メンタルヘルスケアに関するそれぞれの事業場内産業保健スタッフ等の役割は，主として以下のとおりである。なお，以下に掲げるもののほか，ストレスチェック制度における事業場内産業保健スタッフ等の役割については，ストレスチェック指針によることとする。

ア 産業医等

産業医等は，労働者の健康管理等を職務として担う者であるという面から，事業場の心の健康づくり計画の策定に助言，指導等を行い，これに基づく対策の実施状況を把握する。また，専門的な立場から，セルフケア及びラインによるケアを支援し，教育研修の企画及び実施，情報の収集及び提供，助言及び指導等を行う。就業上の配慮が必要な場合には，事業者に必要な意見を述べる。専門的な相談・対応が必要な事例については，事業場外資源との連絡調整に，専門的な立場から関わる。

さらに，ストレスチェック制度及び長時間労働者等に対する面接指導等の実施並びにメンタルヘルスに関する個人の健康情報の保護についても中心的役割を果たすことが望ましい。

イ　衛生管理者等

衛生管理者等は，心の健康づくり計画に基づき，産業医等の助言，指導等を踏まえて，具体的な教育研修の企画及び実施，職場環境等の評価と改善，心の健康に関する相談ができる雰囲気や体制づくりを行う。またセルフケア及びラインによるケアを支援し，その実施状況を把握するとともに，産業医等と連携しながら事業場外資源との連絡調整に当たることが効果的である。

ウ　保健師等

衛生管理者以外の保健師等は，産業医等及び衛生管理者等と協力しながら，セルフケア及びラインによるケアを支援し，教育研修の企画・実施，職場環境等の評価と改善，労働者及び管理監督者からの相談対応，保健指導等に当たる。

エ　心の健康づくり専門スタッフ

事業場内に心の健康づくり専門スタッフがいる場合には，事業場内産業保健スタッフと協力しながら，教育研修の企画・実施，職場環境等の評価と改善，労働者及び管理監督者からの専門的な相談対応等に当たるとともに，当該スタッフの専門によっては，事業者への専門的立場からの助言等を行うことも有効である。

オ　人事労務管理スタッフ

人事労務管理スタッフは，管理監督者だけでは解決できない職場配置，人事異動，職場の組織等の人事労務管理が心の健康に及ぼしている具体的な影響を把握し，労働時間等の労働条件の改善及び適正配置に配慮する。

(4)　事業場外資源によるケア

メンタルヘルスケアを行う上では，事業場が抱える問題や求めるサービスに応じて，メンタルヘルスケアに関し専門的な知識を有する各種の事業場外資源の支援を活用することが有効である。また，労働者が事業場内での相談等を望まないような場合にも，事業場外資源を活用することが効果的である。ただし，事業場外資源を活用する場合は，メンタルヘルスケアに関するサービスが適切に実施できる体制や，情報管理が適切に行われる体制が整備されているか等について，事前に確認することが望ましい。

また，事業場外資源の活用にあたっては，これに依存することにより事業者がメンタルヘルスケアの推進について主体性を失わないよう留意すべきである。このため，事業者は，メンタルヘルスケアに関する専門的な知識，情報等が必要な場合は，事業場内産業保健スタッフ等が窓口となって，適切な事業場外資源から必要な情報提供や助言を受けるなど円滑な連携を図るよう努めるものとする。また，必要に応じて労働者を速やかに事業場外の医療機関及び地域保健機関に紹介するためのネットワークを日頃から形成しておくものとする。

特に，小規模事業場においては，8に掲げるとおり，必要に応じて産業保健総合支援センターの地域窓口（地域産業保健センター）等の事業場外資源を活用することが有効である。

6　メンタルヘルスケアの具体的進め方

メンタルヘルスケアは，5に掲げる4つのケアを継続的かつ計画的に実施することが基本であるが，具体的な推進に当たっては，事業場内の関係者が相互に連携し，以下の取組を積極的に推進することが効果的である。

(1)　メンタルヘルスケアを推進するための教育研修・情報提供

事業者は，4つのケアが適切に実施されるよう，以下に掲げるところにより，それぞれの職務に応じ，メンタルヘルスケアの推進に関する教育研修・情報提供を行うよう努めるものとする。この際には，必要に応じて事業場外資源が実施する研修等への参加についても配慮するものとする。

なお，労働者や管理監督者に対する教育研修を円滑に実施するため，事業場内に教育研修担当者を計画的に育成することも有効である。

ア　労働者への教育研修・情報提供

事業者は，セルフケアを促進するため，管理監督者を含む全ての労働者に対して，次に掲げる項目等を内容とする教育研修，情報提供を行うものとする。

①　メンタルヘルスケアに関する事業場の方針
②　ストレス及びメンタルヘルスケアに関する基礎知識
③　セルフケアの重要性及び心の健康問題に対する正しい態度
④　ストレスへの気づき方
⑤　ストレスの予防，軽減及びストレスへの対処の方法
⑥　自発的な相談の有用性
⑦　事業場内の相談先及び事業場外資源に関する情報

イ　管理監督者への教育研修・情報提供

事業者は，ラインによるケアを促進するため，管理監督者に対して，次に掲げる項目等を内容とする教育研修，情報提供を行うものとする。

①　メンタルヘルスケアに関する事業場の方針
②　職場でメンタルヘルスケアを行う意義
③　ストレス及びメンタルヘルスケアに関する基礎知識
④　管理監督者の役割及び心の健康問題に対する正しい態度
⑤　職場環境等の評価及び改善の方法
⑥　労働者からの相談対応（話の聴き方，情報提供及び助言の方法等）
⑦　心の健康問題により休業した者の職場復帰への支援の方法
⑧　事業場内産業保健スタッフ等との連携及びこれを通じた事業場外資源と

の連携の方法

⑨　セルフケアの方法

⑩　事業場内の相談先及び事業場外資源に関する情報

⑪　健康情報を含む労働者の個人情報の保護等

ウ　事業場内産業保健スタッフ等への教育研修・情報提供

事業者は，事業場内産業保健スタッフ等によるケアを促進するため，事業場内産業保健スタッフ等に対して，次に掲げる項目等を内容とする教育研修，情報提供を行うものとする。

また，産業医，衛生管理者，事業場内メンタルヘルス推進担当者，保健師等，各事業場内産業保健スタッフ等の職務に応じて専門的な事項を含む教育研修，知識修得等の機会の提供を図るものとする。

①　メンタルヘルスケアに関する事業場の方針

②　職場でメンタルヘルスケアを行う意義

③　ストレス及びメンタルヘルスケアに関する基礎知識

④　事業場内産業保健スタッフ等の役割及び心の健康問題に対する正しい態度

⑤　職場環境等の評価及び改善の方法

⑥　労働者からの相談対応（話の聴き方，情報提供及び助言の方法等）

⑦　職場復帰及び職場適応の支援，指導の方法

⑧　事業場外資源との連携（ネットワークの形成）の方法

⑨　教育研修の方法

⑩　事業場外資源の紹介及び利用勧奨の方法

⑪　事業場の心の健康づくり計画及び体制づくりの方法

⑫　セルフケアの方法

⑬　ラインによるケアの方法

⑭　事業場内の相談先及び事業場外資源に関する情報

⑮　健康情報を含む労働者の個人情報の保護等

(2)　職場環境等の把握と改善

労働者の心の健康には，作業環境，作業方法，労働者の心身の疲労の回復を図るための施設及び設備等，職場生活で必要となる施設及び設備等，労働時間，仕事の量と質，パワーハラスメントやセクシュアルハラスメント等職場内のハラスメントを含む職場の人間関係，職場の組織及び人事労務管理体制，職場の文化や風土等の職場環境等が影響を与えるものであり，職場レイアウト，作業方法，コミュニケーション，職場組織の改善などを通じた職場環境等の改善は，労働者の心の健康の保持増進に効果的であるとされている。このため，事業者は，メンタルヘルス不調の未然防止を図る観点から職場環境等の改善に積極的に取り組むものとする。また，事業者は，衛生委員会等における調査審議や策定した心の健康づくり計画を踏まえ，管理監督者や事業場内産業保健スタッフ等に対し，職場環境等の把握と改善の活動を行いやすい環境を整備するなどの支援を行うものとする。

ア　職場環境等の評価と問題点の把握

職場環境等を改善するためには，まず，職場環境等を評価し，問題点を把握することが必要である。

このため，事業者は，管理監督者による日常の職場管理や労働者からの意見聴取の結果を通じ，また，ストレスチェック結果の集団ごとの分析の結果や面接指導の結果等を活用して，職場環境等の具体的問題点を把握するものとする。

事業場内産業保健スタッフ等は，職場環境等の評価と問題点の把握において中心的役割を果たすものであり，職場巡視による観察，労働者及び管理監督者からの聞き取り調査，産業医，保健師等によるストレスチェック結果の集団ごとの分析の実施又は集団ごとの分析結果を事業場外資源から入手する等により，定期的又は必要に応じて，職場内のストレス要因を把握し，評価するものとする。

イ　職場環境等の改善

事業者は，アにより職場環境等を評価し，問題点を把握した上で，職場環境のみならず勤務形態や職場組織の見直し等の様々な観点から職場環境等の改善を行うものとする。具体的には，事業場内産業保健スタッフ等は，職場環境等の評価結果に基づき，管理監督者に対してその改善を助言するとともに，管理監督者と協力しながらその改善を図り，また，管理監督者は，労働者の労働の状況を日常的に把握し，個々の労働者に過度な長時間労働，疲労，ストレス，責任等が生じないようにする等，労働者の能力，適性及び職務内容に合わせた配慮を行うことが重要である。

また，事業者は，その改善の効果を定期的に評価し，効果が不十分な場合には取組方法を見直す等，対策がより効果的なものになるように継続的な取組に努めるものとする。これらの改善を行う際には，必要に応じて，事業場外資源の助言及び支援を求めることが望ましい。

なお，職場環境等の改善に当たっては，労働者の意見を踏まえる必要があり，労働者が参加して行う職場環境等の改善手法等を活用することも有効である。

(3)　メンタルヘルス不調への気付きと対応

メンタルヘルスケアにおいては，ストレス要因の除去又は軽減や労働者のストレス対処などの予防策が重要であるが，これらの措置を実施したにもかかわらず，万一，メンタルヘルス不調に陥る労働者が発生した場合は，その早期発見と適切な対応を図る必要がある。

このため，事業者は，個人情報の保護に十分留意しつつ，労働者，管理監督者，家族等からの相談に対して適切に対応できる体制を整備するものとする。さらに，相談等により把握した情報を基に，労働者に対して必要な配慮を行うこと，必要に応じて産業医や事業場外の医療機関につないでいくことができるネットワークを整備するよう努めるものとする。

ア　労働者による自発的な相談とセルフチェック

事業者は，労働者によるメンタルヘルス不調への気付きを促進するため，事業場の実態に応じて，その内部に相談に応ずる体制を整備する，事業場外の相談機関の活用を図る等，労働者が自ら相談を行えるよう必要な環境整備を行うものとする。

この相談体制については，ストレスチェック結果の通知を受けた労働者に対して，相談の窓口を広げ，相談しやすい環境を作るために重要であること。また，5(1)に掲げたとおり，ストレスへの気付きのために，随時，セルフチェックを行うことができる機会を提供することも効果的である。

イ　管理監督者，事業場内産業保健スタッフ等による相談対応等

管理監督者は，日常的に，労働者からの自発的な相談に対応するよう努める必要がある。特に，長時間労働等により疲労の蓄積が認められる労働者，強度の心理的負荷を伴う出来事を経験した労働者，その他特に個別の配慮が必要と思われる労働者から，話を聞き，適切な情報を提供し，必要に応じ事業場内産業保健スタッフ等や事業場外資源への相談や受診を促すよう努めるものとする。

事業場内産業保健スタッフ等は，管理監督者と協力し，労働者の気付きを促して，保健指導，健康相談等を行うとともに，相談等により把握した情報を基に，必要に応じて事業場外の医療機関への相談や受診を促すものとする。また，事業場内産業保健スタッフ等は，管理監督者に対する相談対応，メンタルヘルスケアについても留意する必要がある。

なお，心身両面にわたる健康保持増進対策（THP）を推進している事業場においては，心理相談を通じて，心の健康に対する労働者の気づきと対処を支援することが重要である。また，運動指導，保健指導等のTHPにおけるその他の指導においても，積極的にストレスや心の健康問題を取り上げることが効果的である。

ウ　労働者個人のメンタルヘルス不調を把握する際の留意点

事業場内産業保健スタッフ等が労働者個人のメンタルヘルス不調等の労働者の心の健康に関する情報を把握した場合には，本人に対してその結果を提供するとともに，本人の同意を得て，事業者に対して把握した情報のうち就業上の措置に必要な情報を提供することが重要であり，事業者は提供を受けた情報に基づいて必要な配慮を行うことが重要である。ただし，事業者がストレスチェック結果を含む労働者の心の健康に関する情報を入手する場合には，労働者本人の同意を得ることが必要であり，また，事業者は，その情報を，労働者に対する健康確保上の配慮を行う以外の目的で使用してはならない。

さらに，労働安全衛生法に基づく健康診断，ストレスチェック制度における医師による面接指導及び一定時間を超える長時間労働を行った労働者に対する医師による面接指導等により，労働者のメンタルヘルス不調が認められた場合における，事業場内産業保健スタッフ等のとるべき対応についてあらかじめ明確にしておくことが必要である。

エ　労働者の家族による気づきや支援の促進

労働者に日常的に接している家族は，労働者がメンタルヘルス不調に陥った際に最初に気づくことが少なくない。また，治療勧奨，休業中，職場復帰時及

び職場復帰後のサポートなど，メンタルヘルスケアに大きな役割を果たす。

このため，事業者は，労働者の家族に対して，ストレスやメンタルヘルスケアに関する基礎知識，事業場のメンタルヘルス相談窓口等の情報を社内報や健康保険組合の広報誌等を通じて提供することが望ましい。また，事業者は，事業場に対して家族から労働者に関する相談があった際には，事業場内産業保健スタッフ等が窓口となって対応する体制を整備するとともに，これを労働者やその家族に周知することが望ましい。

(4) 職場復帰における支援

メンタルヘルス不調により休業した労働者が円滑に職場復帰し，就業を継続できるようにするため，事業者は，その労働者に対する支援として，次に掲げる事項を適切に行うものとする。

① 衛生委員会等において調査審議し，産業医等の助言を受けながら職場復帰支援プログラムを策定すること。職場復帰支援プログラムにおいては，休業の開始から通常業務への復帰に至るまでの一連の標準的な流れを明らかにするとともに，それに対応する職場復帰支援の手順，内容及び関係者の役割等について定めること。

② 職場復帰支援プログラムの実施に関する体制や規程の整備を行い，労働者に周知を図ること。

③ 職場復帰支援プログラムの実施について，組織的かつ計画的に取り組むこと。

④ 労働者の個人情報の保護に十分留意しながら，事業場内産業保健スタッフ等を中心に労働者，管理監督者がお互いに十分な理解と協力を行うとともに，労働者の主治医との連携を図りつつ取り組むこと。

なお，職場復帰支援における専門的な助言や指導を必要とする場合には，それぞれの役割に応じた事業場外資源を活用することも有効である。

7 メンタルヘルスに関する個人情報の保護への配慮

メンタルヘルスケアを進めるに当たっては，健康情報を含む労働者の個人情報の保護に配慮することが極めて重要である。メンタルヘルスに関する労働者の個人情報は，健康情報を含むものであり，その取得，保管，利用等において特に適切に保護しなければならないが，その一方で，メンタルヘルス不調の労働者への対応に当たっては，労働者の上司や同僚の理解と協力のため，当該情報を適切に活用することが必要となる場合もある。

健康情報を含む労働者の個人情報の保護に関しては，個人情報の保護に関する法律（平成15年法律第57号）及び関連する指針等が定められており，個人情報を事業の用に供する個人情報取扱事業者に対して，個人情報の利用目的の公表や通知，目的外の取扱いの制限，安全管理措置，第三者提供の制限などを義務づけている。また，個人情報取扱事業者以外の事業者であって健康情報を取り扱う者は，健康情報が特に適正な取扱いの厳格な実施を確保すべきものであることに十分留意し，その適正な取扱いの確保に努めることとされている。さらに，ストレスチェック制度における健康情報の取扱いについては，ストレスチェック指針において，事業者は労働者の健康情報を適切に保護することが求められている。事業者は，これらの法令等を遵守し，労働者の健康情報の適正な取扱いを図るものとする。

⑴　労働者の同意

メンタルヘルスケアを推進するに当たって，労働者の個人情報を主治医等の医療職や家族から取得する際には，事業者はあらかじめこれらの情報を取得する目的を労働者に明らかにして承諾を得るとともに，これらの情報は労働者本人から提出を受けることが望ましい。

また，健康情報を含む労働者の個人情報を医療機関等の第三者へ提供する場合も，原則として本人の同意が必要である。ただし，労働者の生命や健康の保護のために緊急かつ重要であると判断される場合は，本人の同意を得ることに努めたうえで，必要な範囲で積極的に利用すべき場合もあることに留意が必要である。その際，産業医等を選任している事業場においては，その判断について相談することが適当である。

なお，これらの個人情報の取得又は提供の際には，なるべく本人を介して行うことが望ましく，その際には，個別に同意を得る必要がある。

また，ストレスチェック制度によるストレスチェックを実施した場合，医師，保健師等のストレスチェックの実施者は，労働者の同意がない限り，その結果を事業者に提供してはならない。

⑵　事業場内産業保健スタッフによる情報の加工

事業場内産業保健スタッフは，労働者本人や管理監督者からの相談対応の際などメンタルヘルスに関する労働者の個人情報が集まることとなるため，次に掲げるところにより，個人情報の取扱いについて特に留意する必要がある。

①　産業医等が，相談窓口や面接指導等により知り得た健康情報を含む労働者の個人情報を事業者に提供する場合には，提供する情報の範囲と提供先を健康管理や就業上の措置に必要な最小限のものとすること。

②　産業医等は，当該労働者の健康を確保するための就業上の措置を実施するために必要な情報が的確に伝達されるように，集約・整理・解釈するなど適切に加工した上で提供するものとし，診断名，検査値，具体的な愁訴の内容等の加工前の情報又は詳細な医学的情報は提供してはならないこと。

⑶　健康情報の取扱いに関する事業場内における取り決め

健康情報の保護に関して，医師や保健師等については，法令で守秘義務が課されており，また，労働安全衛生法では，健康診断，長時間労働者に対する面接指導又はストレスチェック及びその結果に基づく面接指導の実施に関する事務を取り扱う者に対する守秘義務を課している。しかしながら，メンタルヘルスケアの実施においては，これら法令で守秘義務が課される者以外の者が法令に基づく取組以外の機会に健康情報を含む労働者の個人情報を取り扱うこともあることから，事業者は，衛生委員会等での審議を踏まえ，これらの個人情報を取り扱う者及びその権限，取り扱う情報の範囲，個人情報管理責任者の選任，個人情報を取り扱う者の守秘義務等について，あらかじめ事業場内の規程等により取り決めることが望ましい。

さらに，事業者は，これら個人情報を取り扱うすべての者を対象に当該規程等を周知するとともに，健康情報を慎重に取り扱うことの重要性や望ましい取扱い方法についての教育を実施することが望ましい。

8　心の健康に関する情報を理由とした不利益な取扱いの防止

(1)　事業者による労働者に対する不利益取扱いの防止

事業者が，メンタルヘルスケア等を通じて労働者の心の健康に関する情報を把握した場合において，その情報は当該労働者の健康確保に必要な範囲で利用されるべきものであり，事業者が，当該労働者の健康の確保に必要な範囲を超えて，当該労働者に対して不利益な取扱いを行うことはあってはならない。

このため，労働者の心の健康に関する情報を理由として，以下に掲げる不利益な取扱いを行うことは，一般的に合理的なものとはいえないため，事業者はこれらを行ってはならない。なお，不利益な取扱いの理由が労働者の心の健康に関する情報以外のものであったとしても，実質的にこれに該当するとみなされる場合には，当該不利益な取扱いについても，行ってはならない。

①　解雇すること。

②　期間を定めて雇用される者について契約の更新をしないこと。

③　退職勧奨を行うこと。

④　不当な動機・目的をもってなされたと判断されるような配置転換又は職位（役職）の変更を命じること。

⑤　その他の労働契約法等の労働関係法令に違反する措置を講じること。

(2)　派遣先事業者による派遣労働者に対する不利益取扱いの防止

次に掲げる派遣先事業者による派遣労働者に対する不利益な取扱いについては，一般的に合理的なものとはいえないため，派遣先事業者はこれを行ってはならない。なお，不利益な取扱いの理由がこれ以外のものであったとしても，実質的にこれに該当するとみなされる場合には，当該不利益な取扱いについても行ってはならない。

①　心の健康に関する情報を理由とする派遣労働者の就業上の措置について，派遣元事業者からその実施に協力するよう要請があったことを理由として，派遣先事業者が，当該派遣労働者の変更を求めること。

②　本人の同意を得て，派遣先事業者が派遣労働者の心の健康に関する情報を把握した場合において，これを理由として，医師の意見を勘案せず又は当該派遣労働者の実情を考慮せず，当該派遣労働者の変更を求めること。

9　小規模事業場におけるメンタルヘルスケアの取組の留意事項

常時使用する労働者が50人未満の小規模事業場では，メンタルヘルスケアを推進するに当たって，必要な事業場内産業保健スタッフが確保できない場合が多い。このような事業場では，事業者は，衛生推進者又は安全衛生推進者を事業場内メンタルヘルス推進担当者として選任するとともに，地域産業保健センター等の事業場外資源の提供する支援等を積極的に活用し取り組むことが望ましい。また，メンタルヘルスケアの実施に当たっては，事業者はメンタルヘルスケアを積極的に実施することを表明し，セルフケア，ラインによるケアを中心として，実施可能なところから着実に取組を進めることが望ましい。

10　定義

本指針において，以下に掲げる用語の意味は，それぞれ次に定めるところによる。

①　ライン

日常的に労働者と接する，職場の管理監督者（上司その他労働者を指揮命令する者）をいう。

②　産業医等

産業医その他労働者の健康管理等を行うのに必要な知識を有する医師をいう。

③　衛生管理者等

衛生管理者，衛生推進者及び安全衛生推進者をいう。

④　事業場内産業保健スタッフ

産業医等，衛生管理者等及び事業場内の保健師等をいう。

⑤　心の健康づくり専門スタッフ

精神科・心療内科等の医師，精神保健福祉士，心理職等をいう。

⑥　事業場内産業保健スタッフ等

事業場内産業保健スタッフ及び事業場内の心の健康づくり専門スタッフ，人事労務管理スタッフ等をいう。

⑦　事業場外資源

事業場外でメンタルヘルスケアへの支援を行う機関及び専門家をいう。

⑧　メンタルヘルス不調

精神および行動の障害に分類される精神障害や自殺のみならず，ストレスや強い悩み，不安など，労働者の心身の健康，社会生活および生活の質に影響を与える可能性のある精神的および行動上の問題を幅広く含むものをいう。

⑨　ストレスチェック

労働安全衛生法第66条の10に基づく心理的な負担の程度を把握するための検査をいう。

⑩　ストレスチェック制度

ストレスチェック及びその結果に基づく面接指導の実施，集団ごとの集計・分析等，労働安全衛生法第66条の10に係る事業場における一連の取組全体をいう。

（資料４）

心理的な負担の程度を把握するための検査及び面接指導の実施並びに面接指導結果に基づき事業者が講ずべき措置に関する指針

平成27年４月15日心理的な負担の程度を把握するための検査等指針公示第１号
改正平成27年11月30日心理的な負担の程度を把握するための検査等指針公示第２号
改正平成30年８月22日心理的な負担の程度を把握するための検査等指針公示第３号

１　趣旨

近年，仕事や職業生活に関して強い不安，悩み又はストレスを感じている労働者が５割を超える状況にある中，事業場において，より積極的に心の健康の保持増進を図るため，「労働者の心の健康の保持増進のための指針」（平成18年３月31日付け健康保持増進のための指針公示第３号。以下「メンタルヘルス指針」という。）を公表し，事業場における労働者の心の健康の保持増進のための措置（以下「メンタルヘルスケア」という。）の実施を促進してきたところである。

しかし，仕事による強いストレスが原因で精神障害を発病し，労災認定される労働者が，平成18年度以降も増加傾向にあり，労働者のメンタルヘルス不調を未然に防止することが益々重要な課題となっている。

こうした背景を踏まえ，平成26年６月25日に公布された「労働安全衛生法の一部を改正する法律」（平成26年法律第82号）においては，心理的な負担の程度を把握するための検査（以下「ストレスチェック」という。）及びその結果に基づく面接指導の実施を事業者に義務付けること等を内容としたストレスチェック制度が新たに創設された。

また，この新たな制度の実施に当たっては，個人情報の保護に関する法律（平成15年法律第57号）の趣旨を踏まえ，特に労働者の健康に関する個人情報（以下「健康情報」という。）の適正な取扱いの確保を図る必要がある。

本指針は，労働安全衛生法（昭和47年法律第57号。以下「法」という。）第66条の10第７項の規定に基づき，ストレスチェック及び面接指導の結果に基づき事業者が講ずべき措置が適切かつ有効に実施されるため，ストレスチェック及び面接指導の具体的な実施方法又は面接指導の結果についての医師からの意見の聴取，就業上の措置の決定，健康情報の適正な取扱い並びに労働者に対する不利益な取扱いの禁止等について定めたものである。

２　ストレスチェック制度の基本的な考え方

事業場における事業者による労働者のメンタルヘルスケアは，取組の段階ごとに，労働者自身のストレスへの気付き及び対処の支援並びに職場環境の改善を通じて，メンタルヘルス不調となることを未然に防止する「一次予防」，メンタルヘルス不調を早期に発見し，適切な対応を行う「二次予防」及びメンタルヘルス不調となった労働者の職場復帰を支援する「三次予防」に分けられる。

新たに創設されたストレスチェック制度は，これらの取組のうち，特にメンタルヘルス不調の未然防止の段階である一次予防を強化するため，定期的に労働者のストレスの状況について検査を行い，本人にその結果を通知して自らのストレスの状況について気付きを促し，個々の労働者のストレスを低減させるとともに，検査結果を集団ごとに集計・分析し，職場におけるストレス要因を評価し，職場環境の改善につなげることで，ストレスの要因そのものを低減するよう努めることを事業者に求めるものである。さらにその中で，ストレスの高い者を早期に発見し，医師による面接指導につなげることで，労働者のメンタルヘルス不調を未然に防止することを目的としている。

事業者は，メンタルヘルス指針に基づき各事業場の実態に即して実施される二次予防及び三次予防も含めた労働者のメンタルヘルスケアの総合的な取組の中に本制度を位置付け，メンタルヘルスケアに関する取組方針の決定，計画の作成，計画に基づく取組の実施，取組結果の評価及び評価結果に基づく改善の一連の取組を継続的かつ計画的に進めることが望ましい。

また，事業者は，ストレスチェック制度が，メンタルヘルス不調の未然防止だけでなく，従業員のストレス状況の改善及び働きやすい職場の実現を通じて生産性の向上にもつながるものであることに留意し，事業経営の一環として，積極的に本制度の活用を進めていくことが望ましい。

3　ストレスチェック制度の実施に当たっての留意事項

ストレスチェック制度を円滑に実施するためには，事業者，労働者及び産業保健スタッフ等の関係者が，次に掲げる事項を含め，制度の趣旨を正しく理解した上で，本指針に定める内容を踏まえ，衛生委員会又は安全衛生委員会（以下「衛生委員会等」という。）の場を活用し，互いに協力・連携しつつ，ストレスチェック制度をより効果的なものにするよう努力していくことが重要である。

①　ストレスチェックに関して，労働者に対して受検を義務付ける規定が置かれていないのは，メンタルヘルス不調で治療中のため受検の負担が大きい等の特別の理由がある労働者にまで受検を強要する必要はないためであり，本制度を効果的なものとするためにも，全ての労働者がストレスチェックを受検することが望ましい。

②　面接指導は，ストレスチェックの結果，高ストレス者として選定され，面接指導を受ける必要があると実施者が認めた労働者に対して，医師が面接を行い，ストレスその他の心身及び勤務の状況等を確認することにより，当該労働者のメンタルヘルス不調のリスクを評価し，本人に指導を行うとともに，必要に応じて，事業者による適切な措置につなげるためのものである。このため，面接指導を受ける必要があると認められた労働者は，できるだけ申出を行い，医師による面接指導を受けることが望ましい。

③　ストレスチェック結果の集団ごとの集計・分析及びその結果を踏まえた必要な措置は，労働安全衛生規則（昭和47年労働省令第32号。以下「規則」という。）第52条の14の規定に基づく努力義務であるが，事業者は，職場環境におけるストレスの有無及びその原因を把握し，必要に応じて，職場環境の改善を行うことの重要性に

留意し，できるだけ実施することが望ましい。

4　ストレスチェック制度の手順

ストレスチェック制度に基づく取組は，次に掲げる手順で実施するものとする。

ア　基本方針の表明

事業者は，法，規則及び本指針に基づき，ストレスチェック制度に関する基本方針を表明する。

イ　ストレスチェック及び面接指導

① 衛生委員会等において，ストレスチェック制度の実施方法等について調査審議を行い，その結果を踏まえ，事業者がその事業場におけるストレスチェック制度の実施方法等を規程として定める。

② 事業者は，労働者に対して，医師，保健師又は厚生労働大臣が定める研修を修了した歯科医師，看護師，精神保健福祉士若しくは公認心理師（以下「医師等」という。）によるストレスチェックを行う。

③ 事業者は，ストレスチェックを受けた労働者に対して，当該ストレスチェックを実施した医師等（以下「実施者」という。）から，その結果を直接本人に通知させる。

④ ストレスチェック結果の通知を受けた労働者のうち，高ストレス者として選定され，面接指導を受ける必要があると実施者が認めた労働者から申出があった場合は，事業者は，当該労働者に対して，医師による面接指導を実施する。

⑤ 事業者は，面接指導を実施した医師から，就業上の措置に関する意見を聴取する。

⑥ 事業者は，医師の意見を勘案し，必要に応じて，適切な措置を講じる。

ウ　集団ごとの集計・分析

① 事業者は，実施者に，ストレスチェック結果を一定規模の集団ごとに集計・分析させる。

② 事業者は，集団ごとの集計・分析の結果を勘案し，必要に応じて，適切な措置を講じる。

5　衛生委員会等における調査審議

(1)　衛生委員会等における調査審議の意義

ストレスチェック制度を円滑に実施するためには，事業者，労働者及び産業保健スタッフ等の関係者が，制度の趣旨を正しく理解した上で，本指針に定める内容を踏まえ，互いに協力・連携しつつ，事業場の実態に即した取組を行っていくことが重要である。このためにも，事業者は，ストレスチェック制度に関する基本方針を表明した上で，事業の実施を統括管理する者，労働者，産業医及び衛生管理者等で構成される衛生委員会等において，ストレスチェック制度の実施方法及び実施状況並びにそれを踏まえた実施方法の改善等について調査審議を行わせることが必要である。

(2) 衛生委員会等において調査審議すべき事項

規則第22条において，衛生委員会等の付議事項として「労働者の精神的健康の保持増進を図るための対策の樹立に関すること」が規定されており，当該事項の調査審議に当たっては，ストレスチェック制度に関し，次に掲げる事項を含めるものとする。また，事業者は，当該調査審議の結果を踏まえ，法令に則った上で，当該事業場におけるストレスチェック制度の実施に関する規程を定め，これをあらかじめ労働者に対して周知するものとする。

① ストレスチェック制度の目的に係る周知方法

・ ストレスチェック制度は，労働者自身のストレスへの気付き及びその対処の支援並びに職場環境の改善を通じて，メンタルヘルス不調となることを未然に防止する一次予防を目的としており，メンタルヘルス不調者の発見を一義的な目的とはしないという趣旨を事業場内で周知する方法。

② ストレスチェック制度の実施体制

・ ストレスチェックの実施者及びその他の実施事務従事者の選任等ストレスチェック制度の実施体制。

実施者が複数いる場合は，共同実施者及び実施代表者を明示すること。この場合において，当該事業場の産業医等が実施者に含まれるときは，当該産業医等を実施代表者とすることが望ましい。

なお，外部機関にストレスチェックの実施の全部を委託する場合は，当該委託契約の中で委託先の実施者，共同実施者及び実施代表者並びにその他の実施事務従事者を明示させること（結果の集計業務等の補助的な業務のみを外部機関に委託する場合にあっては，当該委託契約の中で委託先の実施事務従事者を明示させること）。

③ ストレスチェック制度の実施方法

・ ストレスチェックに使用する調査票及びその媒体。
・ 調査票に基づくストレスの程度の評価方法及び面接指導の対象とする高ストレス者を選定する基準。
・ ストレスチェックの実施頻度，実施時期及び対象者。
・ 面接指導の申出の方法。
・ 面接指導の実施場所等の実施方法。

④ ストレスチェック結果に基づく集団ごとの集計・分析の方法

・ 集団ごとの集計・分析の手法。
・ 集団ごとの集計・分析の対象とする集団の規模。

⑤ ストレスチェックの受検の有無の情報の取扱い

・ 事業者による労働者のストレスチェックの受検の有無の把握方法。
・ ストレスチェックの受検の勧奨の方法。

⑥ ストレスチェック結果の記録の保存方法

・ ストレスチェック結果の記録を保存する実施事務従事者の選任。
・ ストレスチェック結果の記録の保存場所及び保存期間。
・ 実施者及びその他の実施事務従事者以外の者によりストレスチェック結果が

閲覧されないためのセキュリティの確保等の情報管理の方法。

⑦　ストレスチェック，面接指導及び集団ごとの集計・分析の結果の利用目的及び利用方法

・　ストレスチェック結果の本人への通知方法。

・　ストレスチェックの実施者による面接指導の申出の勧奨方法。

・　ストレスチェック結果，集団ごとの集計・分析結果及び面接指導結果の共有方法及び共有範囲。

・　ストレスチェック結果を事業者へ提供するに当たっての本人の同意の取得方法。

・　本人の同意を取得した上で実施者から事業者に提供するストレスチェック結果に関する情報の範囲。

・　集団ごとの集計・分析結果の活用方法。

⑧　ストレスチェック，面接指導及び集団ごとの集計・分析に関する情報の開示，訂正，追加及び削除の方法

・　情報の開示等の手続き。

・　情報の開示等の業務に従事する者による秘密の保持の方法。

⑨　ストレスチェック，面接指導及び集団ごとの集計・分析に関する情報の取扱いに関する苦情の処理方法

・　苦情の処理窓口を外部機関に設ける場合の取扱い。

なお，苦情の処理窓口を外部機関に設ける場合は，当該外部機関において労働者からの苦情又は相談に対し適切に対応することができるよう，当該窓口のスタッフが，企業内の産業保健スタッフと連携を図ることができる体制を整備しておくことが望ましい。

⑩　労働者がストレスチェックを受けないことを選択できること

・　労働者にストレスチェックを受検する義務はないが，ストレスチェック制度を効果的なものとするためにも，全ての労働者がストレスチェックを受検することが望ましいという制度の趣旨を事業場内で周知する方法。

⑪　労働者に対する不利益な取扱いの防止

・　ストレスチェック制度に係る労働者に対する不利益な取扱いとして禁止される行為を事業場内で周知する方法。

6　ストレスチェック制度の実施体制の整備

ストレスチェック制度は事業者の責任において実施するものであり，事業者は，実施に当たって，実施計画の策定，当該事業場の産業医等の実施者又は委託先の外部機関との連絡調整及び実施計画に基づく実施の管理等の実務を担当する者を指名する等，実施体制を整備することが望ましい。当該実務担当者には，衛生管理者又はメンタルヘルス指針に規定する事業場内メンタルヘルス推進担当者を指名することが望ましいが，ストレスチェックの実施そのものを担当する実施者及びその他の実施事務従事者と異なり，ストレスチェック結果等の個人情報を取り扱わないため，労働者の解雇等に関して直接の権限を持つ監督的地位にある者を指名することもできる。

7　ストレスチェックの実施方法等

(1)　実施方法

ア　ストレスチェックの定義

法第66条の10第１項の規定によるストレスチェックは，調査票を用いて，規則第52条の９第１項第１号から第３号までに規定する次の３つの領域に関する項目により検査を行い，労働者のストレスの程度を点数化して評価するとともに，その評価結果を踏まえて高ストレス者を選定し，医師による面接指導の要否を確認するものをいう。

①　職場における当該労働者の心理的な負担の原因に関する項目

②　心理的な負担による心身の自覚症状に関する項目

③　職場における他の労働者による当該労働者への支援に関する項目

イ　ストレスチェックの調査票

事業者がストレスチェックに用いる調査票は，規則第52条の９第１項第１号から第３号までに規定する３つの領域に関する項目が含まれているものであれば，実施者の意見及び衛生委員会等での調査審議を踏まえて，事業者の判断により選択することができるものとする。

なお，事業者がストレスチェックに用いる調査票としては，別添の「職業性ストレス簡易調査票」を用いることが望ましい。

ウ　ストレスの程度の評価方法及び高ストレス者の選定方法・基準

(ア)　個人のストレスの程度の評価方法

事業者は，ストレスチェックに基づくストレスの程度の評価を実施者に行わせるに当たっては，点数化した評価結果を数値で示すだけでなく，ストレスの状況をレーダーチャート等の図表で分かりやすく示す方法により行わせることが望ましい。

(イ)　高ストレス者の選定方法

次の①又は②のいずれかの要件を満たす者を高ストレス者として選定するものとする。この場合において，具体的な選定基準は，実施者の意見及び衛生委員会等での調査審議を踏まえて，事業者が決定するものとする。

①　調査票のうち，「心理的な負担による心身の自覚症状に関する項目」の評価点数の合計が高い者

②　調査票のうち，「心理的な負担による心身の自覚症状に関する項目」の評価点数の合計が一定以上の者であって，かつ，「職場における当該労働者の心理的な負担の原因に関する項目」及び「職場における他の労働者による当該労働者への支援に関する項目」の評価点数の合計が著しく高い者

実施者による具体的な高ストレス者の選定は，上記の選定基準のみで選定する方法のほか，選定基準に加えて補足的に実施者又は実施者の指名及び指示のもとにその他の医師，保健師，歯科医師，看護師若しくは精神保健福祉士又は公認心理師，産業カウンセラー若しくは臨床心理士等の心理職が労働者に面談を行いその結果を参考として選定する方法も考えられる。この場合，当該面談は，法第66条の10第１項の規定によるストレスチェックの実施の一

環として位置付けられる。

エ　健康診断と同時に実施する場合の留意事項

事業者は，ストレスチェック及び法第66条第１項の規定による健康診断の自覚症状及び他覚症状の有無の検査（以下「問診」という。）を同時に実施することができるものとする。ただし，この場合において，事業者は，ストレスチェックの調査票及び健康診断の問診票を区別する等，労働者が受検・受診義務の有無及び結果の取扱いがそれぞれ異なることを認識できるよう必要な措置を講じなければならないものとする。

⑵　実施者の役割

実施者は，ストレスチェックの実施に当たって，当該事業場におけるストレスチェックの調査票の選定並びに当該調査票に基づくストレスの程度の評価方法及び高ストレス者の選定基準の決定について事業者に対して専門的な見地から意見を述べるとともに，ストレスチェックの結果に基づき，当該労働者が医師による面接指導を受ける必要があるか否かを確認しなければならないものとする。

なお，調査票の回収，集計若しくは入力又は受検者との連絡調整等の実施の事務については，必ずしも実施者が直接行う必要はなく，実施事務従事者に行わせることができる。事業者は，実施の事務が円滑に行われるよう，実施事務従事者の選任等必要な措置を講じるものとする。

⑶　受検の勧奨

自らのストレスの状況について気付きを促すとともに，必要に応じ面接指導等の対応につなげることで，労働者がメンタルヘルス不調となることを未然に防止するためには，全ての労働者がストレスチェックを受けることが望ましいことから，事業者は，実施者からストレスチェックを受けた労働者のリストを入手する等の方法により，労働者の受検の有無を把握し，ストレスチェックを受けていない労働者に対して，ストレスチェックの受検を勧奨することができるものとする。なお，この場合において，実施者は，ストレスチェックを受けた労働者のリスト等労働者の受検の有無の情報を事業者に提供するに当たって，労働者の同意を得る必要はないものとする。

⑷　ストレスチェック結果の通知及び通知後の対応

ア　労働者本人に対するストレスチェック結果の通知方法

事業者は，規則第52条の12の規定に基づき，ストレスチェック結果が実施者から，遅滞なく労働者に直接通知されるようにしなければならない。この場合において，事業者は，ストレスチェック結果のほか，次に掲げる事項を通知させることが望ましい。

①　労働者によるセルフケアに関する助言・指導

②　面接指導の対象者にあっては，事業者への面接指導の申出窓口及び申出方法

③　面接指導の申出窓口以外のストレスチェック結果について相談できる窓口に関する情報提供

イ　ストレスチェック結果の通知後の対応

㈠　面接指導の申出の勧奨

ストレスチェックの結果，高ストレス者として選定され，面接指導を受ける必要があると実施者が認めた労働者のうち，面接指導の申出を行わない労働者に対しては，規則第52条の16第３項の規定に基づき，実施者が，申出の勧奨を行うことが望ましい。

㈡　相談対応

事業者は，ストレスチェック結果の通知を受けた労働者に対して，相談の窓口を広げ，相談しやすい環境を作ることで，高ストレスの状態で放置されないようにする等適切な対応を行う観点から，日常的な活動の中で当該事業場の産業医等が相談対応を行うほか，産業医等と連携しつつ，保健師，歯科医師，看護師若しくは精神保健福祉士又は公認心理師，産業カウンセラー若しくは臨床心理士等の心理職が相談対応を行う体制を整備することが望ましい。

⑸　ストレスチェック結果の記録及び保存

ストレスチェック結果の事業者への提供について，労働者から同意を得て，実施者からその結果の提供を受けた場合は，規則第52条の13第２項の規定に基づき，事業者は，当該ストレスチェック結果の記録を作成して，これを５年間保存しなければならない。

労働者の同意が得られていない場合には，規則第52条の11の規定に基づき，事業者は，実施者によるストレスチェック結果の記録の作成及び当該実施者を含む実施事務従事者による当該記録の保存が適切に行われるよう，記録の保存場所の指定，保存期間の設定及びセキュリティの確保等必要な措置を講じなければならない。この場合において，ストレスチェック結果の記録の保存については，実施者がこれを行うことが望ましく，実施者が行うことが困難な場合には，事業者は，実施者以外の実施事務従事者の中から記録の保存事務の担当者を指名するものとする。

実施者又は実施者以外の実施事務従事者が記録の保存を行うに当たっては，５年間保存することが望ましい。

なお，ストレスチェック結果の記録の保存方法には，書面による保存及び電磁的記録による保存があり，電磁的記録による保存を行う場合は，厚生労働省の所管する法令の規定に基づく民間事業者等が行う書面の保存等における情報通信の技術の利用に関する省令（平成17年厚生労働省令第44号）に基づき適切な保存を行う必要がある。また，ストレスチェック結果の記録は「医療情報システムの安全管理に関するガイドライン」の直接の対象ではないが，事業者は安全管理措置等について本ガイドラインを参照することが望ましい。

８　面接指導の実施方法等

⑴　面接指導の対象労働者の要件

規則第52条の15の規定に基づき，事業者は，上記７⑴ウ㈡に掲げる方法により高ストレス者として選定された者であって，面接指導を受ける必要があると実施者が認めた者に対して，労働者からの申出に応じて医師による面接指導を実施しなければならない。

⑵　対象労働者の要件の確認方法

事業者は，労働者から面接指導の申出があったときは，当該労働者が面接指導の対象となる者かどうかを確認するため，当該労働者からストレスチェック結果を提出させる方法のほか，実施者に当該労働者の要件への該当の有無を確認する方法によることができるものとする。

⑶　実施方法

面接指導を実施する医師は，規則第52条の17の規定に基づき，面接指導において次に掲げる事項について確認するものとする。

①　当該労働者の勤務の状況（職場における当該労働者の心理的な負担の原因及び職場における他の労働者による当該労働者への支援の状況を含む。）

②　当該労働者の心理的な負担の状況

③　②のほか，当該労働者の心身の状況

なお，事業者は，当該労働者の勤務の状況及び職場環境等を勘案した適切な面接指導が行われるよう，あらかじめ，面接指導を実施する医師に対して当該労働者に関する労働時間，労働密度，深夜業の回数及び時間数，作業態様並びに作業負荷の状況等の勤務の状況並びに職場環境等に関する情報を提供するものとする。

⑷　面接指導の結果についての医師からの意見の聴取

法第66条の10第５項の規定に基づき，事業者が医師から必要な措置についての意見を聴くに当たっては，面接指導実施後遅滞なく，就業上の措置の必要性の有無及び講ずべき措置の内容その他の必要な措置に関する意見を聴くものとする。具体的には，次に掲げる事項を含むものとする。

ア　下表に基づく就業区分及びその内容に関する医師の判断

就業区分		就業上の措置の内容
区分	内容	
通常勤務	通常の勤務でよいもの	―
就業制限	勤務に制限を加える必要のあるもの	メンタルヘルス不調を未然に防止するため，労働時間の短縮，出張の制限，時間外労働の制限，労働負荷の制限，作業の転換，就業場所の変更，深夜業の回数の減少又は昼間勤務への転換等の措置を講じる。
要休業	勤務を休む必要のあるもの	療養等のため，休暇又は休職等により一定期間勤務させない措置を講じる。

イ　必要に応じ，職場環境の改善に関する意見

⑸　就業上の措置の決定及び実施

法第66条の10第６項の規定に基づき，事業者が労働者に対して面接指導の結果に

基づく就業上の措置を決定する場合には，あらかじめ当該労働者の意見を聴き，十分な話し合いを通じてその労働者の了解が得られるよう努めるとともに，労働者に対する不利益な取扱いにつながらないように留意しなければならないものとする。なお，労働者の意見を聴くに当たっては，必要に応じて，当該事業場の産業医等の同席の下に行うことが適当である。

事業者は，就業上の措置を実施し，又は当該措置の変更若しくは解除をしようとするに当たっては，当該事業場の産業医等と他の産業保健スタッフとの連携はもちろんのこと，当該事業場の健康管理部門及び人事労務管理部門の連携にも十分留意する必要がある。また，就業上の措置の実施に当たっては，特に労働者の勤務する職場の管理監督者の理解を得ることが不可欠であることから，事業者は，プライバシーに配慮しつつ，当該管理監督者に対し，就業上の措置の目的及び内容等について理解が得られるよう必要な説明を行うことが適当である。

また，就業上の措置を講じた後，ストレス状態の改善が見られた場合には，当該事業場の産業医等の意見を聴いた上で，通常の勤務に戻す等適切な措置を講ずる必要がある。

(6) 結果の記録及び保存

規則第52条の18第2項の規定に基づき，事業者は，面接指導の結果に基づき，次に掲げる事項を記載した記録を作成し，これを5年間保存しなければならない。なお，面接指導結果の記録の保存について，電磁的記録による保存を行う場合は，7(5)の電磁的記録による保存を行う場合の取扱いと同様とする。

① 面接指導の実施年月日
② 当該労働者の氏名
③ 面接指導を行った医師の氏名
④ 当該労働者の勤務の状況
⑤ 当該労働者の心理的な負担の状況
⑥ その他の当該労働者の心身の状況
⑦ 当該労働者の健康を保持するために必要な措置についての医師の意見

9 ストレスチェック結果に基づく集団ごとの集計・分析及び職場環境の改善

(1) 集団ごとの集計・分析の実施

事業者は，規則第52条の14の規定に基づき，実施者に，ストレスチェック結果を一定規模の集団ごとに集計・分析させ，その結果を勘案し，必要に応じて，当該集団の労働者の実情を考慮して，当該集団の労働者の心理的な負担を軽減するための適切な措置を講じるよう努めなければならない。このほか，集団ごとの集計・分析の結果は，当該集団の管理者等に不利益が生じないようその取扱いに留意しつつ，管理監督者向け研修の実施又は衛生委員会等における職場環境の改善方法の検討等に活用することが望ましい。

また，集団ごとの集計・分析を行った場合には，その結果に基づき，記録を作成し，これを5年間保存することが望ましい。

(2) 集団ごとの集計・分析結果に基づく職場環境の改善

事業者は，ストレスチェック結果の集団ごとの集計・分析結果に基づき適切な措置を講ずるに当たって，実施者又は実施者と連携したその他の医師，保健師，歯科医師，看護師若しくは精神保健福祉士又は公認心理師，産業カウンセラー若しくは臨床心理士等の心理職から，措置に関する意見を聴き，又は助言を受けることが望ましい。

また，事業者が措置の内容を検討するに当たっては，ストレスチェック結果を集団ごとに集計・分析した結果だけではなく，管理監督者による日常の職場管理で得られた情報，労働者からの意見聴取で得られた情報及び産業保健スタッフによる職場巡視で得られた情報等も勘案して職場環境を評価するとともに，勤務形態又は職場組織の見直し等の様々な観点から職場環境を改善するための必要な措置を講ずることが望ましい。このため，事業者は，次に掲げる事項に留意することが望ましい。

① 産業保健スタッフから管理監督者に対し職場環境を改善するための助言を行わせ，産業保健スタッフ及び管理監督者が協力しながら改善を図らせること。

② 管理監督者に，労働者の勤務状況を日常的に把握させ，個々の労働者に過度な長時間労働，疲労，ストレス又は責任等が生じないようにする等，労働者の能力，適性及び職務内容に合わせた配慮を行わせること。

10 労働者に対する不利益な取扱いの防止

事業者が，ストレスチェック及び面接指導において把握した労働者の健康情報等に基づき，当該労働者の健康の確保に必要な範囲を超えて，当該労働者に対して不利益な取扱いを行うことはあってはならない。このため，事業者は，次に定めるところにより，労働者の不利益な取扱いを防止しなければならない。

(1) 法の規定により禁止されている不利益な取扱い

法第66条の10第3項の規定に基づき，事業者は，労働者が面接指導の申出をしたことを理由とした不利益な取扱いをしてはならず，また，労働者が面接指導を受けていない時点においてストレスチェック結果のみで就業上の措置の要否及び内容を判断することはできないことから，事業者は，当然に，ストレスチェック結果のみを理由とした不利益な取扱いについても，これを行ってはならない。

(2) 禁止されるべき不利益な取扱い

次に掲げる事業者による不利益な取扱いについては，一般的に合理的なものとはいえないため，事業者はこれらを行ってはならない。なお，不利益な取扱いの理由がそれぞれに掲げる理由以外のものであったとしても，実質的にこれらに該当するとみなされる場合には，当該不利益な取扱いについても，行ってはならない。

ア 労働者が受検しないこと等を理由とした不利益な取扱い

① ストレスチェックを受けない労働者に対して，これを理由とした不利益な取扱いを行うこと。例えば，就業規則においてストレスチェックの受検を義務付け，受検しない労働者に対して懲戒処分を行うことは，労働者に受検を義務付けていない法の趣旨に照らして行ってはならないこと。

② ストレスチェック結果を事業者に提供することに同意しない労働者に対して，

これを理由とした不利益な取扱いを行うこと。

③ 面接指導の要件を満たしているにもかかわらず，面接指導の申出を行わない労働者に対して，これを理由とした不利益な取扱いを行うこと。

イ 面接指導結果を理由とした不利益な取扱い

① 措置の実施に当たり，医師による面接指導を行うこと又は面接指導結果に基づく必要な措置について医師の意見を聴取すること等の法令上求められる手順に従わず，不利益な取扱いを行うこと。

② 面接指導結果に基づく措置の実施に当たり，医師の意見とはその内容・程度が著しく異なる等医師の意見を勘案し必要と認められる範囲内となっていないもの又は労働者の実情が考慮されていないもの等の法令上求められる要件を満たさない内容の不利益な取扱いを行うこと。

③ 面接指導の結果を理由として，次に掲げる措置を行うこと。

(a) 解雇すること。

(b) 期間を定めて雇用される者について契約の更新をしないこと。

(c) 退職勧奨を行うこと。

(d) 不当な動機・目的をもってなされたと判断されるような配置転換又は職位（役職）の変更を命じること。

(e) その他の労働契約法等の労働関係法令に違反する措置を講じること。

11 ストレスチェック制度に関する労働者の健康情報の保護

ストレスチェック制度において，実施者が労働者のストレスの状況を正確に把握し，メンタルヘルス不調の防止及び職場環境の改善につなげるためには，事業場において，ストレスチェック制度に関する労働者の健康情報の保護が適切に行われることが極めて重要であり，事業者がストレスチェック制度に関する労働者の秘密を不正に入手するようなことがあってはならない。このため，法第66条の10第２項ただし書の規定において，労働者の同意なくストレスチェック結果が事業者には提供されない仕組みとされている。このほか，事業者は，次に定めるところにより，労働者の健康情報の保護を適切に行わなければならないものとする。

(1) 実施事務従事者の範囲と留意事項

規則第52条の10第２項の規定に基づき，ストレスチェックを受ける労働者について解雇，昇進又は異動に関して直接の権限を持つ監督的地位にある者は，ストレスチェックの実施の事務に従事してはならない。

なお，事業者が，労働者の解雇，昇進又は異動の人事を担当する職員（当該労働者の解雇，昇進又は異動に直接の権限を持つ監督的地位にある者を除く。）をストレスチェックの実施の事務に従事させる場合には，次に掲げる事項を当該職員に周知させなければならないものとする。

① ストレスチェックの実施事務従事者には法第104条の規定に基づき秘密の保持義務が課されること。

② ストレスチェックの実施の事務は実施者の指示により行うものであり，実施の事務に関与していない所属部署の上司等の指示を受けてストレスチェックの

実施の事務に従事することによって知り得た労働者の秘密を漏らしたりしてはならないこと。

③　ストレスチェックの実施の事務に従事したことによって知り得た労働者の秘密を，自らの所属部署の業務等のうちストレスチェックの実施の事務とは関係しない業務に利用してはならないこと。

(2)　ストレスチェック結果の労働者への通知に当たっての留意事項

規則第52条の12の規定に基づき，事業者は，実施者にストレスチェック結果を労働者に通知させるに当たっては，封書又は電子メール等で当該労働者に直接通知させる等，結果を当該労働者以外が把握できない方法で通知させなければならないものとする。

(3)　ストレスチェック結果の事業者への提供に当たっての留意事項

ア　労働者の同意の取得方法

ストレスチェック結果が当該労働者に知らされていない時点でストレスチェック結果の事業者への提供についての労働者の同意を取得することは不適当であるため，事業者は，ストレスチェックの実施前又は実施時に労働者の同意を取得してはならないこととし，同意を取得する場合は次に掲げるいずれかの方法によらなければならないものとする。ただし，事業者は，労働者に対して同意を強要する行為又は強要しているとみなされるような行為を行ってはならないことに留意すること。

①　ストレスチェックを受けた労働者に対して当該ストレスチェックの結果を通知した後に，事業者，実施者又はその他の実施事務従事者が，ストレスチェックを受けた労働者に対して，個別に同意の有無を確認する方法。

②　ストレスチェックを受けた労働者に対して当該ストレスチェックの結果を通知した後に，実施者又はその他の実施事務従事者が，高ストレス者として選定され，面接指導を受ける必要があると実施者が認めた労働者に対して，当該労働者が面接指導の対象であることを他の労働者に把握されないような方法で，個別に同意の有無を確認する方法。

なお，ストレスチェックを受けた労働者が，事業者に対して面接指導の申出を行った場合には，その申出をもってストレスチェック結果の事業者への提供に同意がなされたものとみなして差し支えないものとする。

イ　事業者に提供する情報の範囲

事業者へのストレスチェック結果の提供について労働者の同意が得られた場合には，実施者は，事業者に対して当該労働者に通知する情報と同じ範囲内の情報についてストレスチェック結果を提供することができるものとする。

なお，衛生委員会等で調査審議した上で，当該事業場における事業者へのストレスチェック結果の提供方法として，ストレスチェック結果そのものではなく，当該労働者が高ストレス者として選定され，面接指導を受ける必要があると実施者が認めた旨の情報のみを事業者に提供する方法も考えられる。ただし，この方法による場合も，実施者が事業者に当該情報を提供するに当たっては，上記アの①又は②のいずれかの方法により，労働者の同意を取得しなければならないことに留意する。

ウ　外部機関との情報共有

事業者が外部機関にストレスチェックの実施の全部を委託する場合（当該事業場の産業医等が共同実施者とならない場合に限る。）には，当該外部機関の実施者及びその他の実施事務従事者以外の者は，当該労働者の同意なく，ストレスチェック結果を把握してはならない。なお，当該外部機関の実施者が，ストレスチェック結果を委託元の事業者の事業場の産業医等に限定して提供することも考えられるが，この場合にも，緊急に対応を要する場合等特別の事情がない限り，当該労働者の同意を取得しなければならないものとする。

エ　事業場におけるストレスチェック結果の共有範囲の制限

事業者は，本人の同意により事業者に提供されたストレスチェック結果を，当該労働者の健康確保のための就業上の措置に必要な範囲を超えて，当該労働者の上司又は同僚等に共有してはならないものとする。

⑷　集団ごとの集計・分析の結果の事業者への提供に当たっての留意事項

ア　集団ごとの集計・分析の最小単位

集団ごとの集計・分析を実施した実施者は，集団ごとの集計・分析の結果を事業者に提供するに当たっては，当該結果はストレスチェック結果を把握できるものではないことから，当該集団の労働者個人の同意を取得する必要はない。ただし，集計・分析の単位が少人数である場合には，当該集団の個々の労働者が特定され，当該労働者個人のストレスチェック結果を把握することが可能となるおそれがあることから，集計・分析の単位が10人を下回る場合には，集団ごとの集計・分析を実施した実施者は，集計・分析の対象となる全ての労働者の同意を取得しない限り，事業者に集計・分析の結果を提供してはならないものとする。ただし，個々の労働者が特定されるおそれのない方法で集計・分析を実施した場合はこの限りでないが，集計・分析の手法及び対象とする集団の規模について，あらかじめ衛生委員会等で調査審議を行わせる必要があることに留意すること。

イ　集団ごとの集計・分析の結果の共有範囲の制限

集団ごとの集計・分析の結果は，集計・分析の対象となった集団の管理者等にとっては，その当該事業場内における評価等につながり得る情報であり，無制限にこれを共有した場合，当該管理者等に不利益が生じるおそれもあることから，事業者は，当該結果を事業場内で制限なく共有してはならないものとする。

⑸　面接指導結果の事業者への提供に当たっての留意事項

面接指導を実施した医師は，規則第52条の18第２項に規定する面接指導結果に関する情報を事業者に提供するに当たっては，必要に応じて情報を適切に加工することにより，当該労働者の健康を確保するための就業上の措置を実施するため必要な情報に限定して提供しなければならないこととし，診断名，検査値若しくは具体的な愁訴の内容等の加工前の情報又は詳細な医学的情報は事業者に提供してはならないものとする。

なお，事業場の産業医等ではなく，外部の医師が面接指導を実施した場合，当該医師は，当該労働者の健康を確保するために必要な範囲で，当該労働者の同意を取得した上で，当該事業場の産業医等に対して加工前の情報又は詳細な医学的情報を提供することができるものとする。

12　その他の留意事項等

(1)　産業医等の役割

ア　ストレスチェック制度における産業医等の位置付け

産業医は，法第13条並びに規則第13条，第14条及び第15条の規定に基づき，事業場における労働者の健康管理等の職務を行う者であり，そのための専門的知識を有する者である。また，規則第15条の規定に基づき，事業者は，産業医に対し，労働者の健康障害を防止するための必要な措置を講じる権限を与えなければならないこととされている。このように，産業医は，事業場における労働者の健康管理等の取組の中心的役割を果たすことが法令上想定されている。

このため，産業医がストレスチェック及び面接指導を実施する等，産業医が中心的役割を担うことが適当であり，ストレスチェック制度の実施責任を負う事業者は，産業医の役割についてイのとおり取り扱うことが望ましい。

なお，事業場によっては，複数の医師が当該事業場における労働者の健康管理等の業務に従事しており，その中で，産業医以外の精神科医又は心療内科医等が労働者のメンタルヘルスケアに関する業務を担当している場合等も考えられるが，こうした場合においては，ストレスチェック制度に関して，当該精神科医又は心療内科医等が中心的役割を担うことも考えられる。

イ　産業医等の具体的な役割

①　ストレスチェックの実施

ストレスチェックは当該事業場の産業医等が実施することが望ましい。なお，ストレスチェックの実施の全部を外部に委託する場合にも，当該事業場の産業医等が共同実施者となり，中心的役割を果たすことが望ましい。

②　面接指導の実施

面接指導は当該事業場の産業医等が実施することが望ましい。

③　事業者による医師の意見聴取

事業者は，法第66条の10第５項の規定に基づき，医師から必要な措置についての意見を聴くに当たって，面接指導を実施した医師が，事業場外の精神科医又は心療内科医等である場合等当該事業場の産業医等以外の者であるときは，当該事業者の事業場の産業医等からも面接指導を実施した医師の意見を踏まえた意見を聴くことが望ましい。

(2)　派遣労働者に関する留意事項

ア　派遣元事業者と派遣先事業者の役割

派遣労働者に対するストレスチェック及び面接指導については，法第66条の10第１項から第６項までの規定に基づき，派遣元事業者がこれらを実施することとされている。派遣労働者に対するストレスチェック及び面接指導の実施に当たって，派遣先事業者は，派遣元事業者が実施するストレスチェック及び面接指導を受けることができるよう，派遣労働者に対し，必要な配慮をすることが適当である。

また，努力義務となっている集団ごとの集計・分析については，職場単位で実施することが重要であることから，派遣先事業者においては，派遣先事業場における派遣労働者も含めた一定規模の集団ごとにストレスチェック結果を集計・分析するとともに，その結果に基づく措置を実施することが望ましい。

イ　面接指導に必要な情報の収集

派遣元事業者は，面接指導が適切に行えるよう，労働者派遣事業の適正な運営の確保及び派遣労働者の保護等に関する法律（昭和60年法律第88号）第42条第３項の規定に基づき派遣先事業者から通知された当該派遣労働者の労働時間に加え，必要に応じ，派遣先事業者に対し，その他の勤務の状況又は職場環境に関する情報について提供するよう依頼するものとし，派遣先事業者は，派遣元事業者から依頼があった場合には，必要な情報を提供するものとする。

この場合において，派遣元事業者は，派遣先事業者への依頼について，あらかじめ，当該派遣労働者の同意を得なければならない。

ウ　派遣労働者に対する就業上の措置に関する留意点

派遣元事業者が，派遣労働者に対する面接指導の結果に基づき，医師の意見を勘案して，就業上の措置を講じるに当たって，派遣先事業者の協力が必要な場合には，派遣元事業者は，派遣先事業者に対して，当該措置の実施に協力するよう要請することとし，派遣先事業者は，派遣元事業者から要請があった場合には，これに応じ，必要な協力を行うこととする。この場合において，派遣元事業者は，派遣先事業者への要請について，あらかじめ，当該派遣労働者の同意を得なければならない。

エ　不利益な取扱いの禁止

次に掲げる派遣先事業者による派遣労働者に対する不利益な取扱いについては，一般的に合理的なものとはいえないため，派遣先事業者はこれらを行ってはならない。なお，不利益な取扱いの理由がそれぞれに掲げる理由以外のものであったとしても，実質的にこれらに該当するとみなされる場合には，当該不利益な取扱いについても，行ってはならない。

①　面接指導の結果に基づく派遣労働者の就業上の措置について，派遣元事業者からその実施に協力するよう要請があったことを理由として，派遣先事業者が，当該派遣労働者の変更を求めること。

②　派遣元事業者が本人の同意を得て，派遣先事業者に派遣労働者のストレスチェック結果を提供した場合において，これを理由として，派遣先事業者が，当該派遣労働者の変更を求めること。

③　派遣元事業者が本人の同意を得て，派遣先事業者に派遣労働者の面接指導の結果を提供した場合において，これを理由として，派遣先事業者が，派遣元事業者が聴取した医師の意見を勘案せず又は当該派遣労働者の実情を考慮せず，当該派遣労働者の変更を求めること。

④　派遣先事業者が集団ごとの集計・分析を行うことを目的として派遣労働者に対してもストレスチェックを実施した場合において，ストレスチェックを受け

ないことを理由として，当該派遣労働者の変更を求めること。

(3) 外部機関にストレスチェック等を委託する場合の体制の確認に関する留意事項

ストレスチェック又は面接指導は，事業場の状況を日頃から把握している当該事業場の産業医等が実施することが望ましいが，事業者は，必要に応じてストレスチェック又は面接指導の全部又は一部を外部機関に委託することも可能である。この場合には，当該委託先において，ストレスチェック又は面接指導を適切に実施できる体制及び情報管理が適切に行われる体制が整備されているか等について，事前に確認することが望ましい。

(4) 労働者数50人未満の事業場における留意事項

常時使用する労働者数が50人未満の小規模事業場においては，当分の間，ストレスチェックの実施は努力義務とされている。これらの小規模事業場では，産業医及び衛生管理者の選任並びに衛生委員会等の設置が義務付けられていないため，ストレスチェック及び面接指導を実施する場合は，産業保健スタッフが事業場内で確保できないことも考えられることから，産業保健総合支援センターの地域窓口（地域産業保健センター）等を活用して取り組むことができる。

13 定義

本指針において，次に掲げる用語の意味は，それぞれ次に定めるところによる。

① ストレスチェック制度

法第66条の10に係る制度全体をいう。

② 調査票

ストレスチェックの実施に用いる紙媒体又は電磁的な媒体による自記式の質問票をいう。

③ 共同実施者・実施代表者

事業場の産業医等及び外部機関の医師が共同でストレスチェックを実施する場合等，実施者が複数名いる場合の実施者を「共同実施者」という。この場合の複数名の実施者を代表する者を「実施代表者」という。

④ 実施事務従事者

実施者のほか，実施者の指示により，ストレスチェックの実施の事務（個人の調査票のデータ入力，結果の出力又は記録の保存（事業者に指名された場合に限る。）等を含む。）に携わる者をいう。

⑤ ストレスチェック結果

調査票に記入又は入力した内容に基づいて出力される個人の結果であって，次に掲げる内容が含まれるものをいう。

- 職場における当該労働者の心理的な負担の原因に関する項目，心理的な負担による心身の自覚症状に関する項目及び職場における他の労働者による当該労働者への支援に関する項目について，個人ごとのストレスの特徴及び傾向を数値又は図表等で示したもの
- 個人ごとのストレスの程度を示したものであって，高ストレスに該当するかどうかを示した結果

・　医師による面接指導の要否

⑥　集団ごとの集計・分析

ストレスチェック結果を事業場内の一定規模の集団（部又は課等）ごとに集計して，当該集団のストレスの特徴及び傾向を分析することをいう。

⑦　産業医等

産業医その他労働者の健康管理等を行うのに必要な知識を有する医師をいう。

⑧　産業保健スタッフ

事業場において労働者の健康管理等の業務に従事している産業医等，保健師，看護師，心理職又は衛生管理者等をいう。

⑨　メンタルヘルス不調

精神及び行動の障害に分類される精神障害及び自殺のみならず，ストレス，強い悩み及び不安等，労働者の心身の健康，社会生活及び生活の質に影響を与える可能性のある精神的及び行動上の問題を幅広く含むものをいう。

索　引

欧　文

あ　行

か　行

さ　行

た　行

な　行

は　行

ま　行

や　行

索引

メンタルヘルス・マネジメント検定試験のご案内

1　趣旨・目的

メンタルヘルス・マネジメント検定試験は，産業保健の視点からだけでなく，人的資源の活性化，労働生産性の向上などの人事労務管理，企業の社会的責任（CSR）の推進の視点から，働く人たちの心の健康の保持増進を図ることを目的としています。

メンタルヘルスケアの活動領域をその目的と対象によって区分した下図において，網がけされた部分を同検定試験の主たる対応領域とし，事業場内における役割に応じて必要とされるメンタルヘルスケアに関する知識や対処方法を問います。

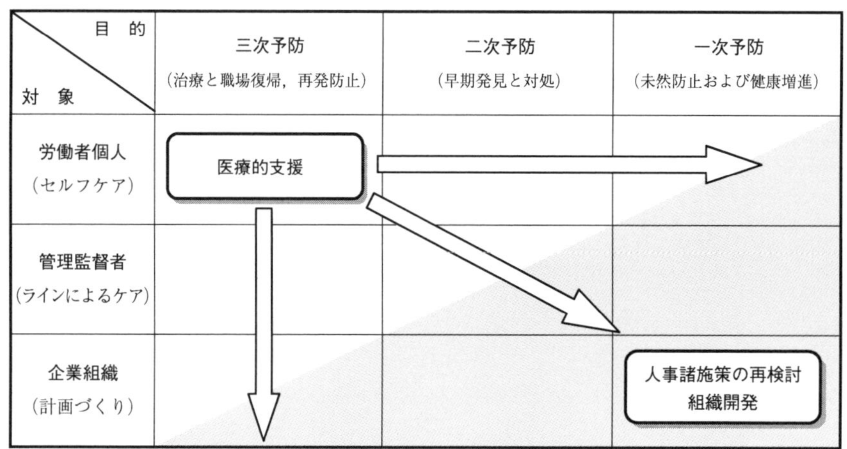

労働者個人に対する医療的支援（三次予防）から組織的な予防，健康増進（一次予防）に重きを置く。

2　コース別概要

メンタルヘルス・マネジメント検定は，対象別にⅠ種（マスターコース），Ⅱ種（ラインケアコース），Ⅲ種（セルフケアコース）の3つのコースを設定しています。コース別の目的，到達目標，試験内容は次のとおりです。

コース	Ⅰ種（マスターコース）	Ⅱ種（ラインケアコース）	Ⅲ種（セルフケアコース）
対　象	人事労務管理スタッフ，経営幹部	管理監督者（管理職）	一般社員
目　的	社内のメンタルヘルス対策の推進	部門内，上司としての部下のメンタルヘルス対策の推進	組織における従業員自らのメンタルヘルス対策の推進
到達目標	自社の人事戦略・方針を踏まえたうえで，メンタルヘルスケア計画，産業保健スタッフや他の専門機関との連携，従業員への教育・研修等に関する企画・立案・実施ができる。	部下が不調に陥らないよう普段から配慮するとともに，部下に不調が見受けられた場合には安全配慮義務に則った対応を行うことができる。	自らのストレスの状況・状態を把握することにより，不調に早期に気づき，自らケアを行い，必要であれば助けを求めることができる。
試験内容	①企業経営におけるメンタルヘルス対策の意義と重要性 ②メンタルヘルスケアの活動領域と人事労務部門の役割 ③ストレスおよびメンタルヘルスに関する基礎知識 ④人事労務管理スタッフに求められる能力 ⑤メンタルヘルスケアに関する方針と計画 ⑥産業保健スタッフ等の活用による心の健康管理の推進 ⑦相談体制の確立 ⑧教育研修 ⑨職場環境等の改善	①メンタルヘルスケアの意義と管理監督者の役割 ②ストレスおよびメンタルヘルスに関する基礎知識 ③職場環境等の評価および改善の方法 ④個々の労働者への配慮 ⑤労働者からの相談への対応（話の聴き方，情報提供および助言の方法等） ⑥社内外資源との連携 ⑦心の健康問題をもつ復職者への支援の方法	①メンタルヘルスケアの意義 ②ストレスおよびメンタルヘルスに関する基礎知識 ③セルフケアの重要性 ④ストレスへの気づき方 ⑤ストレスへの対処，軽減の方法 ⑥社内外資源の活用

3　実施内容

メンタルヘルス・マネジメント検定試験は，「公開試験」と「団体特別試験」の2形式で実施します。「公開試験」と「団体特別試験」の問題の水準は同等です。

<table>
<tr><th>形　式</th><th colspan="3">公開試験</th><th colspan="2">団体特別試験</th></tr>
<tr><td>方　法</td><td colspan="3">統一日に指定会場で実施</td><td colspan="2">受験を申し込んだ企業・団体・学校が指定する日時，場所で実施（日本国内に限る）</td></tr>
<tr><td>コース</td><td>Ⅰ種</td><td>Ⅱ種</td><td>Ⅲ種</td><td>Ⅱ種</td><td>Ⅲ種</td></tr>
<tr><td>受験資格</td><td colspan="3">学歴・年齢・性別・国籍による制限なし</td><td colspan="2">学歴・年齢・性別・国籍による制限なし。対象者は，受験を申し込んだ企業・団体・学校に所属している従業員・職員・学生。各コース原則10人以上で申し込むこと。</td></tr>
<tr><td>試験構成
試験時間</td><td>選択問題：
2時間
論述問題：
1時間</td><td colspan="4">選択問題：2時間</td></tr>
<tr><td>合格基準</td><td>選択問題（100点満点）と論述問題（50点満点）の得点の合計が105点以上。但し，論述問題の得点が25点以上であること</td><td colspan="4">100点満点で70点以上の得点</td></tr>
<tr><td>受験料
（税込み）</td><td>11,550円</td><td>7,480円</td><td>5,280円</td><td>5,980円</td><td>4,220円</td></tr>
</table>

試験日や受験申し込み期間・方法などの情報は，メンタルヘルス・マネジメント検定試験のウェブサイト（https://www.mental-health.ne.jp/）でご覧いただけます。

【編　　者】
大阪商工会議所
1878年設立。商工会議所法に基づいて設立された地域総合経済団体。約3万の会員を擁し，大阪のみならず関西地域全体の発展を図る公共性の高い事業に取り組んでいる。企業の人材育成に資するため，各種検定試験を実施している。
URL=https://www.osaka.cci.or.jp/

テキスト編集委員会
（氏名五十音順，所属・役職名などは〔第5版〕発行時点）

〈委員長〉　川上　憲人　東京大学大学院　医学系研究科　精神保健学分野 教授
〈委　員〉　片桐　真吾　株式会社ユニオン　取締役管理本部長
髙橋　修　宮城大学　事業構想学群 教授
田中　克俊　北里大学大学院　医療系研究科　産業精神保健学 教授
長見まき子　関西福祉科学大学　健康福祉学部 教授
秦　周平　DEPT弁護士法人　弁護士
廣　尚典　産業医科大学　名誉教授
松本　桂樹　株式会社ジャパンＥＡＰシステムズ　代表取締役

メンタルヘルス・マネジメント®検定試験公式テキスト〔第5版〕
［II種　ラインケアコース］

2006年6月1日　第1版第1刷発行
2009年6月15日　第2版第1刷発行
2013年7月10日　第3版第1刷発行
2017年6月25日　第4版第1刷発行
2021年7月20日　第5版第1刷発行
2024年10月30日　第5版第15刷発行

編　者　大阪商工会議所
発行者　山本　継
発行所　㈱中央経済社
発売元　㈱中央経済グループパブリッシング

〒101-0051　東京都千代田区神田神保町1-35
電話　03（3293）3371（編集代表）
03（3293）3381（営業代表）
https://www.chuokeizai.co.jp
印刷／㈱堀内印刷所
製本／㈲井上製本所

ISBN978-4-502-38821-7　C3334